통전적 기독교교육 인식론

통전적 기독교교육 인식론

초판 1쇄 인쇄 | 2021년 2월 22일
초판 1쇄 발행 | 2021년 3월 2일

지은이 양금희
펴낸이 김운용
펴낸곳 장로회신학대학교 출판부

등록 제1979-2호
주소 04965 서울시 광진구 광장로5길 25-1(광장동 353)
전화 02-450-0795
팩스 02-450-0797
이메일 ptpress@puts.ac.kr
홈페이지 http://www.puts.ac.kr

값 20,000원
ISBN 978-89-7369-469-3 93230

"우리가 지금은 거울로 보는 것 같이 희미하나 그 때에는 얼굴과 얼굴을 대하여 볼 것이요
지금은 내가 부분적으로 아나 그 때에는 주께서 나를 아신 것 같이 내가 온전히 알리라"(고전 13:12)

통전적
기독교교육
인식론

양금희 지음

장로회신학대학교출판부

책머리에

"우리가 지금은 거울로 보는 것 같이 희미하나 그 때에는 얼굴과 얼굴을 대하여 볼 것이요 지금은 내가 부분적으로 아나 그 때에는 주께서 나를 아신 것 같이 내가 온전히 알리라"^{고전 13:12}. 이것은 우리가 잘 아는 고린도전서 13장 사랑장의 마지막 부분에 나오는 말씀이다. 사랑이 우리로 하여금 부분적으로 알았던 것을 폐하고, 결국 주께서 우리로 알게 하신대로^{as we are known} 온전히 알게 한다는 말이다. 이 말씀 안에는 '사랑' 안에 있을 때에 우리의 앎이 온전해 진다는 것, 그리고 하나님이 우리에게 알게 해 주실 때에 우리의 앎이 온전해 진다는 개념이 나타나 있다. 우리의 앎은 사랑이라는 실천 속에서, 그리고 관계 속에서 온전해지고, 또한 우리의 앎은 우리로부터가 아니라, 하나님으로부터 올 때에 온전해진다는 이 말씀 속에서 우리는 앎이라는 것이 얼마나 다양한 차원을 가졌는지를 깨닫게 된다.

이처럼 앎이라는 것이 단순히 어떤 지식이나 정보를 습득하는 것에 그치는 것이 아니라, 우리의 관계성, 우리의 삶, 우리의 하나님과의 관계로부터 영향을 받는 것이라면, 그것은 단일한 통로로 접근될 때, 결국은 "부분적 앎"이 될 수밖에 없다는 것을 시사한다. 그렇다면 이 말씀은 기독교교육에게 앎에 대해서 통전적으로 접근하지 않으면 안 된다는 것을 도전한다. 즉 기독교교육은 학습자에게 객관적 지식을 매개하는 차원에서만이 아니라, 하나님과의 관계 속에서 형성되는 앎, 감정을 통해서 생성되는 앎, 행동을 통해서 경험되고, 다시금 행동에로 영향을 미치는 앎 등 모든 측면의 앎의 현상에 주목하고, 그러한 차원들을 모두 아우르는 통전적 앎을 지향해갈 때 온전한 교육으로 나타날 수 있다는 것을 도전한다.

그러한 관점에서 기독교교육의 역사를 보았을 때, 우리는 통전적 앎보다는 어느 한 쪽의 앎의 현상에 집중해 온 편향주의적 현상을 발견한다. 종교개혁 시기에 시작되었던 개신교 신앙교육이 정통주의시대에 이르러 교리중심교육으로 확고히 자리 잡았다면, 경건주의와 대각성운동은 회심일변도의 반지성주의 경향으로 흘렀고, 주일학교운동 이후는 다시 지식중심 교육을 표방하는 스쿨링 schooling 형태의 교육 일변도가 나타나기에 이르렀다. 이와 같은 편향적 교육의 흐름은 결국 기독교교육 안에서 앎과 삶을 분리하고, 신앙과 생활을 분리하며, 교회와 세상을 분리하는 분리주의적 결과를 가져왔다.

물론 이와 같은 분리주의적 성향은 근대와 더불어 시작된 '고전적 인식론'과도 무관하지 않다. 데카르트적 관념론이나 로크적 경험론은 서구에서 이원론적이고 분리주의적 인식론의 기초가 되었는바, 그것은 특별히 우리와 하나님의 관계를 인식의 주체와 대상으로 자리매김하는데 결정적 영향을 미쳤다. 데카르트는 인식하는 주체와 인식대상으로서의 객체를 이분법적으로 분리함으로써, 그에게서 하나님은, 인식하고 사유하는 내가 탐구할 수 있는 객체요 대상이 된다. 마찬가지로 경험주의에게서도 하나님은 실증주의적이고 경험주의적인 탐구의 대상이 됨으로써 인식의 객체요 대상이 된다. 두 경우 모두 하나님을 인식한다는 것은 하나님을 인격적으로 아는 것이 아니라, 3인칭으로서 하나님에 관하여 알기, 객관적인 거리 두기를 통해서 알기를 의미한다. 거기에는 하나님과의 깊은 관계에 참여함으로서 비로소 알게 되는 하나님알기는 설 자리가 없다. 이들 고전적 인식론은 기독교교육 영역 안에서도 영향을 미쳐서, "하나님과 관계맺기"와 "하나님 경험하기"에 초점을 두는 기독교교육보다는 "하나님에 관하여 가르치기^{teaching about God}"에 초점을 맞추는 기독교교육의 경향으로 흐르게 하였다.

이 같은 현상들은 모두 오늘날 기독교교육이 기반으로 할 인식론적 기초를 새롭게 정립하지 않으면 안 된다는 통찰을 우리에게 준다. 성경은 "하나님을 경외하는 것이 지식의 근본"^{잠 1:7}이라고 함으로써 이 세상 모든 지식은 우리가 하나님을 경외하는 관계성 위에서 형성된다는 것을 시사한다. 또한 성경은 "그는 진리의 영이라 … 너희는 그를 아나니 그는 너희와 함께 거하심이요 또 너희 속에 계시겠음이라"^{요 14:17}라고 함으로써, 진리의 영이신 그리스도가 우리 안에 거할 때 우리가 그를 알게됨을 말씀한다. 성경은 우리가 하나님을 아는 것은 결코 객관적 거리두기를 통해서가 아니라 우리가 그리스도 안에 거하고, 그가 우리 안에 거할 때에 일어나는 일이며, 또한 이 앎은 단순한 정보 획득에 그치지 않고, 우리를 영생에로 데리고 가는 앎이라고 하는 것을 말씀한다. "영생은 곧 유일하신 참 하나님과 그가 보내신 자 예수 그리스도를 아는 것이니이다"^{요 17:3}.

이러한 성경적 하나님 알기는 결코 주객도식을 바탕으로 하는 고전적 인식론으로는 담아내기 어렵다. 그렇게 보았을 때 기독교교육은 보다 폭넓은 인식론을 기반으로 하여 성경에 나타나는 하나님 알기의 통전성을 담보해야 할 필요가 있다. 따라서 본 서는 그동안 기독교교육 영역에서는 이미 일어나고 있었으나 간과되어 왔던 인식의 현상들을 살펴봄으로써, 통전적 기독교교육 인식론과 그를 바탕으로 한 통전적 기독교교육의 가능성을 모색해보고자 한다. 이를 위해 본 서는 무엇보다 먼저 성경에 나타난 '하나님 알기'의 통전적 성격을 살펴봄으로써 통전적 기독교교육 인식론의 필요성에 대한 통찰을 얻을 것이다. 이를 바탕으로 본 서는 초월적 하나님과의 관계 속에서 자신을 초월함으로써 새로운 자아이해 및 인식의 변형을 가져오는 "영성적 인식론"과, 경험과 앎, 전통과 변형을 순환관계에서 보는 "해석학적 인식론", 이야기에 참여함으로써 자아 정체성을 획득할 뿐만 아니라, 획득된 새 정체성을 바탕으로 하나님나라 이야기를 써 내려가도록 초대하는 "이야기적 인식론", 예전에 참여함으로써 통전적 자아형성을 가져오는 "예전적 인식론", 그동안 인식의 현상에서는 철저히 간과되어 왔던 '몸'을 통해 형성되는 "몸의 인식론", 감성과 몸, 그리고 상상력을 기반으로 하는 "예술적 인식론", 그리고 마지막으로 4차산업혁명 시대를 살고 있는 우리에게 화두가 되고 있는 "AI의 인식론"에 대해 살펴보고자 한다. 물론 이 모든 인식론에 대한 탐구는 그들을 바탕으로 해서 전개될 수 있는 기독교교육의 방향과 가능성들을 함께 모색하는 것으로 진행될 것이다.

이러한 고찰들을 통해 본 서는 독자들이 포스트모던 시대와 4차산업혁명시대가 열어주는 다양한 인식론과 마주하고, 이를 바탕으로 통전적 기독교교육 인식론에 대한 큰 그림을 그릴 수 있게 되기를 희망한다. 그리고 더 나아가 이를 바탕으로 우리의 기독교교육 현장에 만연한 분리주의와 편향적 기독교교육이 극복되고, 통전적 하나님 알기를 지향하는 통전적 기독교교육에로의 가능성이 활짝 열리기를 희망해 본다.

2021년 2월 8일
아차산 기슭에서 저자 양 금 희

목차

1
장

성경적 "하나님알기"와

통전적 기독교교육 인식론의 필요성

Ⅰ. 들어가는 말

"우리가 다 하나님의 아들을 믿는 것과 아는 일에 하나가 되어 온전한 사람을 이루어 그리스도의 장성한 분량이 충만한 데까지 이르리니 …"^{엡 4:13} 이 말씀은 우리가 하나님의 아들을 믿는 것과 아는 것에서 하나^{unity}가 되는 것에 도달하면, 그리스도의 장성한 분량이 충만한 온전한 사람을 이룬다고 하는 말씀으로서, 그 안에는 다양한 뜻이 내포되어 있다. 먼저 이 말씀 안에는 하나님의 아들을 아는 것과 믿은 것은 함께 가야한다는 것이 나타난다. 하나님의 아들을 믿는 것은 그를 아는 것과 따로 떨어질 수 없고, 그를 아는 것은 또한 그를 믿는 것과 뗄 수 없다는 것이다. 이 말은 그를 믿는 것 없이 그를 바로 알 수 없다는 뜻이고, 따라서 하나님을 믿는 것이 없는 객관적 지식으로서 하나님의 아들을 아는 것은 불완전한 앎이라는 것이다.

뿐만 아니라, 이 말씀은 우리가 하나님의 아들을 믿는 것과 아는 일에서 하나가 되면, 우리가 그분과 같이 된다는 것을 암시한다. 우리가 우리의 앎의 대상이요, 믿음의 대상인 하나님의 아들을 믿고 알 때에, 그 대상이 우리에게 영향을 미쳐서 우리로 그분의 장성한 분량이 충만한 데까지 이게 된다는 것이다. 이것은 우리가 앎과 믿음의 주체인 것 같지만, 앎과 믿음의 대상이 오히려 우리에게 영향을 미치는 그러한 앎과 믿음이 있다는 것을 말해준다.

따라서 이 말씀은 기독교교육 인식론에 시사하는 것이 많다. 인식론이란 앎에 관한 학문이고, 기독교교육 인식론은 기독교교육적 앎의 현상에 대한 이론이다. 그렇게 볼 때 이 말씀은 기독교교육적 앎은 결코 객관적인 지식을 습득하는 현상에 그치는 것이 아니라, 하나님과 인격적으로 관계 맺는 것을 포함하는 것이고, 또한 그것은 우리를 그리스도의 장성한 분량에 이르도록 변화시키는 앎이 되어야 한다는 것을 시사한다. 그런 의미에서 이 말씀은 기독교교육 인식론이 인지적 측면만이 아니라, 관계적 측면, 행동적 측면, 더 나아가 존재적 측면을 모두 아우르는 통전적인 앎을 지향해가지 않으면 안 된다는 것을 말해 준다.

본 장에서는 바로 그러한 관심에서 출발하여 왜 기독교교육 인식론이 통전적이지 않으면 안 되는 지에 대한 성경적 근거와 인식론적 기초들에 대해 살펴보려 한다. 이를 위해 우리는 먼저 성경에 나타나는 "하나님 알기"의 특성을 주목하면서, 거기에 나타나는 통전성을 살펴볼 것이다. 또한 동시에 그럼에도 불구하고 기독교교육의 역사가 그러한 통전성을 담보하기 보다는 오히려 편향적이 되었던 상황들과, 그것의 인식론적 배경인 근대의 인식론의 문제점과 한계들을 살펴볼 것이다. 그리고 이들을 기반으로 해서 통전적 기독교교육 인식론의 필요성을 함께 살펴보려 한다.

II. 성경에 나타난 "하나님 알기"

기독교교육 인식론의 핵심은 아마도 하나님에 관한 앎일 것이다. 우리가 하나님을 알게 되는 방법과 성격과 특성과 범위는 그대로 기독교교육의 방법과 성격과 특성과 범위를 결정하는 중요한 요소가 되기 때문이다. 서론에서 살펴본 대로 성경은 하나님의 아들을 아는 것과 믿는 것은 하나가 되어야 하고, 그것이 이루어 질 때 앎의 대상과 앎의 주체가 같아지게 된다고 함으로써, 하나님을 아는 것이 궁극적으로 우리의 존재를 바꾸는 결과를 가져온다는 것을 보여준다. 성경은 이처럼 하나님을 아는 것은 결코 단순히 하나님에 관한 지식을 갖는 것을 훨씬 넘어서는 것임을 밝힘으로써, 하나님 알기가 아주 특별한 인식론적 차원을 가졌음을 보여준다. 이 장에서는 따라서 성경에서 하나님을 안다고 하는 표현이 가지고 있는 의미들과 특징들을 살펴보고자 한다.

성경에 나타난 하나님 알기를 고찰하기 위해서 우리가 먼저 해야 할 일은 구약과 신약에서 하나님 '알기'에 가장 많이 쓰이고 있는 단어에 주목하면서, 그것의 쓰임과 의미를 살펴보는 일일 것이다. 따라서 여기에서는 하나님(예수님)을 '알다'라고 하였을 때에, 가장 많이 쓰이고 있는 두 단어 "야다ידע"와 "기노스케인γινωσκειν"을 중심으로 구약과 신약에서의 하나님 알기의 의미를 살펴보도록 하자.

1. 하나님을 인정하는 앎

구약성경에서 하나님을 목적어로 하여 "야다ידע", 즉 '알다'라는 표현이 나타났을 때, 이것은 결코 하나님에 대한 객관적 지식을 알게 된다는 의미가 아니다. 그것은 무엇보다 먼저 하나님을 "자신의 하나님으로 인정한다"는 의미로 사용된다. 예를 들어 호 13:4의 말씀 "애굽 땅에 있을 때부터 나는 네 하나님 여호와라 나 밖에 네가 다른 신을 알지 말 것이라 나 외에는 구원자가 없느니라" 의 구절에서 다른 신을 알지 말라는 것은 다른 신들의 존재를 알지 말라는 것이 아니라, 그들을 자신의 하나님으로 인정하지 말라는 뜻이다. 같은 맥락에서 "너희를 내 백성으로 삼고 나는 너희의 하나님이 되리니 나는 애굽 사람의 무거운 짐 밑에서 너희를 빼낸 너희의 하나님 여호와인 줄 너희가

알지"라 ^{출 6:7} 에서도 여호와가 너희의 하나님이라는 것을 인정하라는 뜻이다.[1]

물론 구약성경에도 하나님에 관한 객관적이고 절대적 지식이 반복적으로 나타나고 있는 것을 우리는 발견할 수 있다.[2] 구약성경은 특별히 '야웨 하나님은 이스라엘의 하나님이라는 것' ^{사 43:15, 신 29:6, 삼상 17:46, 겔 6:7}, 그가 '천지를 창조하신 하나님이라는 것' ^{창 14:22, 왕하 19:15}, 그는 '유일하신 하나님이라는 것' ^{신 4:39, 신 6:4}, 그리고 '사랑과 정의와 공의의 하나님 ^{신 32:4} 이라고 하는 것' ^{신 32:4, 느 9:33, 욥 37:23, 시 33:5} 등을 반복적으로 강조한다. 그러나 성경은 이 지식들을 단순히 객관적 지식으로서 강조하는 것이 아니라, 이스라엘 백성들이 인격적으로 personal 인정하는 지식으로 표현하는 것을 볼 수 있다. 예를 들어 히스기야의 기도 — "그 앞에서 히스기야가 기도하여 이르되 그룹들 위에 계신 이스라엘의 하나님 여호와여 주는 천하만국에 홀로 하나님이시라 주께서 천지를 만드셨나이다" ^{왕하 19:15} — 를 보면, 여호와가 유일한 하나님이시고, 또한 천지를 만드신 분이라는 지식을 히스기야는 하나님 앞에서 송영적으로 고백하고 있는 것을 볼 수 있다. 즉 여호와에 대한 객관화된 지식일지라도 고백적 상황에서 표현함으로써, 그 객관적 내용을 자신의 지식으로 인정한다는 것을 나타낸다. 이 같은 맥락에서 머레이 라이 Murray Rae 는 성경에 나타난 하나님에 관한 지식은 결코 객관적 지식을 '통달 mastery' 한 지식이 아니라, 하나님께 '참여 attentiveness' 를 통해서 오는 것이라고 하였다.[3]

마찬가지로 신약성경에서 하나님을 알다라고 하였을 때 많이 쓰는 "기노스케인 γινώσκειν" 도 결코 하나님에 관한 객관적 지식을 습득하게 된다는 말

---

1 왕상 18:37, 렘 24:7, 신 4:35 등의 구절들은 모두 이와 같이 하나님을 안다는 것은 '하나님을 자신의 하나님으로 인정한다'는 것을 뜻한다는 것을 보여준다.

2 R. W. L. Moberly, "Knowing God and Knowing About God: Martin Buber's Two Types of Faith Revisited," *Scottish Journal of Theology Edinburgh* 65 (Nov. 2012), 402-420.

3 Murray Rae, "'Incline Your Ear So That You May Life': Principles of Biblical Epistemology," in *The Bible and Epistemology*, ed. Mary Healy & robin Parry (Milton Keynes: Paternoster, 2007), 161

이 아니라, 그를 하나님으로 인정하는 앎을 지칭하는 것을 볼 수 있다. 예를 들어서 막 1:34 "예수께서 각종 병이든 많은 사람을 고치시며 많은 귀신을 내쫓으시되 귀신이 자기를 알므로 그 말하는 것을 허락하지 아니하시니라"에서 귀신이 예수를 안다는 말은 그를 알아보고 인정하는 것을 뜻한다. 기노스케인이 인정한다는 뜻을 갖고 있는 것은 무엇보다 다음의 귀절에서 분명하게 나타난다:

> 내 아버지께서 모든 것을 내게 주셨으니 아버지 외에는 아들이 누구인
> 지 아는 자가 없고 아들과 또 아들의 소원대로 계시를 받는 자 외에는
> 아버지가 누구인지 아는 자가 없나이다 하시고^{눅 10:22}

이 구절에서 아들이 누구인지 아는 자가 없다는 말은 아들을 아들로서 알아보고 인정하는 자가 없다는 뜻이다. 또한 아버지가 누구인지 아는 자가 없다는 말도, 성부 하나님을 하나님으로 인정하는 자가 없다는 뜻이다. "나는 선한 목자라 나는 내 양을 알고 양도 나를 아는 것이, 아버지께서 나를 아시고 내가 아버지를 아는 것 같으니 나는 양을 위하여 목숨을 버리노라"^{요 10:14-15}도 안다는 것이 알아보고 인정한다는 뜻으로 사용된다. 양을 안다는 것은 양이 나의 양이라는 것을 알아보고 인정^{recognize}한다는 것이요, 양이 목자를 아는 것 또한 목자를 자신의 목자로 알아보고 인정한다는 뜻이다.

이처럼 우리는 성경이 하나님과 예수님을 안다고 표현할 때, 그것은 단순히 객관적 지식을 습득한다는 의미가 아니라, 하나님을 하나님으로, 예수님을 하나님의 아들로서 알아보고 인정한다는 것을 뜻한다는 것을 알 수 있다.

2. 관계적 앎

하나님을 하나님으로 인정한다는 것은 곧 하나님과 인격적 관계를 갖는다는 것을 의미한다. 따라서 성경은 하나님을 안다고 하였을 때에, 그와 인격적인 관계 안에 있다는 것을 지칭하는 경우가 많다. 예를 들어 소년 사무엘이 여호와의 전에서 하나님의 음성을 들었을 때에, 그가 그것을 알아보지 못했던 것을 들어서 성경은 "사무엘이 아직 여호와를 알지 못하고 여호와의 말씀도 아직 그에게 나타나지 아니한 때라"삼상 3:7 라고 표현하고 있는데, 이 시점은 사무엘이 이미 오래 전부터 하나님의 전에서 자라면서 하나님의 존재를 알고 있었을 때였다. 단지 그는 아직 하나님을 인격적으로 만나지 못하였던 때였고, 그래서 하나님이 그를 부를 때 그분이 하나님인지를 알아보지 못했다. 이것을 가리켜 성경은 사무엘이 아직 여호와를 "알지 못하였다"고 표현한다. 따라서 여기에서 알지 못했다는 것은 사무엘이 하나님을 인격적으로 만나 구체적인 경험을 하지 못했다는 것을 뜻한다.

그와 같은 맥락에서 구약성경은 깨어진 여호와와의 관계를 다시 회복하는 것도 '여호와를 아는 것'으로 표현하고 있는 것을 볼 수 있다. 호 6:1-3을 보면 "우리가 여호와께로 돌아가자. 여호와께서 우리를 찢으셨으나 도로 낫게 하실 것이요, 우리를 치셨으나 싸매어 주실 것임이라"와 같이 회개를 촉구하고 연이어서 "그러므로 우리가 여호와를 알자, 힘써 알자"라고 촉구하는 것을 볼 수 있다. 여기서 여호와를 알자는 것은 다시 그와의 관계를 회복하자는 것이다.[4] 이러한 것들을 바탕으로 해서 보았을 때에 구약성경에서 여호와를 안다는 것은 무엇보다 여호와와 인격적인 관계를 맺는 것을 의미한

---

4   Christopher J. H. Wright, *Knowing God the Father through the Old Testament*, 홍종락 역, 『구약의 빛 아래서 하나님을 아는 지식』 (서울: 성서유니온선교회, 2010), 185.

다고 할 수 있다.

신약에서도 마찬가지로 기노스케인은 인격적 관계가 있는 앎을 지칭한다. 예를 들어 베드로가 예수님을 부인할 때 "베드로가 맹세하고 또 부인하여 이르되 나는 그 사람을 알지 못하노라 하더라"마 26:72라는 구절에서 안다는 것은 그와 아무 관계가 없다는 말이다. 즉 그 말은 그 사람에 대한 정보가 없다는 뜻이 아니라, 그와 특별한 관계를 가지고 있지 않다는 뜻이다. 이와 같은 관계적 앎은 요한문서의 다음과 같은 구절에서 더욱 분명해 진다:

또 아는 것은 하나님의 아들이 이르러 우리에게 지각을 주사 우리로 참
된 자를 알게 하신 것과 또한 우리가 참된 자 곧 그의 아들 예수 그리스
도 안에 있는 것이니 그는 참 하나님이시요 영생이시라요일 5:20

위의 본문은 우리가 하나님을 알게 된다는 것과 우리가 그의 아들 예수 그리스도 안에 있게 되는 것을 평행구로 놓음으로써 하나님을 아는 일과 예수 그리스도 안에 있는 것을 같은 개념으로 표현한다. 그렇게 보았을 때, 여기에서 하나님을 아는 것은 곧 "그리스도 안에 있는 것"이라는 관계적 앎이라는 것을 시사한다. 같은 맥락에서 요한문서는 우리가 그리스도 안에 있을 뿐만 아니라, 그리스도가 우리 안에 있음으로써, 우리가 그를 안다고 하였다:

그는 진리의 영이라 세상은 능히 그를 받지 못하나니 이는 그를 보지도
못하고 알지도 못함이라 그러나 너희는 그를 아나니 그는 너희와 함께
거하심이요 또 너희 속에 계시겠음이라요 14:17

이 구절에서 말하는 것과 같이 우리가 그리스도를 아는 것은 그가 우리와 함께 거하시고, 우리 속에 계시기 때문이라는 것이다. 이것을 앞의 구절과

연결하여 보면, 우리가 그 안에 있고, 그가 우리 안에 있는 것이야말로 우리가 하나님을 아는 것이라는 것이다. 이것을 한 문장으로 표현하면 "그 날에는 내가 아버지 안에, 너희가 내 안에, 내가 너희 안에 있는 것을 너희가 알리라"요 14:20라는 것이다.

여기에서 우리가 발견하게 되는 것은 그리스도에 대한 관계적 앎의 문제가 단순한 앎의 문제가 아니라 '존재'의 문제라는 것이다. 즉 우리가 그의 안에 있고, 그가 우리 안에 있다는 "존재"의 문제는 그를 아는 "인식"의 문제와 본질적으로 서로 연결되어 있다는 것이다. 이 말은 우리가 그리스도 안에 있지 아니하고, 그가 우리 안에 있지 아니할 때에 우리가 그를 알 수 없다는 말과 같다. 그가 우리 안에 있고, 우리가 그 안에 거하는 존재의 변화가 그를 아는 앎의 변화를 가져온다는 것이다.

3. 헌신적 앎

하나님을 관계적으로 안다는 것은 하나님에 대한 헌신commitment을 동반하는 앎을 의미한다. 따라서 구약성경은 종종 하나님과 백성을, 왕과 백성의 관계, 부부관계, 연인관계와 같은 특별한 관계로 표현하고 있다. 예를 들어 예레미야에게 주신 하나님의 말씀, 즉 "내가 여호와인 줄 아는 마음을 그들에게 주어서 그들이 전심으로 내게 돌아오게 하리니 그들은 내 백성이 되겠고 나는 그들의 하나님이 되리라"렘 24:7는 이스라엘이 하나님을 아는 것은 곧 그들이 하나님께 돌아와서 하나님의 백성이 되고, 하나님은 그들의 하나님이 되는 것을 시사한다. 즉 이 구절은 하나님과 하나님 백성이라는 관계, 그에게 충성하고 헌신하는 관계를 맺고 유지하는 것이 곧 하나님을 아는 것임을 보여준다.

또한 이사야를 통해서 하신 하나님의 말씀, "소는 그 임자를 알고 나귀는 그 주인의 구유를 알건마는 이스라엘은 알지 못하고 나의 백성은 깨닫지 못하는도다"사 1:3는 소와 임자, 나귀와 주인의 구유의 관계처럼 충성되고 헌신된 관계에 비유하여 이스라엘이 하나님을 알아야 하는데, 그렇지 못함을 보여주고 있다. 심지어 호세아서는 이렇게 표현한다: "내가 네게 장가 들어 영원히 살되 공의와 정의와 은총과 긍휼히 여김으로 네게 장가 들며 진실함으로 네게 장가 들리니 네가 여호와를 알리라"호 2:19-20. 이 구절은 하나님이 이스라엘과 혼인을 함으로써, 이스라엘이 여호와를 알게 된다고 표현한다. 이것은 하나님을 아는 것이 곧 결혼관계와 같이 충성과 헌신의 관계를 서로 간에 맺는다는 것을 단적으로 보여준다. 이와는 대조적으로 바로 몇 절 앞부분에서 이스라엘이 "귀거리와 패물로 장식을 하고 그가 사랑하는 사람을 따라가서 하나님을 잊었다"13는 표현이 나온다. 여기서 이스라엘이 하나님을 잊었다는 것은 단순히 기억을 못한다는 것이 아니라, 하나님과의 사랑하는 관계를 끊었다는 뜻이다.5 이러한 것들은 모두 하나님을 안다는 것이 하나님과 충성과 헌신의 아주 특별한 관계를 맺는다는 의미로 쓰이고 있다는 것을 보여준다.

비슷한 맥락에서 구약성경은 백성들만 하나님을 아는 것이 아니라, 하나님도 백성을 안다고 표현한다. 예를 들어 창 18:19에서 여호와가 아브라함을 가리켜 "내가 그로 그 자식과 권속에게 명하여 여호와의 도를 지켜 의와 공도를 행하게 하려고 그를 택하였나니(야다) 이는 나 여호와가 아브라함에게 대하여 말한 일을 이루려 함이니라"창 18:19라고 하였는데, 여기서 택하였다고 번역되는 단어가 히브리어 야다에서 온 단어이다. 이것은 아모스3:2 "내가 땅의 모든 족속 가운데 너희만을 알았나니 그러므로 내가 너희 모든

---

5   위의 책, 193.

죄악을 너희에게 보응하리라 하셨나니"에서 여호와가 이스라엘을 알았다고 했을 때와 같은 단어이다.[6] 두 경우 다 하나님이 아브라함과 이스라엘을 아는 것은 그와의 특별한 언약관계를 맺고 유지한다는 것을 보여준다. 이처럼 하나님이 그의 백성을 아는 것이나, 그의 백성이 그를 아는 것은 모두 서로에게 특별한 충성과 헌신의 관계를 맺고 그 관계를 유지하는 것을 의미한다.

비슷한 맥락에서 신약성경도 하나님(예수님)을 아는 것은 하나님과 우리 사이의 헌신과 충성의 관계를 나타내 준다. 요한복음은 먼저 하나님(예수님)이 우리를 아는 것은 마치 선한 목자가 그의 양을 위하여 하는 것처럼 목숨을 버리기까지 아는 앎이라고 말한다:

나는 선한 목자라 나는 내 양을 알고 양도 나를 아는 것이, 아버지께서
나를 아시고 내가 아버지를 아는 것 같으니 나는 양을 위하여 목숨을
버리노라 요 10:14-15

이 구절에 나타난 우리와 하나님(예수님)의 관계는 '양과 목자', '아버지와 아들'의 관계에 비유되는 앎이다. 즉 양과 목자, 아버지와 아들의 관계처럼 사랑과 책임과 희생 등을 기꺼이 행할 수 있는 앎, 목숨을 내 놓는 앎이라는 말이다.

동시에 신약성경은 역으로 우리가 하나님을 안다고 했을 때 그것은 그를 주님 Lord 으로 인정하는 앎, 즉 우리 자신에 대한 '주권 Lordship'을 그에게 드리고 그에게 복종하는 앎으로 묘사한다:

하나님 아는 것을 대적하여 높아진 것을 다 무너뜨리고 모든 생각을 사

---

6   위의 책, 112.

로잡아 그리스도에게 복종하게 하니^{고후 10:5}

위의 구절에 나타나는 것과 마찬가지로 하나님을 아는 것과 그리스도에게 복종하는 것은 같은 개념이다. 즉 하나님을 아는 것은 하나님께 대적하여 하나님 대신 높아진 것을 다 무너뜨리고, 그리스도에게 복종하는 것과 다름 아니라는 것이다. 여기에서 복종한다는 것은 단순히 명령에 순종한다는 의미를 넘어서서, 우리의 전 존재를 다해, '모든 생각을 사로잡아' 그리스도 중심적 삶을 사는 것을 말한다. 즉 그에게 우리의 주인됨^{Lordship}을 인정하는 것이다. 이 구절은 갈라디아서 4:8, "그러나 너희가 그 때에는 하나님을 알지 못하여 본질상 하나님이 아닌 자들에게 종노릇 하였더니"과 함께 더욱 분명해 진다. 하나님을 알지 못하는 것은 하나님이 아닌 자들에게 종노릇하는 것이고, 하나님을 안다는 것은 그러한 종노릇을 벗어나 하나님(예수님)께 우리의 주권을 드리는 삶이다. 그래서 성경은 예수님을 아는 지식은 모든 다른 것을 배설물로 여기는 것이라고 하였다: "또한 모든 것을 해로 여김은 내 주 그리스도 예수를 아는 지식이 가장 고상하기 때문이라 내가 그를 위하여 모든 것을 잃어버리고 배설물로 여김은 그리스도를 얻고"^{빌 3:8}. 이 구절에서처럼 그리스도를 아는 지식은 그리스도를 선택하고(얻고), 그 외의 모든 다른 것은 버리고 배설물로 여기는 지식이라는 뜻이고, 이것은 결국 그리스도를 주님으로 인정하며, 그에게 주권을 드리는 앎이라는 것이다.

이 같은 점을 바탕으로 해서 보았을 때, 성경에서 우리가 하나님(예수님)을 알고, 그가 우리를 안다는 것은 서로가 서로를 위해 자신을 내어주는 헌신적 앎을 의미한다.

4. 실천적 앎

구약성경에서 야다는 그 자체로 행함과 관련이 있는 단어이다. "내가 또 이르노니 야곱의 우두머리들과 이스라엘 족속의 통치자들아 들으라 정의를 아는 것이 너희의 본분이 아니냐"^{미 3:1}라는 말씀에서 "정의를 아는 것"은 단순히 정의가 무엇인지 아는 것이 아니라 정의를 행하는 것을 의미한다. 같은 맥락에서 사 51:7에서 "의를 아는 자들아"라고 했을 때에도 의를 행하는 자를 의미한다.

야다가 그 자체로 행함과 연결되는 앎을 의미한다는 것은 하나님을 아는 것에서도 분명하게 드러난다. "엘리의 아들들은 행실이 나빠 여호와를 알지 못하더라"^{삼상 2:12}라고 하는 구절은 여호와를 아는 것과 행실이 나쁜 것은 함께 갈 수 없음을 나타내 준다. 또한 "그는 가난한 자와 궁핍한 자를 변호하고 형통하였나니 이것이 나를 앎이 아니냐 여호와의 말씀이니라"^{렘 22:16}도 여호와를 아는 것을 곧 가난한 자와 궁핍한 자를 변호하는 행동 및 삶과 동의어로 표현한다. "그가 또 언약을 배반하고 악행하는 자를 속임수로 타락시킬 것이나 오직 자기의 하나님을 아는 백성은 강하여 용맹을 떨치리라"^{단 11:32}는 하나님을 아는 것과 언약을 배반하고 악행하는 것을 대비시킴으로써, 하나님을 아는 백성은 언약을 배반하지 않고, 악행을 하지 않는 백성이라는 것을 말한다.[7]

하나님을 아는 것은 또한 음란하지 않는 것이고^{호 5:4}, 여호와의 도를 지키고, 의와 공도를 행하는 것이고^{창 18:19}, 또한 인애^{자비}를 실천하는^{호 6:6} 것이다. 하나님을 아는 것은 요약하면 '하나님의 성품대로 행하는 것'이라 할 수

---

[7] 이 외에도 렘 9:24, 창 18:19, 호 5:4, 렘 4:22 등은 모두 하나님을 아는 것과 행동 그리고 삶이 뗄 수 없이 연결되어 있음을 말해준다.

있다. "자랑하는 자는 이것으로 자랑할지니 곧 명철하여 나를 아는 것과 나 여호와는 사랑과 정의와 공의를 땅에 행하는 자인 줄 깨닫는 것이라. 나는 이일을 기뻐하노라^{렘 9:24}"에 나타나고 있는 것과 같이 여호와가 사랑과 정의와 공의를 행하는 것을 기뻐하는 것처럼, 여호와를 아는 사람은 사랑과 정의와 공의를 행하기를 기뻐하는 자이다. 이러한 구절들을 바탕으로 해서 보았을 때에 하나님을 안다는 것은 하나님의 성품대로 행하는 앎, 즉 행동이 있는 앎이고 삶으로 나타나는 앎이라고 할 수 있다.

신약성경에도 우리는 하나님을 아는 것은 그의 성품대로 행하는 것이라고 하는 표현을 발견할 수 있다:

사랑하는 자들아 우리가 서로 사랑하자 사랑은 하나님께 속한 것이니 사랑하는 자마다 하나님으로부터 나서 하나님을 알고 사랑하지 아니하는 자는 하나님을 알지 못하나니 이는 하나님은 사랑이심이라^{요일 4:7-8}

위의 구절은 하나님을 아는 것은 곧 사랑이신 하나님을 따라 사랑하는 것이라고 말한다. 요한문서는 "우리가 그의 계명을 지키면 이로써 우리가 그를 아는 줄로 알 것이요"^{요일 2:3}라고 함으로써 아는 일과 행함이 함께 가는 것을 분명히 한다.

같은 맥락에서 우리는 그리스도를 알면 그리스도를 아는 냄새를 나타낸다고 하는 고후 2:14의 말씀도 이해할 수 있다: "항상 우리를 그리스도 안에서 이기게 하시고 우리로 말미암아 각처에서 그리스도를 아는 냄새를 나타내시는 하나님께 감사하노라." 그리스도를 아는 것은 결국 우리의 삶에서 그를 아는 냄새를 나타내게 하는 앎이라는 것이다.

하나님(예수님)을 아는 것은 결국 "그가 행하시는 대로 우리도 행하는"^{요일 2:6} 앎이다. 하나님을 아는 것은 내 안의 그로 하여금 행하게 하는 앎이기 때문이다. 따라서 이 앎은 결코 우리의 인식에 머무는 앎이 아니라, 삶과 연결되는 앎이다. 이것은 하나님을 아는 것은 우리의 존재, 우리의 삶을 아우르는 앎이라는 것을 의미한다.

5. 계시적 앎

성경은 그 무엇보다 우리가 하나님을 알게 된다는 것은 하나님이 스스로를 알게 하실 때에 일어날 수 있는 것임을 분명히 한다. 구약성경은 무엇보다 하나님이 역사 가운데 활동하심으로써, 자신이 하나님임을 스스로 드러내신다는 것을 강조한다. 왕상 18:37, 출 6:7, 호 13:4, 신 4:32-35 등은 모두 하나님께서 스스로 역사 가운데 행하시는 일을 통해서 그의 민족이 하나님의 하나님 됨을 알게 되는 것을 강조한다.

그런데 구약성경은 과거 하나님이 하셨던 활동을 통해 하나님을 알도록 한다는 표현만 있는 것이 아니라, 앞으로 계시하실 앎, 즉 종말론적 앎에 대해서도 언급한다. 예를 들어 겔 39:28은 "전에는 내가 그들이 사로잡혀 여러 나라에 이르게 하였거니와 후에는 내가 그들을 모아 고국 땅으로 돌아오게 하고 그 한 사람도 이방에 남기지 아니하리니 그들이 내가 여호와 자기들의 하나님인 줄을 알리라"고 하는데, 에스겔이 유다말기와 포로 전기에 활동하였다는 것을 생각해보면, 이것은 미래에 있을 예언적 내용이라 할 수 있다. 그러나 이것을 잘 들여다 보면, 그것은 단순한 미래 예언적 차원이기 보다는 종말적 내용이라고 할 수 있다. '한 사람도 이방에 남기지 아니하고', 약속의 땅으로 돌아오는 일이 성취된다는 것은 가까운 미래에 일어날 일에 대한 예언이라기보다는 일종의 '종말적 비전'이라고 할 수 있다. 그러한 종말적 비전과 나란히 "그들이 내가 여호와가 자기들의 하나님인줄을 알리라"라고 함으로써 본문은 하나님의 백성들이 하나님을 알게 되는 것이 그날에, 종말에 온전하게 이루어질 것을 암시한다.

이것은 그 말씀에 연이어서 나오는 말씀, 즉 "내가 다시는 내 얼굴을 그들에게 가리지 아니하리니 이는 내가 내 영을 이스라엘 족속에게 쏟았음이라"겔 39:29 라고 하는 것에서도 분명해 진다. 지금은 거울을 보는 것 같이 희미하게 알지만, 그 때에는 하나님이 '얼굴을 그들에게 가리지 아니하셔서' 얼굴과 얼굴을 마주하여 보는 것처럼 여호와를 알게 될 것이라는 것이다. 이것은 여호와를 아는 지식이 종말에는 온전해질 것이라는 것을 나타낸다. 여호와를 아는 지식은 온전을 향하여 나아가는 지식이다. 여호와의 얼굴을 마주 보듯 분명히 알게 되는 것을 향하여 나아가는 지식이다.

구약과 마찬가지로 신약성경에서도 하나님을 아는 것은 계시적 사건으로 묘사된다. 신약성경은 예수 그리스도를 그 자체로 신비, 혹은 비밀이라고 표현하는데, 둘 다 헬라어 원어로는 미스테리온 μυστηριον 이다.

> 이 비밀은 만세와 만대로부터 감추어졌던 것인데 이제는 그의 성도들에게 나타났고 하나님이 그들로 하여금 이 비밀의 영광이 이방인 가운데 얼마나 풍성한지를 알게 하려 하심이라 이 비밀은 너희 안에 계신 그리스도시니 곧 영광의 소망이니라 골 1:26-27

성경은 예수를 비밀로 표현하면서, 그 비밀을 아는 일은 그것을 깨달을 수 있도록 하는 하나님의 계시가 있어야만 가능한 것으로 묘사한다:

> 너희를 위하여 내게 주신 하나님의 그 은혜의 경륜을 너희가 들었을 터이라 곧 계시로 내게 비밀을 알게 하신 것은 내가 먼저 간단히 기록함과 같으니 그것을 읽으면 내가 그리스도의 비밀을 깨달은 것을 너희가

알 수 있으리라^{엡 3:2-4}

즉 성경은 그리스도의 비밀을 알게 되는 것은 우리로부터 발원하는 앎
이 아니라, 그가 우리에게 지각을 주어야^{요일 5:20} 알 수 있는 앎이며, '세상이
능히 받을 수 없는 진리의 영'이 우리 속에 계셔야 가능한 앎^{요 14:17}, 즉 계시
되는 앎이라고 말한다.[8] 마찬가지로 고후 4:6도 "어두운 데에 빛이 비치라
말씀하셨던 그 하나님께서 예수 그리스도의 얼굴에 있는 하나님의 영광을
아는 빛을 우리 마음에 비추셨느니라"고 함으로서 빛을 창조하신 하나님이
우리 마음에 빛을 비출 때에 그리스도에게 나타나는 하나님의 영광을 알게
된다고 하였다.

따라서 성경은 우리가 하나님(그리스도)을 아는 것이 아니라, 하나님이
스스로 우리에게 자신을 알릴 때 우리가 그를 알 수 있는 것이라고 표현한
다:

> 그러나 너희가 그 때에는 하나님을 알지 못하여 본질상 하나님이 아닌
> 자들에게 종노릇 하였더니, 이제는 너희가 하나님을 알 뿐 아니라 더욱
> 이 하나님이 아신 바 되었거늘, 어찌하여 다시 약하고 천박한 초등학문
> 으로 돌아가서 다시 그들에게 종노릇 하려 하느냐^{갈 4:8-9}

이 본문의 "하나님이 아신바 되었거늘"이라는 것은 헬라어로는
"εγνωρισθητε"로, 이것은 기노스코와 어원이(γνω) 같은 γνωριζω^{알다}의 수동태
로서, 직역하면 "너희가 알게 됨을 당했다"라고 직역할 수 있다. 안다는 동사

---

8   "내 아버지께서 모든 것을 내게 주셨으니 아버지 외에는 아들이 누구인지 아는 자가 없고 아들과 또 아들의
소원대로 계시를 받는 자 외에는 아버지가 누구인지 아는 자가 없나이다 하시고"(눅 10:22).

는 보통 앎의 주체가 행하는 능동형의 동사로서 쓰이게 되지만, 여기서는 알게 됨을 당한다는 수동형으로 표현되었는바, 우리가 주체적으로 아는 것이 아니라, 하나님이 우리로 알게 하셔서 우리는 알게 됨을 당했다는 뜻이다. 따라서 이것을 그 앞의 "너희가 하나님을 알 뿐 아니라"에서 사용된 능동형의 "εγνωρισατε"와 함께 번역하면, "너희가 이제는 하나님을 알고 또한 하나님에 의해 알게 됨을 당하였거늘"로 표현할 수 있다.

성경은 이처럼 하나님을 아는 것은 인간이 능동적으로 아는 앎이 아니라, 하나님의 알게하심을 통해서 일어나는 것임을 분명히 한다. 그러면서 동시에 성경은 이 하나님을 아는 지식은 결국 그리스의 장성한 분량이 충만한 데까지 나아가는 지식, 즉 온전한 지식을 향하여 나아가는 앎이라고 하는 것을 말한다: "우리가 다 하나님의 아들을 믿는 것과 아는 일에 하나가 되어 온전한 사람을 이루어 그리스도의 장성한 분량이 충만한 데까지 이르리니"엡 4:13 그것은 지금은 거울로 보는 것 같이 희미하나 그 때에는 얼굴과 얼굴을 마주하고 볼 것이며, 또한 지금은 부분적으로 아나, "그 때에는 주께서 나를 아신 것 같이 내가 온전히 알리라"고전 13:12 와 같은 맥락에서 이해될 수 있다. 즉 그리스도를 아는 지식은 종말의 온전한 지식을 향하여 나아가는 도상에 있는 지식이라는 것이다.

그렇게 보았을 때 그리스도를 아는 지식은 언제나 현재의 앎을 뛰어 넘어 궁극적으로 그리스도의 장성한 분량까지 이르는 지식이라 할 수 있다. 따라서 이러한 앎은 그리스도의 장성한 분량과 현재의 나를 일치시키는 계시적 상상력을 불러일으키고, 현재의 나를 뛰어 넘게 하는 앎이라고 할 수 있다. 얀달 우드핀 Yandall woodfin 은 성경은 결국 종말의 때에 모든 인식이 분명해진다고 하는 종말론적 앎의 개념을 분명하게 한다고 하면서, 하나님 나라가 종말에 완성되는 것이라면 종말은 지금 현재를 해석하는 인식론적 틀이 되어야 한다고 하였다. 기독교는 단순히 눈에 보이는 것과 경험되는 reality실재에 대한 인식과 해석을 하는 것이 아니라, 그와 같은 종말적 안목에서 지금의 나와 세상을 보는 인식적 특징을 가진다는 것이다.[9] 그렇게 보았을 때, "그리스도의 장성한 분량이 충만한 데까지 이르는 앎"은 언제나 지금의 우리를 해석하는 인식론적 틀이 되어야 할 것이다. 그 틀은 지금의 나를 그리스도의 장성한 분량에 비추어 보고, 또한 그를 통해서 현재의 나를 넘어 갈수 있는 계시적 상상력을 불러일으키는 틀이 되어야 할 것이다.

6. 통전적 하나님 알기를 위한 통전적 기독교교육인식론의 필요성

이상의 고찰로부터 우리는 신구약 성경에서 하나님을 안다는 것은 그를 하나님으로 인정하는 앎이며, 그와의 인격적 관계를 통해서 형성되는 앎이고, 또한 그와 상호적 사랑과 헌신commitment의 관계성 안에 있는 앎, 하나님예수님의 성품으로 행동하도록 이끄는 앎이며, 무엇보다 하나님이 우리에게 찾아와 우리 안에 거하심으로써 나타나는 앎으로서 종말에 완성될 앎이다. 따라서 그것은 우리로 하여금 그러한 종말적 미래를 여기와 지금에서 믿고 상

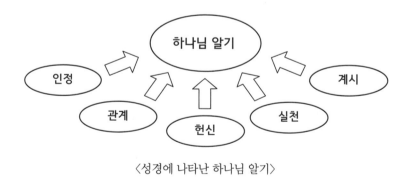

〈성경에 나타난 하나님 알기〉

---

9   Yandall Woodfin, "Knowing That You Know God: A Christian Approach to Knowledge," *Southwestern Journal of Theology* 21-2 (Spring 1979), 89.

상하며 삶과 연결하게 하는 앎이다.

성경에 나타나는 하나님 알기의 개념이 이렇게 다양하다는 것은 다른 측면에서 보면, 하나님이 그의 백성을 향하여 자신을 드러내고 관계하는 방식이 그만큼 다양하다는 것을 의미하는 것이기도 하다. 성경 전체는 하나님이 그의 백성에게 찾아오시고 그들과 인격적으로 관계를 맺는 것을 보여주는 책이다. 심지어 하나님은 직접 한 인격이 되어 우리 안으로 오심으로써, 우리와 인격적 관계를 맺을 수 있는 극간의 방법을 보여주셨다. 이것은 우리가 하나님을 아는 것은 객관적 지식의 습득으로가 아니라 그와의 인격적 관계를 맺음으로써 일어날 수 있는 것임을 단적으로 보여준다. 또한 성경은 하나님이 그의 백성을 그의 백성으로 선택하고 그는 그들의 하나님이 되는 배타적 관계를 맺음으로써 출 6:7, 신 7:6, 렘 24:7, 겔 11:2, 그의 백성에 대한 사랑과 헌신 commitment을 보여주었음을 나타낸다. 이것은 결국 그의 백성들로 하여금 하나님을 하나님으로 인정하고, 또한 그의 백성들로부터도 그에게 헌신과 충성의 관계를 맺음으로써 그 관계 속에서 하나님을 더욱 알아가는 통로가 되었다.

더 나아가 성경의 하나님은 구체적으로 행동과 성품을 보여주었는데, 그는 이것을 무엇보다 성육신하신 예수님을 통해 구체화 하였다. 그 하나님은 우리에게 찾아와 우리 안에 계심으로써 우리 또한 그의 향기를 나타내는 삶을 살도록 이끄셨다. 이와 같은 관계는 하나님이 우리 안에 오심과 우리가 그를 아는 것 그리고 그의 성품을 닮은 삶을 사는 것이 불가분리로 연결되어 있음을 보여준다. 성경은 무엇보다 하나님이 역사에서 지속적으로 자신을 새롭게 계시하시는 것을 보여주면서, 그것이 종말의 온전한 앎을 향해서 오늘도 계속되고 있음을 보여준다. 이를 통해 우리 개개인의 '하나님 알기'도 종말의 온전한 앎을 향해 지속적으로 열려있음을 보여준다.

이러한 점들을 바탕으로 해서 보았을 때, 성경에 나타나는 '하나님 알기'는 하나님의 그의 백성을 향한 '관계의 방식', 혹은 '계시의 방식'과 뗄 수 없이 연결되어 있음을 알 수 있다. 이것으로 부터 우리가 얻는 통찰은 기독교교육도 하나님이 그를 계시하시고 관계하시는 다양한 방식에 열려 있어야 한다는 것이다. 즉 기독교교육은 성경에 나타난 하나님 알기와 하나님이 자신을 계시하시는 다양한 측면들로부터 기독교교육적 앎이 무엇인지에 대한 통찰을 얻어야 한다는 것이다. 무엇보다 그것은 기독교교육적 인식론이 이원론적 인식론과 객관주의적 인식론을 넘어서서, 하나님 알기의 전인적 측면을 아우르는 인식론적 기반을 형성해야 한다는 것을 도전한다. 즉 성경의 하나님 알기는 우리에게 기독교교육이 관계 안에 참여함을 통해서 일어날 수 있는 인식의 현상, 신뢰와 헌신과 충성의 관계 안에서 일어날 수 있는 인식의 현상, 그리고 행동함을 통해서 일어날 수 있는 인식의 현상, 그리고 종말적 완성을 향해서 오늘도 우리를 새롭게 깨우치는 계시적 앎의 현상에도 관심을 기울이지 않으면 안 된다는 것을 시사한다. 하나님이 그렇게 다양한 방식으로 자신을 계시하시고 백성들과 관계 맺은 것과 같이, 기독교교육도 그렇게 다양한 인식이 일어날 수 있는 통로가 될 때에 통전적 하나님 인식과 통전적 기독교교육의 자리가 될 수 있기 때문이다.

Ⅲ. 분리주의적 신앙교육의 역사적 배경

위에서 살펴본 바와 같이 성경에 나타난 하나님 알기가 이처럼 복합적이고 통전적인 차원에서 이루어지고 있음에도 불구하고, 근대 이후 기독교교육의 역사에서 우리는 그러한 통전성 보다는 분리주의적 신앙교육의 흐름, 혹은 어느 한 편으로 치우친 신앙교육의 형태로 나타나고 있는 것을 볼 수 있다. 이것은 이미 개신교가 시작되는 종교개혁의 시점에서부터 발견된다.

1. 종교개혁과 교리중심의 신앙교육

종교개혁은 기독교교육에 획기적 사건이었다. 종교개혁 이전에는 교회에 소속되었다는 것 자체가 곧 믿음을 가졌다는 것을 의미하는 결정적 표시였었다면,[10] 종교개혁과 더불어 믿음으로 인하여 구원을 얻는다는 "이신칭의" 개념이 종교개혁의 핵심적 개념이 되면서, 행위보다는 '믿음'을 강조하게 되었고, 동시에 그와 아울러서 믿음의 내용을 바로 아는 것, 그리고 그를 위한 교육 또한 중요해지게 되었기 때문이다.[11]

사실 종교개혁자들에게 있어서 믿음을 갖는다는 것은 단순히 바른 교리를 갖는 것 뿐 아니라, 그 교리를 자신의 것으로 내면화하는 것이고, 자신에게 적용하는 것이었다.[12] 예를 들어 종교개혁의 핵심적 전제가 되었던 "이신칭의" 교리를 루터가 제시하였을 때에, 이것은 단순히 믿음으로 구원을 얻는다는 사실을 아는 것을 의미하는 것이 아니라, 실제로 '내 자신이 구원받았다'는 확신을 갖는 것을 의미하는 것이었다. 비슷한 맥락에서 멜랑히톤도, 믿음을 "피두시아 fiducia"로 표현하면서, 이것은 예수 그리스도 안에 약속된 하나님의 자비에 대한 인격적 확신과 신뢰를 의미하는 것이라고 하였다.[13]

---

10   Ethan H. Shagan, *The Birth of modern belief: faith and judgement from the Middle Ages to the enlightenment* (New Jersey: Princeton University Press, 2018), 96

11   양금희, 『종교개혁과 교육개혁』 (서울: 예영출판사, 2017), 20.

12   Ethan H. Shagan, *The Birth of modern belief: faith and judgement from the Middle Ages to the enlightenment* (New Jersey: Princeton University Press, 2018), 71.

물론 그는 피두시아와 나란히 "노티티아^{notitia}"와 "아센수스^{asensus}"가 함께 가야한다고 하였는바, 노티티아는 교리에 대한 앎을, 그리고 아센수스는 교리에 대한 인격적 동의를 의미한다고 하였다. 그러나 그는 이 셋이 같이 가야하지만, 인격적 믿음인 피두시아가 없다면 나머지 둘은 의미가 없다고 하였다.[14] 그는 "구원이 바로 너에게 약속되었다는 사실을 믿지 않는다면 너는 믿음이 있는 것이 아니다"라고 하였다. 이러한 내용들을 보면 종교개혁기의 믿음은 단순 교리적 내용을 아는 것에서 넘어서서 믿어야 할 바의 내용에 대한 개인적이고 인격적인 관계성과 내면화를 함께 의미하는 것이었고, 이것이야말로 종교개혁의 핵심적 개혁내용이이라고 할 수 있다.

이렇게 종교개혁자들에게 있어서 개인의 인격적 믿음과, 그 믿음의 내용인 교리^{doctrine}가 서로 뗄 수 없이 연결되어 있는 개념이었음에도 불구하고, 실제로 교육에 있어서는 교리를 가르치는 것이 핵심적 역할을 하는 것으로 드러나게 되었다. 그것은 개혁자들의 '신앙' 이해와도 깊이 연결되어 있는데, 개혁자들의 '이신칭의' 신학 안에 내재해있는 '행위'로서가 아니라, '믿음'으로 의롭게 된다는 개념은 그 자체로 믿음이 인간의 노력으로서 얻을 수 있는 것이 아니라고 하는 것을 포함한다. 그들에게 있어서 믿음은 인간의 힘이 아니라 절대적으로 하나님으로부터 오는 '선물'^{엡 2:8}이기에 그것은 인간이 가르칠 수 있는 것이 아니라고 하는 이해가 들어있다. 이를 단적으로 증명해주듯 루터는 믿음에는 두 가지 차원이 있는데, 하나가 피데스 크바 크레디투어^{fides qua creditur} 로서의 믿음이라면, 다른 하나는 피데스 크베 크레디투어^{fides quae creditur} 의 믿음이라고 하였다. 전자는 믿음을 갖게 되는 과정으로서의 신앙

---

13 Philip Melanchthon, *Loci Communes, Melanchthon's Werke II*, 2 hg. Robert Stupperich (Tübingen: Gütterloher verlagshaus Mohn, 1983), 418.

14 Ethan H. Shagan, *The Birth of modern belief: faith and judgement from the Middle Ages to the enlightenment* (New Jersey: Prinsceton University Press, 2018), 71.

이고, 후자는 믿음의 내용으로서의 신앙이다. 루터는 전자의 믿음이 인간에게 달려있는 것이 아니라, 철저히 하나님으로부터 오는 것이라면, 후자의 믿음은 인간이 반드시 가르쳐야 할 신앙의 내용이라고 보았다. 따라서 인간의 몫인 믿음의 내용doctrine을 부지런히 가르치는 것이야말로, 교육의 핵심적 과제가 된다는 것이다. 이와 같은 맥락에서 종교개혁은 믿음의 내용인 교리를 가르치는 것을 중시하게 되었다. 그러나 그럼에도 불구하고 종교개혁은 단순히 교리만을 가르치는 것에 초점을 두기보다는 삶 전체를 아우르는 교육으로 나타났다.

그러한 종교개혁의 교육은 그러나 그 뒤를 바로 이어 나타난 개신교 정통주의시대 때에 편향된 교리중심 교육으로 변화하게 된다. "개신교 정통주의" 시대란 종교개혁을 잇는 시대를 지칭하는 것으로서, 이 시대는 새로 세워진 개신교회를 공고히 하기 위해, 종교개혁자들의 신학을 바탕으로 개신교회의 교리와 신학을 체계화하던 시대였다. 이 시기 교회는 개혁자들에 의해 세워진 개신교회의 기반을 확고하게 다지고 흔들리지 않게 하기 위해서 최대한 개혁자들의 신학을 고수하고 유지하기 위한 '신학화'와 '교리화'를 길을 걷게 된다. 이러한 흐름은 상대적으로 기독교교육에 있어서도 개혁자들의 신학, 특별히 개혁자들이 집필한 "교리문답catechism"을 문자적으로 암기하거나 설명하는 것을 중시하게 하였다. 루터의 대 소 교리문답과, 칼빈의 요리문답, 하이델베르크 요리문답 등은 신앙교육에서 거의 성경과 같은 수준으로 중시되는 교재였고, 이를 암기하는 것이야말로 이 시대 교육의 핵심적 목적이 되었다. 정통주의의 이와 같은 경향은 종교개혁 이후 시작된 개신교의 신앙교육을 '교리중심' 교육으로 자리잡게 하는데 결정적 기여를 한다.

2. 경건주의와 대각성운동의 반 지성주의 교육

정통주의의 "교리화"와 "신학화"는 결국 종교개혁의 원래정신, 즉 교리를 인격적으로 연결시키고, 삶과 연결시킨다는 정신을 간과하고 신앙을 지식화하는 결과를 낳았다. 바로 이와 같은 정통주의의 흐름을 문제로 인식하면서, 종교개혁의 원래 정신인 생동적인 신앙을 회복하려고 나타난 새로운 흐름이 17세기말과 18세기 초 독일을 비롯하여 유럽에 나타난 "경건주의" 운동이다. 경건주의는 믿음이란 실제적으로 개인의 변화에 관계하는 것이고, 따라서 그것은 구체적으로 느끼고 경험되는 사건이 되지 않으면 안 된다는 것으로부터 출발하였다.

경건주의는 '칭의'로 표현되는 구원의 사건이란 개인이 느낄 수 없이 하나님 편에서만 일어나는 사건이 아니라, 인간 편에서도 느끼고 경험하고 확신해야하는 사건이라고 보았다. 따라서 이들은 개인의 '회심'과 회심을 바탕으로 하는 '거듭남^{Wiedergeburt}'이야말로 반드시 믿음의 사건에 동반되어야 할 현상으로서 중시하였다.[15] 이들은 인간이 다시 태어나듯 죄인이었던 인간이 의인이 되는 시점을 '거듭남(중생)'이라 표현하고 이것을 기점으로 인간에게는 날카로운 변화, 눈으로 확인할 수 있는 새 출발이 시작되는 것이라고 확신하였다. 거듭남이 있어야 인간은 기독교인으로서, 신앙인으로서 새로운 정체성이 형성되는 것이기에 이들은 거듭남을 신앙의 절대적인 출발점으로 삼았다. 또한 그들은 '거듭남'은 인간의 눈에 확인되는 분명한 사건이지만, 그것은 인간의 노력으로가 아니라, 성령의 역사로 일어날 수 있는 일로서 교육이 만들어 낼 수는 없는 것이라고 보았다.

그러한 유럽의 경건주의 운동은 "부흥운동", 혹은 "대각성운동"이라는

---

15   양금희, 『근대 기독교교육사상』 (서울: 한국장로교출판사, 2001), 160.

이름으로 여러 나라로 확대되었고, 미국에도 직접적인 영향을 미치게 된다. 미대륙에서도 이 운동은 유럽의 경건주의 운동처럼, 실제적 '종교 경험'과 그것을 극적으로 느낄 수 있는 급진적이고 즉각적인 '회심'을 강조하였다. 이 운동은 물론 당시 자유주의와 지성주의의 영향으로 무력해진 미국교회에 새로운 신앙의 열정을 불어 넣으면서, 미 대륙에 종교적으로 뿐만 아니라, 사회 문화적으로도 큰 영향을 미쳤다. 그러나 이 운동은 기존의 교리중심에서 회심과 체험을 강조하는 것으로 전환하면서 기독교교육을 반지성주의와 감정 위주의 체험중심 신앙의 경향으로 흐르게 하였다. 또한 경건주의자와 이성주의자라는 양 극단의 분리와 대립을 더욱 날카롭게 하였다.

이 시기 기독교교육은 '회심'을 신앙형성의 결정적 요인이라 보면서, 반지성주의와 감성주의로 나아가고, 급기야 양육과 교육을 포기하는 현상을 나타내기도 하였다. 호레이스 부쉬넬Horace Bushnell 은 그러한 부흥주의는 일방적일 뿐 아니라, 결국은 어린이들을 신의 약속으로부터 배제시키고 기독교교육으로부터도 소외시키는 결과를 가져왔다고 비판하였다.[16] 이처럼 경건주의와 대각성운동에 영향을 받은 기독교교육은 종교개혁 이후 개신교정통주의에 나타나 있는 교리중심의 기독교교육 흐름과는 반대로 반지성주의의 흐름을 나타냈다. 이러한 상이성에도 불구하고 이 두 흐름은 모두 분리주의적이라고 하는 측면에서는 공통점을 가진다. 두 흐름은 모두 교육을 지성과 감성, 지식과 경험, 객관적 지식과 인격적 지식 등을 분리하고 전인적이고 통전적인 하나님 알기와 신앙형성의 통로로서의 기독교교육에로 접근하는 것에는 실패했다는 점에서 공통점을 가진다.

---

16   Horace Bushnell, *Christian Nurture* (Forge Village, Massachusetts: Murray, 1888,1967(5)), 4.

3. 주일학교운동과 스쿨링 schooling

앞의 흐름들이 신학과 교회의 영역으로부터 연원하여 기독교교육에도 영향을 미친 분리주의적 흐름이었다면, 주일학교운동은 기독교교육의 영역 안에서 출현한 분리주의적 흐름이라 할 수 있다. 사실 로버트 레익스가 1780년(18세기 말)에 시작하였을 때의 주일학교 운동은 산업혁명 직후 영국의 사회에 무교육과 노동에 방치된 어린이들을 보살피려는 사회복지적 운동이었고, 이것을 분리주의적이라고 평가하는 것은 과도한 측면이 있다. 그러나 그 운동이 미국교회 안으로 정착하고 기독교교육을 대표하는 기관이 되면서 그것은 "학교"라고 하는 은유로 기독교교육을 이해하게 하는데 결정적인 기여를 하였다. '주일학교'는 말 그대로 학교처럼 교사와 학생이 모여 교과서인 공과를 사용하여 가르치는 형태의 교육이 곧 기독교교육이라고 하는 생각을 일반화하는데 기여하였다.

물론 교회학교식의 교육모델은 미국이나 한국에서 "학교"라고 하는 친숙한 은유를 통해서 교회가 교육을 실행하는데 큰 도움을 주었다. 이 모델은 개 교회에는 평신도 자원봉사자들에게 '교사'라고 하는 직을 담당하게 하였으며, 또한 각 교단의 교육부로 하여금 공과라고 하는 교과서를 집필하여 교사들이 지침에 따라서 효율적으로 성경의 내용을 가르칠 수 있게 도움으로써 교회교육을 활성화하는데 기여하였다. 또한 학생들로서는 그들에게 이미 익숙한 학교식의 교회 교육에 쉽게 적응해 들어갈 수 있게 해 주었다. 그러나 이러한 학교식 schooling 모델은 기독교교육을 '지식위주의 가르침'이 되게 하는데 결정적 기여를 하였다. 학교식 모델은 교회의 교육을 학교에서 공부를 가르치는 상황과 동일시하게 하면서, 주로 객관적 지식을 매개하는 형태의 신앙교육이 기독교교육을 대표하는 것이 되게 하였다. 따라서 그것은 교회의 삶 전체 안으로 사회화하고 문화화해가는 것으로서의 전통적 신앙교육을 학교식 교육으로 대체하였다는 비판을 받는다. 웨스터호프^{John WesterhoffIII}는 학교식 모델의 문제점을 지적하면서, 성경에 관해서 알게 된다는 것이 곧 '성경이 증언하는 예수 그리스도의 제자로 살아가는 것'을 의미하는 것은 아니며, 신앙의 내용을 배우는 것이 곧 신앙인이 되는 것을 의미하는 것은 아니라고 지적하였다.[17] 그는 교회학교의 학교식 교육은 기독교에 관하여^{about}는 가르칠 수 있을지 모르지만, 신앙 자체를 형성할 수는 없다고 하였다. '학교'라고 하는 은유는 오늘날에도 여전히 우리의 기독교교육을 지배하는 핵심 은유로서, 우리의 기독교교육을 지식중심이 되게 하고, 앎과 삶의 분리, 교회와 세상의 분리, 신앙과 생활의 분리를 결과로 가져오고 있다는 비판을 받는다.

IV. 분리주의적 신앙교육의 인식론적 배경

기독교교육 안에 생긴 이와 같은 분리주의적 성향은 근대와 더불어 시작된 '고전적 인식론'과도 무관하지 않다. 인식론이란 인식에 관한 논리, 즉 인간이 어떻게 앎에 이르게 되는지에 관한 논리이다. 근대 이후 서구의 사상가들은 인간에게 있어서 앎(인식)이라고 하는 현상이 어떻게 일어나는지, 특히 인식현상의 근거와 출발점이 무엇인지에 대한 탐구가 활발해졌고, 그것으로 소위 "인식론^{epistemology}"이라고 하는 철학의 한 영역이 탄생하게 된다. 근대적 인식론은 데카르트로 거슬러 올라가는바, 그에게서 이미 이원론적이

---

17 John Westerhoff III, *Will our Children have faith?* (Harrisburg: Morehouse, 1971) 51.

고 분리주의적인 성향이 나타난다.

1. 데카르트의 주지주의적 인식론

데카르트는 "코기토 에르고 숨, 즉 나는 생각한다 고로 존재한다"라고 하는 개념으로 서양철학의 인식론에서 범례적 사상가가 되었다. 이 문장에서 나타나는 바와 같이 데카르트는 우리의 인식은 "코기토" 즉 '내가 생각한다는 것'으로부터 시작한다고 보았다. 즉 '나'의 생각하는 주체적 행위가 나의 앎을 형성하는 절대적 출발점이고 통로라는 것이다. 데카르트는 그의 『제2의 명상록』에서 우리 인식의 확고한 기점, 즉 부동의 '아르키메데스적 기점'을 찾기 위해 모든 불확실하고 의심스러운 것을 배제한다고 하였다.[18] 그는 우리의 인식에 있어서 불확실하고 의심스러운 모든 것을 배제하면 확실한 하나의 것이 남는데, 그것은 바로 '내가 사고한다'고 하는 사실이라고 하였다. 즉 내가 사고하고 있다는 의식만큼은 자명한 것이라는 것이다. 따라서 그는 '내가 생각한다'는 의식의 자명성이야말로 우리의 인식이 출발하는 기점이라고 하였다.

그러나 이와 같은 데카르트의 인식론은 철저히 자아를 사유의 근거로 삼고 자아의 내면으로 들어감으로써, 내 의식 밖의 세계와 타인을 인식의 대상으로 상대화하는 결과를 가져왔다. 즉 데카르트는 우리의 인식이 자아와 세계간의 상호지향성을 통해서도 형성된다는 것을 간과하고, 그 둘을 상호 독립적 실체 res cogitans, res extensa 로 규정함으로써, 결과적으로 자아를 세계와 고

---

18   Rene Descartes, *Meditationen über die Grundlagen der Philosophie* (Hamburg: Felix Meiner Verlag, 1959), 31.

립되고 단절된 존재로 남게 하였다. 즉 자아가 인식하는 과정에서 생기는 세계와의 상호작용은 인식의 과정에서 배제되고, 소위 "주객의 이분법"적 도식이 나타나게 하였다.

데카르트의 인식론은 단순히 인식적 차원에서 뿐만 아니라, 인간의 자아는 철저히 사유에 의거한 반성적 자아라고 하는 '자아'의 개념 형성에도 영향을 미쳤다. "나는 사고한다 고로 나는 존재한다"는 개념은 내 내면의 사유 속으로 파고 들어가 사유의 원천인 나의 정신을 인정하고 오로지 내 안의 정신을 근거로 해서 내가 존재한다는 것을 말함으로써, '주지주의'적 자아개념을 낳았다. 데카르트의 주지주의적 관념론은 결국 인간을 순수의식의 세계, 순수 지적 작용의 세계에 가두어 놓고, 세계를 의식의 대상으로서만 축소시켰다. 그럼에도 불구하고 데카르트의 이와 같은 주지주의적이고 이분법적 관점은 칸트, 헤겔, 신칸트주의, 후설의 선험적 주관성, 그리고 사르트르로 이어지면서 서구의 현대적 사상에 직간접적으로 영향을 미쳤다.

우리는 인간에게는 사고하고 반성하는 자아가 있지만, 동시에 환경과 세계와의 우연한 만남과 부딪힘으로써도 자아가 형성된다는 것을 안다. 즉 세계는 단순히 내 관념 속에 존재하는 개념이 아니라, 나의 사고 자체에 적극적으로 영향을 미치고, 따라서 사고하는 나도 주체이지만, 세계와 타인도 주체가 되어 나의 사고와 자아에 영향을 미치는 '상호주체적' 관계 안에 있는 것이다. 특별히 현대의 해석학적 인식론은 인간의 인식은 사고하는 '나'라고 하는 확고부동한 점으로부터 시작하는 것이 아니라, 이미 그 '나'를 형성한 삶으로부터 인식이 시작되는 '전이해'가 구성되고, 그 전이해는 실제적 이해와 순환적 관계 속에서 우리의 인식을 형성한다고 하는 점을 분명히 함으로써 데카르트적인 고전적 인식론의 한계를 분명히 하였다.[19]

---

19   양금희, 『해석과 교육』 (서울: 장로회신학대학교 출판부, 2007), 30이하.

데카르트의 주객도식은 그 무엇보다 성경의 '하나님 알기'의 통전성을 담보할 수 없는 인식론적 모델이라고 하는 것에 결정적인 문제가 있다. 이 구조에서 하나님 알기는 단순히 객관적 대상으로, 즉 3인칭 대상으로서 '하나님에 관하여 알기 knowing about God'에 그칠 뿐이다. 이 모델은 성경이 말하는, 관계적 앎, 그를 인정하고 헌신하는 앎, 그로부터 오는 계시적 앎을 설명할 수도 없고 담보할 수도 없다.

2. 로크의 경험주의

데카르트가 인식의 아르키메데스적 기점 찾으려고 추구하면서, 이를 '사유하는 나'로 보았다면, 마찬가지로 로크의 경험주의 역시 인식의 확고부동한 기점을 모색하였는바, 그것은 '경험'이라고 할 수 있다. 물론 로크가 말하는 '경험'은 우리가 알고 있는 복합적인 경험의 개념이기 보다는 철저히 '감각적인 지각'을 의미한다.[20] 로크는 인간의 표상과 생각들은 결국 우리가 가지고 있는 절대적인 감각을 통해서 받아들인 인상impressions에 근거한 것이라고 주장하면서, 이러한 인식들이 있기 전 인간의 의식은 백지 tabula rasa 와 같은 것이라고 보았다. 로크는 인간의 인식이 출발하게 되는 가장 명료한 지점은 인간 모두에게 주어진 절대적인 감각이고, 이 감각이 백지와 같은 우리의 의식에 인상을 주면 이것으로부터 인식이 출발하는 것이라고 하였다. 즉 그는 인간의 인식에서 감각이야말로 원자와 같이 더 이상 쪼개질 수도 다른 것에 의해 영향을 받을 수도 없는 최소의 단위이고, 이것이 인식의 최종적 기

20　Otto·Friedrich Bollnow, *Philosophie der Erkenntnis: Der Vorverständnis und die Erfahrung des neuen,* 백승균 역, 『인식의 해석학』 (서울: 서광사, 1993), 32-37.

점이 되어야 한다고 보았다.

그와 같은 로크의 경험주의를 자세히 들여다보면 감각은 있되 감각하는 자아는 망각되어 있는 것을 볼 수 있다. 즉 거기에는 외적 원인과 자극의 결과로서의 감각만 있고, 그것을 지각하는 실제적 주체는 없다는 것이다. 생각해 보면 우리의 자아는 감각의 기관이면서 동시에 축적된 수많은 경험에 의해서 형성된 경향성을 가지고 있는 존재로서, 그 경향성은 때때로 절대적 감각에조차 영향을 미친다. 예를 들어 같은 빨간색을 보더라도 불자동차를 볼 때와 피를 볼 때 우리의 감각이 다르다. 같은 음악을 들어도 기쁠 때와 슬플 때의 느낌이 다르다. 절대적 감각이란 것은 없다. 모든 감각은 수많은 삶의 경험을 바탕으로 형성된 우리의 자아를 기반으로 이루어진다. 그렇게 보았을 때에 로크의 경험주의는 인간의 인식과정을 오로지 외적 원인과 자극의 결과로서 환원시켰고, 또한 인간의 경험을 인위적으로 분해하고 있다는 비판을 피하기 어렵다.[21] 데카르트적 주지주의가 '나'를 절대적 인식의 출발점으로 삼으면서 세계를 객체화하였다면, 경험주의는 '나' 밖의 세계가 가지고 있는 물리적, 화학적 소여성들을 우리 안의 어떤 절대적이고 보편적 감각으로서 인식할 뿐이라고 함으로써 그 감각에 관여하는 '나'를 보지 못하였다고 할 수 있다.

이러한 경험주의는 로크만이 아니라, 로크에서 흄으로 이어지고, 그로부터 영향을 받은 실증주의, 과학주의, 행동주의에 이르기까지 서구 사회에서 영향을 미쳤다. 경험주의는 특별히 감각을 객관화하면서 결국은 주지주의에서처럼 주체와 객체를 이원화하는 결과를 낳았다. 그들은 지각하는 주체의 경향성이나 삶의 경험 혹은 전제들을 철저히 배제하고 객관화 할 수 있

---

21 Maurice Merleau- Ponty, *Phénoménologie de la Perception*, 류의근 역, 『지각의 현상학』 (서울: 문학과 지성사, 2019), 317.

는 감각적 경험만을 인식의 대상으로 삼는 객관주의로 나타났다. 따라서 이들은 인간의 정신현상과 사회현상을 자연의 현상에 접근하듯 객관적 거리두기를 통해서 접근함으로써 인식의 대상을 객관화하고 수량화할 수 있는 영역 안으로만 제한하였다.

이같은 경험주의의 특징을 보았을 때에, 그것은 그 무엇보다 우리의 하나님 인식에 적합한 인식론적 모델이 아니라고 하는 것을 알 수 있다. 경험주의는 보여지는 현상, 감각적으로 분명하게 인식하여 객관화할 수 있는 것을 지식으로 인정하는 입장이다. 이와 같은 인식론은 하나님에 관한 지식도 자연과학적 현상을 인식하듯 인식할 수 있어야 하고, 그렇지 못할 때 그것은 객관적 지식이나, 진리로서 인정하지 않는다. 그러나 성경적 하나님 알기는 객관적 거리두기를 통해서 일어나는 것이 아니고, 또한 감각적 경험으로만 일어나는 것도 아니다. 성경적 하나님 알기는 하나님께 참여하고 관계 할 때에 일어나는 것이며, 따라서 이것은 자연과학적으로 검증가능하거나 반복가능한 것도 아니다. 하나님을 경험하는 자아가 하나님과의 관계 속에 함께 참여함으로서 일어나는 것이기에 모든 하나님 인식은 다 유일하고 독특한 것이다. 따라서 그것은 검증가능하거나 반복가능한 것이 아니다. 그렇게 보았을 때에 경험주의는 그 같은 하나님 인식을 담보하지 못한다. 성경적 하나님 알기는 경험주의적 인식론에게는 비과학적이고 주관적 경험에 불과한 것이 된다.

3. 칸트의 인식론

칸트는 인식론적으로 데카르트적 주지주의와 로크적 경험주의 양쪽으로부터 영향을 받으면서도 동시에 그 둘을 종합하려는 시도를 하였다. 즉 그는 인식의 기초가 경험(감각)으로부터 시작된다는 경험론과, 경험과 관계없이 관념(이성)으로부터 시작된다는 데카르트적 주지주의를 종합하려 하였다. 그래서 그는 모든 인식은 우리 마음의 두 가지 원천인 오성(감각)과 지성(관념)에서 시작된다고 하였다. 그렇게 함으로써 그는 우리의 인식이 실체 없는 우리 내면의 추상적 관념으로만 시작되는 것도 아니고, 동시에 인식하는 주체의 역할 없이 오로지 외부로부터 오는 자극을 기계적으로 감각하는 인식에만 머물지도 않는다는 것을 밝히려고 했다. 그가 "내용(오성) 없는 사유는 공허하고, 또한 관념 없는 직관은 맹목적이다"라고 한 것은 이러한 관점에서 이해할 수 있다.

　　그는 특별히 인식하는 주체(자아)가 인식과정에 참여하는 통로를 소위 "형식"이라고 칭하였는바, '형식'이란 실재의 세계(물 자체)가 감각으로 인하여 경험되었을 때에, 그 감각적 데이타에 질서를 부여하고 정리와 정돈을 하는 하나의 선험적 틀이라고 하였다. 예를 들어서 우리는 바람을 감각적으로 경험하였을 때에, 그것이 눈에 보이지 않지만 바람이라고 하는 것을 인식한다. 그 경우 우리의 피부가 차갑게 스쳐가는 어떤 것을 감각적으로 인식하였다 하더라도, 우리 안에 그것을 바람으로 인식하는 선험적적인 '형식'이 있어야 그것을 바람이라고 알게 된다는 것이다. 즉 그는 실재하는 세계의 수많은 질료들이 있고, 우리가 감각을 통해 경험할 수 있지만, 그것을 인식할 수 있는 우리 안의 '형식'과 만나야 인식의 현상이 일어난다고 하였다. 심지어 어떤 것을 어떤 것으로 인식할 수 있는 우리 안의 형식이 없이는 감각도 일어나지 않는다고 하였다. '알아야 보인다'는 말이 이것을 잘 설명해 주는 말이라고 할 수 있다. 그런 의미에서 칸트는 우리가 사물을 "물 자체 noumena, Dinge an sich" 로 인식하는 것은 어렵다고 보았다. 우리가 사물을 경험하고 아는 것은 모두 우리 안의 '형식'을 통해서 인식된 결과이지, 물 그 자체가 아니기 때문이다. 그는 따라서 그의 『순수이성비판』에서 "물 자체 noumena"와 우리의 인식을 통해서 알게된 "현상^{phenomena, Erscheinung}"은 다르다고 보면서 이 둘을 구별하고 있다.[22] 칸트에게서 우리가 인식해낸 것은 감지된 세계와 선험적 형식이 조합하여 우리 마음이 구성해 낸 것으로서, 이것은 '현상'이라고 할 수 있지, 물 자체는 아니다.

그렇게 보았을 때 칸트의 인식론에 따르면 우리의 지식과 경험의 대상은 현상의 세계에 국한된다고 할 수 있다. 우리의 지각은 현상에만 다가갈 수 있고, 물 자체는 우리에게 인식되지 않은 채 남아있다고 할 수 있다. 칸트에게 있어서는 "하나님 인식"도 이와 같은 그의 인식론적 기초에서 이루어진다. 그에게서 인식은 감각과 형식을 통하여 파악할 수 있는 영역, 즉 현상에 국한되고, 현상 너머의 존재이자 물 자체인 하나님은 인간 인식의 범위를 넘어서는 개념이 된다. 따라서 칸트의 인식론에서 하나님인식, 신적 계시와 같은 초월적 성격을 가진 개념들은 인식론의 대상이 되지 않는다.[23] 그의 인식론적 틀에서 하나님 인식은 설 자리가 없게 된다. 그에게서 인간의 감각의 한계를 넘어서는 실재, 어떤 초월적 실제를 향한 인식적인 접근의 노력은 가망이 없게 된다는 것이다. 그는 우리의 인식의 능력은 경험 가능의 영역을 절대로 넘어설 수 없다고 보았기 때문이다.

물론 그는 인간에게 매우 중요한 가치들과 원리들, 예를 들면 "영혼의 불멸", "자유", "신" 같은 개념이 있다는 것을 인정한다. 그러나 그는 이러한 가치들을 그의 인식론적 사고를 다루고 있는 『순수이성비판』에서는 다루지 않았는바, 그는 이것들이 우리의 인식 작용의 대상이 되지 않는다고 보았기 때문이다. 그러나 칸트는 우리의 이성적 활동은 인식작용에 관여하는 것 뿐 아니라 또 다른 작용이 있는데, 이것을 그는 "실천적인" 작용으로 명명하면

---

22 Imanuel Kant, *Kritik der Reinen Vernunft*, 백종현 역, 『순수이성비판』 (서울: 아카넷, 2006), 35-36, 52-3, 59-60.

23 위의 책, 82-86.

서 그의 『실천이성비판』에서 다루었다. 그는 이성의 '실천적 작용'이란 주로 자유의지, 신의 존재, 영혼 불멸성과 같이 '인간의 이상'을 구축해 내는 작용을 하는바, 이것은 인간의 이성적 '행동'이 충분히 가능할 수 있게 작동하는 기능을 한다고 보았다. 그리고 그는 종교야말로 바로 이 실천이성의 영역에 속하는 것이라고 보았다. 칸트가 종교를 순수이성의 영역에 보다는 실천이성의 영역에 국한하여 본 것은 그가 종교를 도덕적 기능, 윤리적 실천의 측면에로 국한하였다는 것을 의미한다. 즉 그는 하나님의 초월성과 계시를 인식하고 그와 관계를 맺는 차원에서 종교(기독교)를 보기 보다는 도덕적 차원에 국한하여 보고 있는 것이다. 그야말로 그에게서 종교는 "이성의 한계" 안에 머물러 있는 개념이 된다.[24]

칸트는 데카르트의 관념론과 로크적 경험론을 종합하여 우리의 인식이 실제 세계의 감각과 우리 내면의 관념(형식)이 만나 일어난다고 함으로써 인식론에 있어서, 관념론과 경험론을 넘어서는 코페르니쿠스적 전환을 가져왔다. 그러나 그럼에도 불구하고, 그의 인식론 안에서 하나님 인식에 대한 자리는 없다. 그는 종교를 실천이성의 영역에 속한 것으로 이해함으로써 종교를 도덕과 윤리의 기능으로만 국한하였다. 그의 인식론적 구도 속에서는 하나님의 초월성이 제외되고, 초월적 하나님과의 내적 관계를 통한 하나님 알기와 같은 개념은 설 자리가 없다.

이상 우리는 현대의 사상에 영향을 미친 고전적 인식론들을 살펴보았다. 이들 인식론을 바탕으로 해서 보았을 때 하나님은 객관적 탐구의 대상이거나(관념론, 경험론), 혹은 인식의 대상에서 배제되는 것으로 나타난다. 데카

---

[24] 칸트는 이 같은 관점에서 이성의 한계 안에서의 종교(Die Religion innerhalb der bloßen Vernunft, 1793)라는 책을 저술하였다. Imanuel Kant, 백종현 역, 『이성의 한계 안에서의 종교』 (서울: 아카넷, 2011).

르트는 인식하는 주체와 인식대상으로서의 객체를 이분법적으로 분리함으로써, 그에게서 하나님은 인식하고 사유하는 '나'가 탐구할 수 있는 객체요 대상이 된다. 거기에는 관계 속에서 형성되는 하나님 알기는 설 자리가 없다. 마찬가지로 경험주의에게서도 하나님은 실증주의적이고 경험주의적인 탐구의 대상이 됨으로써 인식의 객체요 대상이 된다. 두 경우 모두 하나님을 인식한다는 것은 하나님을 인격적으로 아는 것이 아니라, 3인칭으로서 하나님에 관하여 알기, 객관적인 거리 두기를 통해서 알기를 의미한다. 이 경우 감정이 배제되고 관계가 배제되어야 하고, 특별히 경험주의에게 하나님은 감각적 경험의 영역 안에서만 탐구될 수 있을 뿐이다. 우리의 감각을 넘어서는 초월적 존재로서의 하나님을 아는 일은 불가능하다. 칸트의 경우 감각적 경험만으로 인지될 수 없는 초월자를 인정하지만, 그가 만들어 놓은 인식론적 틀, 즉 감각적 경험과 관념적 형태의 만남으로서의 인식이라고 하는 틀에 초월적 신개념은 맞아떨어지지 않고, 급기야 그런 하나님은 그에게서 인식의 영역이 아닌 도덕적이고 윤리적 차원으로 환원된다. 따라서 이들 서구의 고전적 인식론은 분리주의적일 뿐 아니라, 성경에 나타나는 하나님 알기의 복합적이고 전인적 차원을 담보하지 못하는 인식론적 모델이라고 할 수 있다. 그럼에도 불구하고 이들 분리주의적이고 편향적 고전적 인식론은 서구의 사상과 문화, 교육에 영향을 미쳤고, 그것은 기독교교육이 편향적으로 가는 데에도 직간접적으로 영향을 미쳤다.

V. 맺는 말
― 통전적 인식론의 필요성을 제창하며

앞에서 우리는 성경에 나타나는 하나님 알기의 복합적이고 전인적 차원을 살펴보았다. 성경에 나타나는 하나님 알기는 하나님과의 관계 안에 있을 것을 전제하는 앎이지, 그와 객관적 거리두기를 통해서 형성되는 앎이 아니며, 하나님을 인정하고 하나님께 헌신하는 앎이다. 또한 그것은 무엇보다 우리가 주체가 되어 우리로부터 출발하는 앎이 아니라, 인식대상인 하나님으로부터 오는 계시적 앎이며, 더 나아가 우리로 인식대상인 하나님을 닮도록 하며, 하나님과의 일치에로 나아가게 하는 앎이다. 이것은 성경의 하나님 알기가 단순히 관념론의 주객도식이나 실증주의적 인식으로는 담을 수 없는 앎이요, 또 단순히 인식론적 차원만이 아니라 존재론과 함께 가는 앎이며, 삶과 함께 하고, 행동을 포괄하며, 관계성을 기반으로 하는 통전적 앎이라고 하는 것을 말해준다.

그럼에도 불구하고 우리는 서구 기독교교육의 역사에서 그 같은 통전성이 담보되기 보다는 분리주의와 편향성으로 점철된 역사가 있었음을 살펴보았다. 종교개혁 직후 정통주의에 의해서 교리를 매개하는 것이 기독교교육의 핵심과제로 정착되는 것을 살펴보았고, 경건주의와 대각성운동 이후 회심일변도의 반지성주의적 흐름, 그리고 주일학교 운동 이후의 학교식 교육 위주의 지식중심교육들이 그것이다. 우리는 또한 그러한 흐름이 의식하든 의식하지 않았든, 모두 분리주의적이고 편향적 인식론, 즉 주객도식이나 분리주의적 인식론을 기반으로 해서 나타난 현상이었다는 것을 살펴보았다.

따라서 기독교교육이 통전적 하나님 알기를 담보하는 자리가 되기 위해 무엇보다 먼저 우리에게 요구되는 것은 기독교교육의 영역 안에서 인식현상들을 보는 새로운 안목이 열려야 하는 것이라고 할 수 있다. 하나님과의 관계와 사람과의 관계 속에서 일어나는 인식, 초월적 하나님과의 관계 속에서 일어나는 자기초월을 통해서 새로워지는 인식, 인지적으로 만이 아니라 감성적으로 일어나는 인식, 인식대상인 하나님을 알아갈 수록 그와 닮아가는 삶을 살도록 하는 인식 등 다양한 인식의 현상에 대해 안목이 열릴 때에 우리는 비로소 기독교교육을 통전적으로 볼 수 있고, 통전적 기독교교육의 가능성 또한 모색할 수 있다. 즉 기독교교육이 단순히 성경에 관한 객관적 지식을 매개하고 공과책을 가르치는 것으로만 일어나는 것이 아니라, 예배와 기도 가운데에서 하나님을 2인칭으로 부르면서 일어날 수 있고, 친교와 봉사와 선교의 모든 영역에서 관계를 통해, 참여를 통해, 행동을 통해 일어나는 것이라는 안목이 형성되어야, 그 모든 것들 속에서 기독교교육의 잠재적 가능성을 새롭게 모색할 수 있는 것이다.

따라서 본 서는 그동안 기독교교육에서 이미 일어나고 있으나 간과되어 왔던 인식의 현상들과 그것들이 갖는 인간형성과 기독교교육에 미치는 영향들을 살펴봄으로써 기독교교육을 통전적으로 볼 수 있는 안목을 형성하고, 더 나아가 통전적 하나님 알기를 지향하는 통전적 기독교교육의 가능성을 모색해 보고자 한다. 이를 위해 본 서는 초월적 하나님과의 관계 속에서 자신을 초월함으로써 새로운 자아이해 및 인식의 변형을 가져오는 "영성적 인식론"과 기독교교육, 경험과 앎, 전통과 변형을 순환관계에서 보는 "해석학적 인식론"과 기독교교육, 삶의 이력을 통해 형성되는 "이야기적 인식론"과 기독교교육, 예전에의 참여를 통해 형성되는 "예전적 인식론"과 기독교교육, 몸을 통해서 형성되는 "몸의 인식론"과 기독교교육, 상상력과 감정, 그리고 감각을 기반으로 하는 "예술적 인식론"과 기독교교육, 그리고 마지막으로 4차산업혁명 시대를 살고 있는 우리에게 화두가 되고 있는 "AI의 인식론"과 기독교교육에 대해 살펴보고자 한다. 이 고찰들을 통해서 보다 통전적인 인식론에 대한 우리의 안목이 열리고, 이를 바탕으로 분리주의와 편향적 기독교교육을 극복하고, 통전적 하나님 알기를 지향하는 통전적 기독교교육에로의 가능성이 열리기를 희망한다.

2
장

영성적 인식론을 통해서 보는

통전적 기독교교육

* 이 글은 「한국 기독교신학 논총」 118호에 실렸던 "영성적 인식론과 영성적 교육에 관한 연구"를 수정·보완한 글임.

I. 들어가는 말

영성은 인간에게 있어서 존재의 핵이요, 삶의 중심이다. "눈은 몸의 등불이니 그러므로 네 눈이 성하면 온 몸이 밝을 것이요, 눈이 나쁘면 온 몸이 어두울 것이니 그러므로 네게 있는 빛이 어두우면 그 어둠이 얼마나 더하겠느냐"마 6:22-23라는 말씀 속의 '눈'과 같이 영성은 인간의 전 존재와 삶에 영향을 미치는 존재의 핵과 같다. 영성이 이처럼 인간의 전 존재에 영향을 미치는 것이라면 그것은 당연히 인간의 인식, 즉 앎과도 관계한다고 할 수 있다. 그것은 인간의 앎에 관계하여 삶의 의미와 목적, 그리고 행동 등에 영향을 미치고 그들을 형성하거나 재형성하는데 영향을 미친다.

그렇다면 영성은 어떻게 인간의 앎과 인식에 영향을 미칠 수 있을까? 본 서는 그 질문으로부터 시작하여 소위 "영성적 인식론"을 탐구한다. 이를 위해 본 서는 먼저 성경에 나타난 영성의 개념을 탐구해 본 후, 다양한 학자들에 의해 시도된 영성의 정의들을 살펴보고, 그로부터 영성의 특징들을 살펴보고자 한다. 그리고 그것을 바탕으로 '영성적 인식론'의 특징들을 재구성해 본 후, 그러한 영성적 인식론이 영성적 교육에서 어떠한 역할을 하는지 살펴보려 하는바, 특별히 대표적 영성교육학자 파커파머, 수잔 존슨, 그리고 마리아 해리스의 영성교육 개념을 중심으로 살펴보도록 한다.

II. 영성 정의를 통해서 보는 영성적 인식

어원적으로 살펴보면 '영 spirit'은 라틴어, "spiritus"로부터 연원한 단어인데, 그것은 일차적으로 '숨'을 뜻하고, 숨으로부터 파생된 이차적 의미로 '생명을 주는 힘 life-giving force', 혹은 활기를 주는 어떤 원리와 같은 의미를 가진다.[1] 그런데 실제로 '영'이라는 단어의 쓰임은 서구에서 거의 '정신'과 동의어로 쓰일 만큼 다양한 것을 볼 수 있다. '영'은 '시대정신'이나, '태도', '철학', 정신에 이르기까지 다양한 의미로 쓰이고 있다. 현대 문화 속에서의 영성이라는 단어는 거의 '모든 것 everything'을 의미한다고도 말할 수 있을 정도이다. 따라서 본 서는 그렇게 넓은 범위의 단어의 쓰임에 나타나는 영성 개념보다는, 먼저 성경에 나타난 영성의 의미를 살펴보고, 더 나아가 영성가들이나 영성학자들에 의해 제시된 영성에 관한 정의를 집중하여 보면서, 그 정의들에 공통적으로 나타난 요소들과 영성의 인식론적 특징을 살펴보려 한다.

1. 성경에 나타난 영성의 의미

성경에서 '영'을 지칭할 때, 구약에서는 주로 히브리어, 루아흐 ruach, רוּחַ, 신약에서는 주로 헬라어 프뉴마 pneuma, πνεύμα 라는 단어가 사용되고 있는데, 이 둘은 일차적으로 '호흡', '숨'을 뜻하나, 이차적으로 '인간의 내면', 혹은 '생명을 유지하는 생기', '역동성'을 뜻한다.[2] 즉 성경에서 '영'은 그 자체로 인간

---

1   Merriam Webster, "spiritus," https://www.merriam-webster.com/dictionary/spiritus.

안에 있는 요소를 뜻하고 있는 것을 볼 수 있다. 즉 구약에 나타나는 루아흐는 그것이 인간에 관련하여 사용될 때 특별히 생기, 생명의 기운 등으로서 표현되는 것을 볼 수 있고 창 6:17, 7:22, 45:27, 삿 15:19, 시 51:10, 겔 11:19, 마찬가지로 신약에서도 '영(프뉴마)'은 인간에게 있는 요소로 표현되는 것을 볼 수 있는바, 살전 5:23이나 고전 5:5, 고전 2:11, 고후 7:1 등이 그와 같은 경우이다. 고전 2:11에 "사람의 일을 사람의 속에 있는 영(프뉴마) 외에 누가 알리요 이와 같이 하나님의 일도 하나님의 영(프뉴마) 외에는 아무도 알지 못하느니라"라는 표현이 나타난다. 이 내용에 의하면 하나님에게 영이 있는 것 같이, 인간의 내면에도 영이 있다는 것이다. 이처럼 '영'은 신구약 모두에서 일반적으로 "인간의 내면적 요소", 혹은 인간의 생명을 유지하는 기운과 같은 뜻으로 사용되고 있다.

그러나 성경에서 우리는 인간 안의 일반적 '영' 개념보다 '하나님의 영', 즉 성령의 개념을 더 자주 만나게 된다. 구약에서는 '하나님의 영', '성령'이라는 단어와 나란히 "여호와의 영 ruach of Yahweh"이라는 단어가 많이 나타난다. 이 '여호와의 영'은 여호와로부터 사람에게로 임하는 영으로 묘사된다 민 11:17, 민 11:25 삿 3:10, 6:34, 11:29, 14:6, 삼상 10:6, 대하 15:1, 대하 20:14, 사 61:1. '여호와의 영'은 여호와에게 속한 영이지만, 사람에게로 와서 사람과 함께 있고, 사람을 움직이며, 변화시키는 힘으로 작용하고 있는 것으로 나타난다. 즉 '여호와의 영'은 사람에게 임하여 사람과 함께 하고 창 6:3, 사람을 감동시키며 창 41:38, 겔 3:14, 사람을 이끌어 가기도 하고 왕상 18:12, 왕하 2:16, 사람에게 지혜를 주기도 하고 출 28:3, 출 35:31, 신 34:9, 하나님의 뜻을 예언하게 하며 민 11:26, 삼상 10:6, 왕상 22:24, 인간에게 말하게도 하시고 삼하 23:2, 행동하게도 하며 삿 3:10, 6:34, 14:6, 변하여 새사람이 되게도 한다 삼

---

2 참고, Adam McClendon, "Defining the Role of the Bible in Spirituality: Three Degrees of Spirituality in American Culture," *Journal of spiritual formation & Soul care* 5, Nr. 2, (2012), 207-225; 김 준, "성경적 영성: 산드라 슈나이더스(Sandra M. Schneiders)의 연구를 중심으로," 한국기독교학회, 『한국기독교신학논총』 106 (2017, 10), 231-255.

삿 10:6. 이러한 구절들로부터 우리는 여호와의 영은 하나님이 인간과 관계하는 통로요, 하나님의 일을 이루는 통로라고 하는 것을 발견하게 된다.

신약으로 넘어오면서는 '성령'이라는 단어가 자주 쓰이는데, 신약에서도 성령은 하나님의 영이며, 또한 예수의 영으로서, 사람에게 임하여 하나님의 일을 이루는 영으로 묘사되고 있다. 즉 신약에서 성령은 하나님과 예수님이 우리에게 보내주시는 영이기에 우리에게 임하는 영이고,[3] 따라서 성령은 우리와 함께 있는 영이며, 개인과 공동체 안에 충만할 수도 있고, 또한 역으로 우리의 잘못으로 인하여 소멸되기도 한다.[4] 신약성경은 또한 성령이 우리를 움직이는 방법은 우리를 '감동'하는 것이라고 묘사하고 있다.[5] 즉 성령의 감동으로 우리는 하나님에 관한 것과, 하나님이 우리에게 은혜로 주신 것을 알게 되며, 무엇보다 예수가 그리스도인 것과, 진리에 관한 것, 영적인 것을 알게 되고 분별하게 된다는 것이다.[6] 그런 차원에서 신약성경에는 성령이 가르치는 분으로 묘사되기도 한다. 성령은 인간의 힘으로 깨닫거나 분별하지 못하는 것을 가르쳐주는 분이라는 것이다.[7] 따라서 성령으로 인하여 우리가 알게 되는 것은 단순한 지적 정보가 아니라, 인간이 자연적 상태에서는 알지 못하는 하나님의 차원, 예수가 그리스도라는 것, 진리, 영적 차원을 알게 되는 것이기에, 그것은 인간에게 새로운 존재의 차원을 여는 앎이고, 인간을 변화시키는 앎이다. 그래서 신약성경은 성령이 우리를 거듭나게 한다고 하였고,[8] 우리를 거룩하게 한다고 하였으며, 우리를 자유롭게 한다고 하였다.[9] 또

---

3   고전 2:12, 마 3:16, 눅 1:35, 눅 3:22, 눅 4:18, 눅 11:13, 요 1:32, 요 3:34, 요 20:22, 행 1:8, 행 2:33, 행 10:47, 행 11:15, 행 19:6, 갈 3:5.

4   눅 2:25, 요 1:33, 행 4:8, 행 4:31, 행 6:5, 행 9:17, 행 11:24, 고전 3:16, 고후 1:22, 살전 5:19, 벧후 1:22.

5   마 22:43, 눅 2:27 벧후 1:22, 계 4:2.

6   요 15:26, 요 16:13, 고전 2:10, 고전 2:12-14, 고전 12:3, 히 10:15, 요일 5:6.

7   고전 2:13, 눅 12:12, 요 14:26, 행 10:19.

8   요 3:5, 고후 3:18, 딛 3:5 등.

9   살전 4:7-8, 벧전 1:2, 고후 3:17.

한 신약성경은 성령을 우리의 존재를 변화시킬 뿐만 아니라, 우리를 행동하도록 움직이는 힘으로 묘사하기도 한다.[10] 더 나아가 성령은 우리에게 지혜와 예언의 말 그리고 방언을 하도록 할 뿐만 아니라, 우리의 말을 이끌어가는 힘으로도 묘사된다.[11] 성령은 이처럼 인간의 모든 차원, 즉 존재, 인식, 행동 등을 아우르는 통전적인 변화와 초월을 가져오는 힘이다. 그래서 성령은 그 자체로 '능력'으로 표현되기도 한다고전 2:4, 롬 15:13.

바울서신에는 '영에 속한 사람'이라는 표현이 나타나는바, 이것은 인간의 존재적 상태, 특별히 하나님과의 관계 안에 있는 인간의 상태를 나타내는 말이다. 잘 아는 대로 바울은 인간을 '육에 속한 사람'과 '영에 속한 사람'으로 구별하여 묘사하였는데, 그에게서 육에 속한 사람은 하나님의 성령을 받지 못한 자연 상태의 인간이고, 영에 속한 사람은 하나님과 그리스도의 영이 그 안에 거하는 사람을 지칭한다: "만일 너희 속에 하나님의 영이 거하시면 너희가 육신에 있지 아니하고 영에 있나니 누구든지 그리스도의 영이 없으면 그리스도의 사람이 아니라"롬 8:9. 따라서 바울서신에 나타나는 이 두 종류의 사람은 모두 육과 영을 다 소유한 전체적인 사람이지만, 하나님의 영과 어떠한 관계에 있는 지가 그 차이를 가른다고 할 수 있다.[12] 그런데 이 차이가, 이 두 종류 사람의 삶과 존재의 방향을 완전히 다르게 한다는 것을 볼 수 있다. 왜냐하면 영에 속한 사람은 하나님의 영을 따르는 자로서 영의 일을 생각하나, 육신을 따르는 자는 육신의 일을 생각하는 사람이기 때문이라는

---

10 행 8:29, 행 11:12, 행 13:2, 행 16:6, 행 20:22, 행 21:4.

11 마 10:20, 막 13:11, 눅 1:67, 행 19:6, 고전 12:8.

12 고전 15:44에 "육의 몸으로 심고, 신령한 몸으로 다시 살아나나니 육의 몸이 있은 즉 또 영의 몸도 있느니라"고 하는 것은 이 두 종류의 사람이 모두 몸을 가진 인간이나, 그들 중 어떤 이는 육의 사람이고, 또 다른 이는 영의 사람이라고 하는 점을 시사하고 있다. 또한 앞부분에 육의 몸으로 심고 신령한 몸으로 다시 살아난다는 표현은 자연 상태의 인간, 즉 육의 몸(흙에 속한 자, 첫 번째 사람)이 신령한 몸(하늘에 속한 둘째 사람 예수)으로 인하여 신령한 몸으로 다시 살아난다는 말이다(고전 15:47-48). 따라서 영에 속한 사람은 예수의 영을 가진 사람이요, 육에 속한 사람은 하나님과 예수의 영인 성령이 그 안에 없는 사람을 뜻한다. 참고: 고전 2:14, 롬 8:5.

것이다롬 8:5. 결국 이 둘의 차이는 인간이 무엇을 주인으로 Herrschaft 삼느냐에 달린 것인데, 그 결과는 서로가 서로를 대적하는 결과를 낳는다.[13] 즉 영에 속한 사람은 성령을 따라서 살고 행하는 사람이지만갈 5:25, 육은 성령을 거스르고 성령이 원하는 것을 하지 못하게 하기 때문이라는 것이다.

성경에 나타나는 영성 개념에 대한 고찰로부터 우리가 무엇보다 먼저 깨닫게 되는 것은, 성경이 인간의 영성을 무엇보다 먼저 하나님의 영, 즉 성령과의 관계성에서 보고 있다는 사실이다. 성경은 영성을 일반적 인간 내면의 요소임을 인정하지만, 그것과 하나님의 영, 즉 성령과 관계에 더 관심을 기울이고 강조하고 있는 것을 볼 수 있다. 즉 성경은 영성을 인간 내부의 핵심적 자리로 이해하지만, 그것 자체로서 보다는 그것이 '하나님의 영과 관계' 안에 있을 때, 인간존재 전체를 변화시키는 통로가 됨을 강조한다. 그런 의미에서 성경에 나타나는 영성의 일차적 특징은 "하나님과의 관계성"이라고 할 수 있다. 인간에게 있는 영이지만, 초월적 존재인 하나님의 영과 관계성 안에 있을 수 있는 것, 이 관계성이야말로 성경적 영성의 핵심적 요소라 할 수 있다.

성경에 나타나는 영의 또 하나의 특징은 "자기-초월의 자리"라고 할 수 있다. 성경은 인간의 영이 하나님의 영과의 관계성 안에 있을 때, 즉 하나님의 영이 임할 때에 자연적 상태에서의 인간으로는 알 수 없었던 새로운 앎이 열리고, 삶과 행동 모두가 변화되어 새로운 존재로 되어간다고 보기 때문이다. 고후 3:18의 구절 — "우리가 다 수건을 벗은 얼굴로 거울을 보는 것 같이 주의 영광을 보매 그와 같은 형상으로 변화하여 영광에서 영광에 이르니 곧 주의 영으로 말미암음이니라" — 은 우리가 주의 영으로 말미암아 그와

---

13 "육체의 소욕은 성령을 거스르고 성령은 육체를 거스르나니 이 둘이 서로 대적함으로 너희가 원하는 것을 하지 못하게 하려 함이니라"(갈 5:17).

같은 형상으로 변화하게 됨을 말한다. 성경에 나타나는 영은 인간을 인간의 자리에서 도약하여 그리스도와 같은 존재, 즉 하나님의 진정한 형상으로 초월하게 하는 초월의 자리이다. 영성이 초월성의 통로인 것은 왜 영성이 변화를 지향하는 기독교교육이 주목해야 하는 요소인지를 말해주는 지점이라 할 수 있다.

또한 성경적 영성의 개념은 영성의 "삶관련성"을 특징으로 한다고 할 수 있다. 성경은 영성을 단순히 하나님의 영과의 만남의 자리로서가 아니라, 구체적으로 우리의 삶을 변화시키고, 행동을 변화시키는 힘으로 묘사한다. 이것은 성경적 영성개념이 "통전성"을 본질적 특징으로 한다는 의미이기도 하다. 영은 인간 내면의 핵과 같은 부분이요, 하나님의 영과 만날 수 있는 특별한 자리이지만, 또한 동시에 그것은 인간의 생각과 삶, 행동 등 인간 전존재를 통전적으로 아우르고 영향을 미치는 부분이라고 하는 것을 말해 주고 있다. 성경은 영성과 더불어 인간이 따라 살아야할 주인 Herrschaft 이 바뀌고, 인식이 변하고, 행동과 삶, 존재 전체가 변화된다는 것을 지속적으로 강조하고 있다. 성경적 영성의 통전성은 오늘날과 같이 앎과 삶이 분리되고, 신앙과 행동이 분리되는 상황 속에서, 영성이야말로 우리가 회복해야 할 기독교교육의 핵심적 요소라고 하는 것을 분명하게 보여준다.

이렇게 보았을 때에 성경적 영성의 개념은 "인간 내면의 요소", "하나님과의 관계성", "자기-초월의 자리", "삶관련성", "통전성"을 특징으로 한다고 할 수 있겠다. 그렇다면 이제 일반적인 영성연구들에 나타나는 영성의 개념들은 어떠한 특징을 띠고 있는지 살펴보도록 하자.

2. 영성가들의 정의에 나타난 영성의 특징들

오늘날 영성은 기독교나 혹은 특정 종교의 전유물이라고 할 수 없다. 심지어 오늘날에는 종교뿐만 아니라, 심리학, 교육학 등 인간의 본질에 대해 관심을 가지는 대부분의 영역에서 영성에 대해 관심을 가지고 연구하고 있다. 일반적 영성의 정의를 살펴보는 것은 기독교 신학자들의 그것만이 아니라, 다른 학문영역에서 제시된 것들에 대해서도 이루어져야 할 필요가 있다. 따라서 본 서는 기독교 신학의 영역뿐 아니라 영성에 대해 관심을 가지는 일반적 영역에서 제시된 현대적인 영성 정의들을 살펴보고, 그 정의들에 나타난 영성의 특징들을 살펴보려 한다. 아래의 칸에 제시된 첫 번째 정의는 교육학자 데이빗 카르David Carr, 에든버러 대학의 것이고, 두 번째는 개신교를 대표하는 영성학자 중 한 사람인 산드라 슈나이더스Sandra Schneiders가 제시한 일반적 영성 정의이다. 또한 리처드 우즈Richard Woods는 도미니칸 대학의 신학교수이고, 데니스 오리어리Densyse O'Leary는 뇌과학자이며, 로버트 내쉬Robert Nash는 비몬드 대학의 사회과학부 교수이다. 마이클 다우니Michael Downey와 맥그래스Alister Mc-Grath는 각각 가톨릭과 개신교의 영성신학을 대표하는 학자들이다.

> - 데이빗 카르David Carr : "영성, 혹은 영적 감각은 종교보다 더 큰 인간적 특징이다."[14]
> - 산드라 슈나이더스Sandra M. Schneiders : "영성이란 자신이 인식하는 궁극적인 가치를 향해 고립이나 자기 몰두의 방식이 아닌 자기-초월의

---

[14] David Carr, "Spirituality, spiritual sensibility and Human Growth," *International Journal of Philosophy and Religion* 83 (2018. 7), 245.

방식으로 자신의 삶을 통합하기 위하여 의식적으로 노력함으로 얻어지는 경험이다."[15]

- 리차드 우즈Richard Woods : "영성은 모든 인간의 자기-초월적 성질이며, 또한 그것에 속하는 모든 것인바, 특별히 매일의 삶 속에서 그것이 끊임없이 구현되도록 하는 방법을 포함하는 것이다."[16]

- 데니스 오리어리Denyse O'Leary : "영성은 우리를 신적인 존재와의 관계 안으로 데려오는 모든 경험을 의미한다."[17]

- 로버트 내쉬Robert Nash : "영성은 신비를 향한 추구, 의미 배후의 의미를 향한 갈망이다."[18]

- 마이클 다우니Michael Downey : "기독교 영성은 성령 안에서 사는 그리스도인의 삶, 즉 그리스도의 성품으로 변화되고, 하나님과 연합하고, 타인들과 연합하는 삶이다."[19]

- 알리스터 맥그래스Alister McGrath : "기독교 영성은 하나님과의 관계를 획득하고 유지하기 위하여, 공공 예배와 개인적 헌신뿐 아니라 이것들이 실제 기독교인 삶 속에서 나타내는 결과를 포함하는 모든 기독교적 기획에 대한 숙고이다."[20]

---

15 Sandra M. Schneiders, "Theology and Spirituality: Strangers, Rivals, or Partners," *Horizons* 13 (1986. 9), 266.

16 Richard J. Woods, *Christian Spirituality: God's Presence Through the Ages* (New York: Orbis Books, 2006), 9.

17 M. Beauregard & D. O'Leary, *The Spiritual Brain* (New York: Harper Collins, 2009), 9.

18 Robert J. Nash, *Spirituality, Ethics, Religions, and Teaching: A Professor's Journey* (New York: Peter Lang Publishing, Inc., 2002), 18.

19 Michae, Downey, *Understanding christian spirituality*, Paulist Press, 1996, 안성근 역, 『오늘의 기독교 영성 이해』 (서울: 도서출판 은성, 2001), 64.

20 Alister McGrath, *Christian Theology: An Introduction* (Malden, MA: Blackwall, 1999), 2.

1) 인간 내면의 요소

위의 정의들에 나타난 영성의 특징에서 무엇보다 먼저 눈에 띠는 것은 영성이 인간 내면의 기본적 요소라고 하는 것이다. 이것은 이미 첫 번째 카르Carr의 정의에서 나타나고 있는바, "영성은 종교보다 더 큰 인간적 특징significance"이라는 그의 정의는 영성을 종교와 분리시킴으로써, 종교는 인간 밖으로부터 주어지는 것이지만, 영성은 종교 이전에 이미 인간 내면에 존재하는 요소라고 하는 것을 부각시키고 있다. 영성이 이처럼 인간 고유의 내면적 요소라고 하는 것을 주장하기 위해서 많은 영성연구가들은 영성을 종교로부터 분리하여 보려는 시도를 한다. 즉 그들은 '영성이란 무엇인가?'라고 하는 물음에 대해서 무엇보다 먼저 '무엇이 영성이 아닌가?'라고 물으면서, '영성은 종교가 아니다'라고 하는 답으로 영성과 종교를 분리한다.[21]

비슷한 맥락에서 폴 바이스Paul Bayes도 "종교와 영성은 다르다. 종교가 창조와 삶의 의미에 대한 인간의 우주적 질문에 대한 특별한 대답들이라면, 영성은 그 질문들을 위한 보편적 개인의 관심사다."[22]라고 하였다. 즉 종교와 영성은 "창조와 삶의 의미에 대한 인간의 우주적 질문"이라고 하는 것을 공유하지만, 영성이 보다 보편적으로 인간이 가지고 있는 '의미를 향한 추구와 질문' 그 자체라면, 종교는 그 질문에 대한 특정의 문화와 제도와 집단적 차원의 답변을 시도하는 것으로서, 이것은 인간의 본질이기 보다는 제도와 문화 등과 연결된 후천적인 것이라고 하는 것이다.

---

21 Laura Jones, "What does Spirituality in Education Mean?" *Journal of College and Character* 6 (2005. 10), 3; L. M. English & E. J. Tisdell, *Spirituality and adult education* (CA: Sage, 2010), 285; Kenneth I. Pargament, "The Psychology of Religion and Spirituality? Yes and No," *The International Journal for the Psychology of Religion* 9-1 (1999. 11), 3-16; Robert J. Nash, *Spirituality, Ethics, Religions, and Teaching: A Professor's Journey* (New York: Peter Lang Publishing, 2002), 166; Joseph Dunne, "After Philosophy and Religion: Spirituality and Its Counterfeits," D. Carr & J. Haldane, *Spirituality, Philosophy and Education* (London: Routledge Falmer, 2003), 99.

22 P. Bayes, P. "The Spiritual in the Classroom," *Holistic Education Review* (1992 Spring), 6.

영성을 종교로부터 구별하는 이와 같은 이해들은 영성이 종교와 같이 사회 문화적으로 제도화되거나, 후천적으로 획득되는 것이 아니라, 인간이 근본적으로 가지고 있는 인간 내면의 요소라고 하는 것을 말해준다. 따라서 영성은 많은 경우 종교의 틀로 표현되기는 하지만 종교보다 앞서서 인간 안에 있는 기본적 요소라고 하는 것을 시사한다. 즉 인간은 종교 없이도 영적 spiritual 일 수 있다고 말할 만큼 영성은 원초적이고, 종교는 후천적이라는 말이다.

2) 신적 존재와의 관계성

위의 정의들에 나타나는 인간 내면의 요소로서 영성이 갖는 구체적 특징들을 살펴보면, 무엇보다 먼저 "신적 존재와의 관계"O'Leary라고 하는 것이 나타난다. 물론 '신적 존재'라는 표현은 '궁극적 가치'Schneiders 로도 표현되고, '기독교적 영성'의 정의에서는 '하나님'McGrath 으로, '예수님'으로,[23] 그리고 '삼위일체 하나님Downey'으로도 표현된다.

이처럼 용어는 다르더라도, 대부분의 영성의 정의들 안에는 영성이 인간의 내면적 요소이지만, 자아 밖의 신적(초월적) 존재와의 관계가 이루어지는 자리라고 하는 특징이 나타나고 있다. 인간 내면 안에 있는 초월적 존재와의 접촉점, 바로 그것이 영성으로 하여금 영성 되게 하는 특성이라 할 수 있다. 내쉬가 영성을 "신비를 향한 추구요, 의미 배후의 의미를 향한 갈망"이라고 정의하고 있는 것도 영성이 인간 너머의 초월적 존재와의 관계를 지향한다는 특성에 근거하는 것이라고 할 수 있다. 그래서 그것은 인간의 힘으로는 다 알 수 없는 신비이고, 인간의 의미체계를 너머서는 의미인 것이다. 오

23　Alister McGrath, *Christian Spirituality: An Introduction* (Malden: Blackwell, 1999), 2-3.

늘날 영성이라는 단어는 서구의 일상적인 언어의 쓰임에서, 어떤 정신이나 철학, 혹은 마인드라는 것을 의미할 정도로 넓게 사용되는 용어가 되었지만, 영성이 단순히 어떤 사상이나 철학과 구별되는 지점이 여기에 있다고 할 수 있다. 초월적 존재와의 관계, 즉 자아의 내면에 있는 요소이지만, 자아 밖의 어떤 신적 존재와의 관계가 이루어지거나, 그 관계를 갈망하는 자리, 그 역설적 자리가 바로 영성이고 영성이 가지고 있는 특징이라 할 수 있다.

3) 자기-초월

그렇기 때문에 영성은 인간 안의 '자기-초월 self-transcendence'이 일어나는 자리가 된다 Schneiders. 영성은 인간이 초월적 존재와의 관계를 통하여, 인간에게 현재의 자신을 넘어서는 자기-초월이 일어날 수 있는 가능성의 자리가 된다. 이것은 리차드 우즈의 정의 즉 "영성은 모든 인간의 자기-초월적 성질"이라는 표현에도 나타닌다. 조하와 마샬 Zohar and Marshall 또한 영성을 정의하면서, "영성이란 우리를 우리 너머에로 데려다 줄 수 있는 어떤 것에 대한 인간의 갈망"[24]이라고 하였다. 이 정의에서 "우리 너머에로 데려다 줄 수 있는 것"이라고 하는 것은 곧 '자기-초월'의 다른 표현이라 할 수 있다.

영성의 '자기초월'이라는 특성은 인간의 변화에 대한 '영성적 유형'을 제시하는 것이라 볼 수 있다. 인간은 다양한 형태로 변화하는 존재이다. 성장, 환경에의 적응, 지식이나 기술의 습득 등의 형태로 인간은 끊임없이 변화하는 존재이고, 변화의 유형도 다양하다. 그런데 영성의 '자기-초월'이라고 하는 특징은 인간에게 있는 또 하나의 변화의 유형, 즉 자기를 초월하는 형태의 변화의 유형이 있음을 제시한다. 성장이나 환경에의 적응, 지식과 기술

---

24 D. Zohar & I. Marshall, *Spiritual Intelligence: The Ultimate Intelligence* (New York: Bloomsbury, 2012), 4.

의 습득 등 대부분 인간변화의 형태는 지속적이고 연속적 형태로 일어난다. 그러나 영성적 특성, 즉 '자기-초월'은 지금까지의 자기를 기반으로 하는 연속적 형태의 변화가 아닌, 지금까지의 자기를 단절하고 넘어서는 형태의 변형이 인간 변화의 또 하나의 형태임을 제시해 준다.

4) 삶 관련성

위의 정의들 전반에 나타나는 또 하나의 특징은 "삶과의 관련성"이라고 할 수 있다. 슈나이더스의 정의, "궁극적 가치에 자신의 삶을 통합하는 노력"은 영성이 삶과 뗄 수 없는 차원이라는 것을 분명하게 나타낸다. 영성이 단지 궁극적 가치를 추구하는 것에서 그치는 것이 아니라, 그것과 삶을 통합해 가는 '노력'이라는 것이다. 같은 맥락에서 우즈도 영성의 자기초월적 특성이 "매일의 삶 속에서 구체화되는 것"이라고 하였고, 맥그래스 또한 기독교 영성은 "실제 기독교인의 삶 속에 결과로 나타나는 것"이라고 하였다.

이들의 정의를 바탕으로 해서 보았을 때, 영성은 눈에 보이지 않는 것 같지만, 그것은 삶이라는 형태를 취하여 자신을 나타낸다. 그것은 영성의 결과가 삶이라는 것을 시사한다. 영성이 삶이라는 형태를 취한다는 것은 역으로 생각하면 영성이 삶을 형성하고 이끌어가는 힘이 된다는 것을 의미한다. 즉 영성은 삶을 이끌어가는 방향성, 삶을 형성하는 힘 life shaping force 이라 할 수 있다. 그러면 어떠한 방향성으로 삶을 형성하는가? 위에 언급한 대로 궁극적 가치에 자신의 삶을 통합하려는 시도를 통해서 삶을 형성한다는 말이다 Schneiders, Downey, McGrath. 궁극적 가치, 혹은 초월적 존재와 자신의 삶을 통합하려는 노력은 구체적으로 우리의 삶의 목적과 의미, 관계들, 행동들, 윤리적 책임성 등 삶의 모든 측면을 아우르면서 방향을 제시하는 역할을 한다는 말이다.

5) 통전성

그렇게 보았을 때 영성은 그 자체로 통전성 wholeness 을 특징으로 한다고
할 수 있다. 영성이 삶의 모든 측면에서 방향을 제시하는 역할을 한다는 것
은, 우리의 초월적 존재와의 관계, 타인과의 관계, 세상과의 관계, 더 나아가
자기 자신과의 관계에 있어서도 방향을 제시하는 일종의 통전적 오리엔테이
션이라 할 수 있다. 제리 달라드 Jerry Dollard 는 "영성은 우리의 태도나 행동을 통
해서 다른 사람과, 우리 자신과, 그리고 하나님과 관계할 수 있는 능력과 관
계한다."고 하였다.[25] 즉 영성은 삶의 핵과 같이 삶과 관련되는 모든 관계성
을 아우르고 형성하는 통전적 힘이라고 할 수 있다. 그렇게 보았을 때, 영성
은 우리 삶의 모든 측면에 영향을 미치고, 또한 그래서 수없이 다양한 모습
으로 자신을 드러낸다고 할 수 있다.

그래서 오늘날 영성을 측정하는 도구들도 그 대상을 관계적, 실존적, 행
동적, 도덕적, 신념적, 인지적, 제도직, 차원들을 아우르는 전인적 영역으로
삼고 있는 것을 볼 수 있다.[26] "영성지능 spiritual intelligence" 이론의 대표주자의 한
사람인 로버트 에몬스 Robert Emmons 는 영성적 능력을 "초월을 위한 능력," "의
식의 고양된 영적 상태에 들어갈 수 있는 능력", "매일의 활동, 사건 및 관계
를 초월적 sacred 감각으로 탐구할 수 있는 능력", "영적 자원을 활용하여 삶의
문제를 해결할 수 있는 능력," "도덕적 행동에 참여할 수 있는 능력"이라는
다섯 가지 능력으로 제시하였다.[27] 즉 그는 영성을 일종의 지능으로 볼 때 영
성은 모든 것을 아우르는 문제해결 능력이라고 보고 있다.

---

25 Jerry Dollard, *Toward Spirituality* (Minnesota; Hazelden, 1983), 7.
26 D. A. MacDonald, "Spirituality: Description, Measurement, and Relation to the Five Factor Model of
    Personality," *Journal of Personality* 68 (2000. 3), 185.
27 Robert A. Emmons, "Is Spirituality an Intelligence? Motivation, Cognition and the Psychology of Ulti-
    mate Concern," *International Journal for the Psychology of Religion* 10-1 (2000), 10.

영성의 이와 같은 통전성은 '기독교적 영성'에서도 분명하게 나타난다. 위에 제시된 대로, 다우니는 "기독교 영성은 성령 안에서 사는 그리스도인의 삶, 즉 그리스도의 성품으로 변화되고, 하나님과 연합하고, 타인들과 연합하는 삶이다."라고 정의하였다. 이 정의에는 물론 영성이 삶, 성품, 타인과의 관계 등을 아우르는 통전적 개념이라고 하는 것이 나타나지만, 그는 보다 근본적으로 기독교의 '삼위일체 하나님' 자체가 통전성을 담보하는 본질적 개념임을 밝힌다. 그는 삼위일체는 "인간과 인간의 역사에 참여하는 것이 하나님의 본성"이라고 하는 것을 나타내 주는 개념이라고 하였다.[28] 즉 성부 하나님이 그가 창조하신 '세상'을 사랑하사 성자 하나님을 세상 안으로 보내주었는데, 이것은 하나님이 인간과 인간의 역사에 참여한다는 단적인 예라고 하였다. 그 하나님은 또한 "인간의 삶과 역사 그리고 세상이 더 충만한 하나님의 형상과 거처가 되기 위해" 지속적으로 임재하시는 성령으로 세상의 현재와 미래 안에 함께 계시는 분이라고 하였다. 이 같은 삼위일체 하나님의 개념은 그 자체로 하나님이 인간과 세상과 우주와, 개인과 공동체와 사회와, 과거와 현재와 미래와 통전적으로 관계하시는 분이라는 것을 나타낸다. 따라서 다우니는 그러한 삼위일체 하나님과의 관계를 기초로 하는 기독교 영성이야말로 그 어떤 일반적 영성의 개념보다 통전성을 담보하는 개념이라고 보았다.

2. 영성 정의에 나타난 영성적 인식의 특징들

'인식론 epistemology'이란 "앎에 관한 연구 study of knowing"를 의미한다. '앎 knowing'은 알게 되는 과정을 지칭한다. 따라서 앎은 '지식 knowledge'과 구분된

---

28   Michael, Downey, *Understanding christian spirituality*, 65.

다. 지식은 앎의 과정에서 생긴 결과물이다. 그래서 명사이다. 그러나 앎은 알게 되는 현상이다. 그래서 동사이다. 그러면 '영성적 인식'이란 무엇인가? '영성적 인식'이란 영성이 앎의 과정에 영향을 미쳐 일어나는 인식이라는 뜻이다. 그렇다면 영성은 앎에 어떻게, 그리고 어떠한 영향을 미친다는 것일까? 이에 대한 답을 찾기 위해서는 무엇보다 먼저 위에서 살펴본 영성의 특징들, 즉 "인간 내면의 요소," "초월적 존재와의 관계성," "자기-초월," "삶 관련성," "통전성"을 들여다보면서, 이 특성들이 어떻게 인간의 인식에 영향을 미칠 수 있는지를 살펴보아야 할 것 같다.

1) 인격성

영성 정의로부터 발견한 첫 번째 특성, 즉 "인간 내면의 요소"는 인식에 어떠한 영향을 미칠 수 있을까? 위에서도 인용했듯 폴 바이스는 영성을 인간 내면의 보편적 요소 중 하나라고 하였는데, 이 내면의 요소는 모든 인간 안의 "의미를 향한 추구와 질문"이라고 하였다.[29] 영성이 모든 인간 안의 '의미를 향한 추구와 질문'이라면, 영성적 앎은 그러한 의미를 향한 추구와 관련 있는 인식의 작용이라고 할 수 있다. 이 말은 영성적 인식은 인간이 의미추구를 위해 질문을 던지고 답을 찾아가는 과정에서 일어나는 인식과 관련된다는 것을 알 수 있다. 그렇게 볼 때, 영성적 인식은 객관성이나 보편성을 추구하는 인식이기 보다는, 인격적으로 의미를 향한 추구의 과정에서 모든 개인적 경험들, 감성적인 것들 또한 포함하는 인식이라 할 수 있다. 그래서 케네트 파가멘트 Kenneth I. Pargament 는 종교를 영성과 분리하면서 "종교가 제도적, 예전적, 이념적이라면, 영성은 개인적이고, 감성적이고, 경험적이고, 숙고적

---

29 P. Bayes, "The Spiritual in the Classroom," 6.

으로 정의된다."[30]고 하였다.

이와 같은 점을 바탕으로 해서 보았을 때, 영성적 인식은 '인격성'을 기반으로 하는 앎의 현상이라고 정리할 수 있다. 즉 영성적 인식은 인격적personal인 것이 인식의 과정에 관여하는 인식이라는 말이다. 브랜든 리카바우프brandon L. Rickabaugh는 "대상에 관한 지식knowledge about things"과 "대상지식knowledge of things"이라는 두 가지 지식 유형을 구별하였는데, 전자의 지식이 명제적 지식이요 인식대상에 대해서 거리를 두고 접근하는 지식이라면, 후자는 인식하는 사람의 인격적 참여를 통하여 형성되는 인격적 지식이라고 하였다.[31] 그는 후자의 지식을 소위 "대면을 통한 지식knowledge by acquaintance, 이하 KA"이라 칭하면서,[32] 이것은 객관성이나 정확성, 그리고 사실성만을 추구하는 지식이 아니라, 대상과의 인격적 만남과 상호작용을 통해서 얻게 되는 인격적 지식을 말한다고 하였다.[33] 리카바우프는 특별히 이 인격적 지식KA이 하나님과 관련될 때, 그것은 단순히 하나님에 대한 교리적, 명제적 지식이 아니라, 하나님과의 상호작용을 통해서 형성되는 지식으로서, 하나님에 대한 신뢰와 확신을 가져오는 지식이고, 그의 음성을 듣고, 그의 행함을 볼 수 있는 귀와 눈을 가지게 되는 인식이 된다고 하였다. 그는 하나님에 대한 인격적 지식이야말로 진정으로 하나님을 아는 지식이고, 우리를 "영원한 생명"으로 인도하는 지식이라 하면서, 이것은 결국 우리의 신앙과 성품을 형성하는데 영향을 미치고, 우리의 인격 형성에 영향을 미친다고 하였다.

영성적 인식은 인격성을 기반으로 하는 인식이고, 또한 우리의 인격형성에 영향을 미치는 인식이라고 할 수 있다.

---

30 Kenneth I. Pargament, "The Psychology of Religion and Spirituality? Yes and No," 3-16.
31 Brandon L. Rickabaugh, "Eternal Life as Knowledge of God: Epistemology of Knowledge by Acquaintance and Spiritual Formation," *Journal of Spiritual Formation and Soul care* 6 (2013), 204-228.
32 위의 글, 209.
33 위의 글, 215.

2) 수동성

영성의 또 하나의 특징이 "초월적 존재와의 관계"라면, 영성적 인식은 초월적 존재와의 관계에서 일어나는 인식이거나, 초월적 존재로부터 영향을 받는 인식이라 할 수 있다. 그렇다면 그것은 데카르트로부터 출발하는 "주객도식"의 사고 형태 및 그를 바탕으로 계몽주의 이후 지배적 사고 유형이 된 "합리적 사고"와는 다른 형태의 인식이 되어야 한다는 것을 시사한다. 데카르트적 주객도식은 '나'는 사고의 주체이고, 모든 사고의 대상은 객체가 된다는 이분법적 사고로서, '사고하는 나'가 모든 인식의 출발이고, 또한 존재의 출발점이 된다고("나는 생각한다 고로 나는 존재한다.") 보는 입장이다.

이와 같은 주객도식으로서는 초월적 존재와의 관계를 바탕으로 하는 인식현상을 담아낼 수 없다. 초월적 존재와의 관계에서 오는 인식은 사고하는 '나'로부터 시작하는 인식이기 보다, 초월적 존재를 인정하고 그와의 관계로부터 시작하는 인식이어야 하기 때문이다. 따라서 영성적 인식은 초월적 존재의 자기 계시에 나를 열고, 그것을 수용함으로써 시작되는 인식이다. 그렇기 때문에 영성적 인식의 특징은 '나'를 출발점으로 하는 능동성보다는 "수동성 receptivity"에서 찾을 수 있다. 그것은 마치 직관 instinct 과 같이 어느 순간 우리에게 오는 인식과 같다고 할 수 있다. 그렇기 때문에 수동성을 띠는 영성적 인식은 합리적 사고의 형태처럼 논리의 순서에 따라서 선적 linear 이나, 연속적으로 전개되는 형태이기 보다는, 단속적이고 입체적으로 오는 인식이라 할 수 있다. 합리적 사고가 분석, 예측, 논리 등의 형태를 띤다면, 영성적 인식은 '상상', '놀람과 감탄 owe and wonder', '깨달음'의 형태를 띤다고 할 수 있다. 또한 전자가 구조적이라면 후자는 반구조, 혹은 탈구조적이라 할 수 있다. 영성적 인식은 나의 인식 구조 밖으로부터 나에게로 들어오는 형태이기에, 나의 기존 인식 구조를 뒤집어엎을 수 있는 반구조, 혹은 탈구조적 성격을 띤다. 따라서 전자가 질서와 안정을 추구한다면, 후자는 오히려 무질서를, 안정보다는 포기와 위험을 가져올 수 있는 사고이다. 그러나 영성적 인식은 바로 그 수동성으로 인하여 자아의 새로운 구조를 형성하는 통로가 될 수 있다.

3) 개방성

영성의 또 다른 특징인 "자기-초월"은 인식의 "개방성"을 요청한다. 영성의 자기-초월적 특성은 자기몰두나 자기 폐쇄적 사고가 아니라, 자기를 넘어서서 열리는 새로운 세계에로의 개방성을 요청하기 때문이다. 드웨인 휘브너 Dwayne E. Huebner 는 영적 실재의 '자기 초월' 경험은 현재의 자아가 완전하지 않다는 것을 인정하는 것이고, 따라서 자기-초월의 존재양식은 '약함 vulnerability', '개방성', 새로운 것에 자신을 여는 '가용성 availability'을 일종의 자아의 패턴으로 갖게 된다고 하였다.[34] 휘브너는 그러한 자기-초월의 자아 패턴은 그대로 앎의 형태에도 영향을 미친다고 하였다. 즉 그것은 현재의 앎의 구조 너머에 새로운 측면과 세계가 있다는 것을, 그래서 현재의 앎의 양식은 언제나 불완전하고 언제나 오류에 빠질 수 있다는 것을 인정하고, 더 나은 예견, 더 완전한 표현, 더 나은 기술과 방법들에 대한 '개방성'을 갖게 한다고 하였다.

휘브너는 이러한 앎의 "개방성"은 따라서 단순히 영성적 인식에서만 요구되는 것이 아니고, 모든 앎에서 근본적으로 요청되는 것인바, 모든 앎은 "인간의 초월하는 가능성"에 기초하기 때문이라고 하였다:

---

34 Dwayne E. Huebner, "Spirituality and Knowing," in *Learning and Teaching the Ways of Knowing*, ed. Elliot Eisner (Chicago: University of Chicago Press, 1985), 167.

앎의 모든 모드는 인간 삶의 한 부분이 되는 초월하는 가능성에의 증거이다. 모든 앎은 개방성과 약함을 요청한다. 이것은 앎의 현재적 형태를 의미하는 바, 그것은 세상 속의 거대한 타자와 개인을 관계시키는 것이고, 과거와 현재와 미래를 연결시키는 것이며, 제한된 것, 실수할 수 있음, 불충분함을 인정하는 것이다. 새로운 형태는 늘 출현한다, 옛 형태는 새로운 관계에로 길을 열어주어야 한다.[35]

그렇게 볼 때 자기-초월에 기반을 두는 영성적 사고는 모든 "폐쇄적 사고"를 부정하는 사고이다. 진리는 폐쇄된 사고 안의 화석화된 형태로서 보존되는 것이 아니라, 우리가 진리를 향해서 자신을 개방할 때에 열린다. 그런 의미에서 하이데거가 진리를 헬라어 단어 "알레테이아^{αληтεια}"로부터 설명하면서, 진리를 "탈은폐"라고 한 것에 주목할 필요가 있다. 진리는 은폐된 것이 벗겨지는 것이다. 존재에로의 개방이다. 영성적 인식의 개방성이야말로 진리를 향해 가는 탈은폐적 사고와 맞닿아 있다. 그렇게 볼 때에 모든 앎은 그것이 진리를 추구하는 한 개방적이어야 하고, 영성적이어야 한다.

4) 육화하는 incarnating 인식

영성의 또 하나의 특징이 "삶 관련성"이라면, 이와 관련된 인식은 "육화하는 incarnating 인식" 혹은 "성육신적 인식"이라 할 수 있다. 즉 영성적 인식은 사고의 과정에 그치는 앎이 아니라, 삶이라고 하는 구체적인 형태에로 육화하는 앎이라 할 수 있다. 이러한 "육화하는 인식"은 예수 그리스도의 성육신적 사건과 같은 맥락에서 이해될 수 있다. 그는 "말씀이 육신이 되어 우리

---

35 Dwayne E. Huebner, "Spirituality and Knowing," 172.

가운데 거하시는" 형태로써 어떻게 로고스, 즉 지식(앎)이 삶이 되는지를 보여주었다. 그는 몸과 상황을 입고, 우리 가운데로 와서, 사람들을 만나고, 제자들과 함께 생활하고, 함께 사역하는 삶을 살았다. 병자들을 고치고 악한 귀신을 쫓아내며, 마을마다 다니며 하나님 나라를 가르쳤고, 또한 동시에 하나님 나라를 구현하였다. 그리고 그는 십자가에서 죽고, 그리고 부활하였다.

이 구체적인 이야기, 한 몸, 한 사람(삶) 속으로 육화된 말씀이신 예수의 살고, 가르치고, 사랑하고, 죽고, 부활한 이야기야말로, 육화된 지식(말씀)이다. 예수는 몸으로, 상황과 삶 안으로 왔고, 그의 생애라는 과정 process 안에 그의 구원의 이야기, 하나님 나라 이야기를 담았다. 그래서 그의 육화된 지식은 화석화되고, 고정된 지식이 아니라, 동사로서의 지식, 즉 삶으로 사는 지식이라 할 수 있다. 영성적 인식은 예수의 삶에서 보는 것처럼, 삶으로 구현되는 성육신적 앎, 삶으로 구현되고, 삶에 형태를 주는 육화하는 인식이다.

5) 연결성

위에서 우리는 영성의 마지막 특성으로 통전성 wholeness 을 살펴보았다. 영성이 삶 관련적이라는 것은 그것이 삶의 핵과 같이 삶과 관련되는 모든 관계성, 즉 우리의 초월적 존재와의 관계, 타인과의 관계, 세상과의 관계, 더 나아가 자기 자신과의 관계에 있어서도 방향을 제시하는 일종의 통전적 오리엔테이션이라 할 수 있다. 영성이 이처럼 통전성을 특징으로 한다는 것은 영성적 인식으로 하여금 "모든 것을 서로 연결하는 인식"이 되게 한다. 영성적 인식은 모든 인식의 대상을 서로 연계하여 통전성으로 향하게 하는 인식이라 할 수 있다.

그것은 "여호와를 경외하는 것이 지식의 근본"잠 1:7 이라는 성경적 인식론과도 유사하다. "여호와를 경외하는 것이 지식의 근본"이라는 것은 물론 무엇보다 먼저 여호와와의 관계가(경외하는 관계)가 지식의 근본이라는 뜻이다. 그러나 이것은 그에서 더 넘어서 여호와와 세상의 모든 지식의 대상들이 연결되어 있다는 뜻이기도 하다. 여호와가 지식의 근본이기에 세상의 모든 지식은 근본인 여호와께 연결되었다는 뜻이다. 어떤 지식도 여호와와 관계 없지 않고, 어떤 것도 여호와와의 관계성 속에서 이해될 수 없는 것은 없다는 뜻, 즉 모든 지식은 서로 연결되어 있다는 뜻이다. 영성이 통전성을 지향한다는 것은 영성적 인식으로 하여금 모든 것을 서로 연계하고 연결하는 인식이 되도록 한다는 것이다.

이런 맥락에서 볼 때, 우리가 무엇인가를 알아간다는 것은 우리 자신이 그 전체적 세상의 일부분임을 안다는 것을 뜻하며, 더 나아가 그 전체적 연결성과 관계성 안으로 들어간다는 것을 의미한다. 그래서 세상을 안다는 것은 세상과의 관계성 안으로 들어가서 세상과의 공동체를 형성한다는 것, 세상에 대한 책임감과 사랑을 실천하는 것이 된다.

그렇게 볼 때, 영성적 인식은 모든 대지와 환경을 우리와 연결시키는 인식이고, 따라서 우리를 우리가 속한 몸인 자연과 떨어트려 보지 않는 인식이다. 자연은 우리와 생명을 공유하는 관계로, 우리가 사랑해야 할, 그로부터 귀 기울여 듣고, 존중해야 할 대상, 섬기고 보살펴야 할 우리의 공동체의 일부분이다. 영성적 인식은 그러한 사랑과, 섬김과, 보살핌을 통해서 우리를 하나님의 지속적 재창조에 참여하도록 이끄는 인식이라 할 수 있다. 그래서 영성적 인식은 온 세상을 지속적으로 창조해 가시는 하나님의 재창조 re-creation 에 참여하는 인식이다.

우리는 위에서 영성의 특징으로부터 영성적 인식을 고찰해 보았는바, '인간 내면의 요소'로부터는 '인격성'을, '신적 존재와의 관계'로부터는 '수동성'을, '자기-초월'로부터는 '개방성'을, '삶 관련성'으로부터는 '육화하는 인식'을, 그리고 '통전성'으로부터 '연결성'이라는 특징을 발견하였고, 이것을 표로 나타내 보면 아래와 같다.

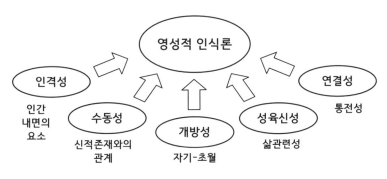

〈영성의 특징과 영성적 인식〉

Ⅲ. 기독교교육의 영성적 접근에 나타난 영성적 인식

이 장에서는 영성적 기독교교육을 고찰하고, 그것이 어떻게 영성적 인식과 관련되는지를 살펴봄으로써, 영성적 인식이 기독교교육의 방향과 이론 형성에 미치는 영향을 가늠해 보고자 한다. 영성적 기독교교육의 고찰은 특별히 파커 파머Parker Palmer, 수잔 존슨Susanne Johnson, 그리고 마리아 해리스Maria Harris의 대표적 저술들을 중심으로 살펴보고자 하는바, 그 저술들은 영성적 인식이 교육과 만났을 때에 나타날 수 있는 교육의 형태를 각각의 독특한 방식으로 보여주고 있기 때문이다.

1. 파커 파머의 *To Know As We Are Known*에 나타나는 영성적 인식론

파커 파머의 잘 알려진 책 *To Know As We Are Known*[36]은 그 어떤 다른 저술보다 영성적 인식론을 교육 이론형성의 뼈대로 삼고 있는 책이라고 하는 것을, 책의 제목, 즉 "우리에게 알려진 대로 알기"라는 제목으로부터 알 수 있다. 무엇보다 "as we are known"이라는 표현은, 우리가 앎의 주체로서 보다는, 어떤 다른 존재에 의해서 알게 됨을 당하는 수동적 대상이 될 수 있음을 암시하면서, 이 책이 바로 그러한 앎에 초점을 맞추겠다는 뜻을 내포하고 있기 때문이다. 그는 이 존재를 "진리"라 칭하면서, 이 진리가 가지고 있는 인식론적 속성을 밝히고, 진리의 개념으로부터 영성적 교육을 전개하여, 전통적 교육개념의 대안으로 삼는다.

1) 진리의 특성

파머는 이 책을 "객관주의"의 문제점을 제시하는 것으로부터 시작한다. 그는 객관주의를 "인식의 주체와 인식 대상을 예리하게 구분"하는 앎의 형태라고 정의한다.[37] 즉 객관주의에서는 인식주체가 능동적 행위자인 반면, 인식 대상은 수동적 대상에 머물며, 인식대상에 대한 호기심과 지배욕이 이 인식의 출발점이 되고, 결국 그것은 우리를 이웃과 세계로부터 분리하고, 우리를 대상에 대한 지배와 착취에로 이끌어가는 폭력적 지식이 된다는 것이다.[38]

---

[36] Parker Palmer, *To Know As We Are Known: Education As a Spiritual Journey*, 이종태 역, 『가르침과 배움의 영성』 (서울: Ivp, 2000).

[37] 위의 책, 53.

[38] 위의 책, 31.

그는 그러한 객관주의 지식과 대비되는 개념으로 "진리"의 개념을 제시한다. 진리는 그에 의하면 무엇보다 먼저 성육신하신 예수님에게서처럼 "인격 안에 구현되는 진리," 즉 인격성을 가졌다.[39] 진리는 논리나 명제, 실험적 데이터를 통해 확인되는 "저기에 있는" 지식이 아니라, 구체적 인격으로 구현되는 지식, 즉 삶으로 "육화하는incarnating" 지식이라는 말이다. 더 나아가 진리는 단순히 수동적인 인식 대상이 아니라, 우리와 적극적으로 관계하고, 말 걸어오는 지식이다. 그래서 파머는 "내가 진리를 추구하지만, 진리가 나를 파악하고, 내가 진리를 알려하지만, 진리가 나를 알며, 궁극적으로 내가 진리를 정복하는 것이 아니라, 진리가 나를 정복하게 된다."고 하였다.[40] 진리가 인격성을 갖는 순간, 그것은 우리로 하여금 인식의 주체로서만이 아니라 진리의 수여자가 되는 "수동성"을 갖게 하고, 진리에 우리를 "개방"하게 하며, 궁극적으로는 진리에 대한 "순종"을 불러일으킨다.

더 나아가 파머는 우리가 진리를 안다는 것은 초월적 존재와만이 아니라 물질세계, 식물과 동물 등 세상의 모든 것과 관계를 맺는 것이요, 세계라는 '존재의 거대한 사슬' 안으로 들어가는 것이라고 하였다.[41] 이것은 우리가 위에서 살펴본 영성적 인식론의 연결성과 같은 맥락이라 할 수 있다. 파머는 이 책의 한국어 판 서문에서 '연결성'이야말로 모든 위대한 학문의 근거라고 하였다. 그는 종교religio라는 라틴어 단어의 어근이 "다시 묶는다"는 뜻이고, 역사는 과거와 연결되려하는 것이며, 생물학은 자연과 연결되고자하는 추구이고, 문학은 상상력의 세계와 연결되고자 하는 추구라고 하였다. 결국 그에게서 진리를 안다는 것은 이 세상 모든 것을 아는 앎이고, 이 세상 모든 것과의 관계성, 공동체 안으로 들어가는 앎이다.

39 위의 책, 79.
40 위의 책, 94.
41 위의 책, 92.

2장 영성적 인식론을 통해서 보는 통전적 기독교교육 | **81**

그렇게 보았을 때, 파머가 제시하는 진리의 인식론적 성격은 우리가 위에서 살펴본 영성적 인식의 특징, 즉 인격성, 수동성, 개방성, 육화하는 인식, 연결성을 모두 포괄하는 개념이라는 것을 발견할 수 있다.

2) 영성적 교육

파머는 위에 제시한 진리의 개념을 기반으로 하여 "영성적 교육" 개념을 제시하였다. 이를 위해 파머는 먼저 "객관주의 교실"의 문제점을 제시한다. 그는 객관주의 교실은 객관주의적 앎의 방식을 추구하면서, 학생과 세계를 분리시키고, 교육의 초점을 학생의 내면이 아닌, 외부에 머물도록 한다고 비판하였다.[42] 따라서 객관주의 교실에서 학생은 구경꾼으로 머물게 되고, 인식 주체로서의 자아의 마음에 대한 탐구의 기회를 얻지 못한다고 하였다. 이 교실에서 학생들은 끊임없는 경쟁에로 내 몰리게 되며, 결국은 세계를 자신의 뜻대로 창조하려는 힘겨루기를 하는 사람, 세계를 정복하고 조작하는 사람들로서 세상에로 내보내진다고 하였다.[43]

반면 그는 "영성적 교육"은 영성적 전통에서 기원하는 "진리"를 바탕으로 하는 교육으로서, 무엇보다 먼저 그것은 "사랑"을 기반으로 하는 교육이라 하였다.[44] 여기서 사랑이란 "세계가 처음 창조되었던 당시의 유기적 공동체를 재창조하려는 열정"과 같은 것이다. 그렇기 때문에 파머는 사랑을 기반으로 하는 영성적 교육은 세계와 자신을 분리시키는 교육이 아니라, 세계와 화해하는 교육이라 하였다. 또한 파머는 영성적 교육은 "기도충만한 교육"이 되지 않으면 안 된다고 하였다. 왜냐하면 그에게 기도란 "초월적 존재와 연

---

42 위의 책, 62, 64.
43 위의 책, 67.
44 위의 책, 30.

결된 광대한 생명공동체" 안으로 들어가는 "관계성의 실천"이기 때문이다:

> 나는 기도를 통해 더 이상 나 자신을 다른 이들과 세계로부터 분리시키
> 지 않으며, 자기 욕망의 만족을 위해 그들을 조작하지 않는다. 대신, 나
> 는 관계를 향해 손을 내밀며 스스로 상호성과 책임성의 끈을 느끼도록
> 하며, 공동체를 하나로 결합시켜 주는 초월적 중심을 앎으로써, 공동체
> 안에 자신의 자리를 잡는다.[45]

파머는 또한 예수님이 살아있는 구체적 육신을 가진 실체이셨던 것처
럼, 영성적 교육은 자신과 상관없는 비인격적 사실이나 이론을 다루는 교육
이 아니라, 육화되는 진리, 인격적 진리에로 이끄는 교육이라 하였다.[46] 그래
서 그는 진리를 배운다는 것은 실제적인 "변화와 대면"하는 것이라고 하였
다.[47] 그것은 마치 사막교부 아바 펠릭스가 그를 찾아와 듣기를 원하지만 그
것을 살기를 원하지는 않는 사람들에게 "더 이상 말씀이 없다."고 하는 것과
같은 맥락이다. 아바 펠릭스는 '삶'과 연결되지 않는 '들음'을 거부했다. 왜냐
하면 "들음audire"이 "순종obedience"과 같은 어근에서 나왔고, 진리truth가 언약
troth과 같은 어근에서 나온 것과 같이,[48] 순종 없는 들음은 진정한 들음이 아
니고, 언약적 관계없는 진리는 진정한 진리가 아니기 때문이다.

결국 파머는 '가르침'을 "진리에 대한 순종이 실천되는 공간을 창조하
는 일"이라고 정의 내린다. '진리에 대한 순종'이라는 것은 진리와 인격적으
로 관계 맺고, 거기에 자신을 개방하며, 듣고, 진리가 포괄하는 세계의 모든

---

45 위의 책, 33.
46 위의 책, 38.
47 위의 책, 70.
48 위의 책, 58, 74.

것들과의 공동체 안으로 들어가 삶으로써 진리를 육화하는 것을 의미하는 것으로서, 이것에는 영성적 인식의 모든 특성들이 집약되어 있다. 가르침을 '공간 창조'라고 정의하고 있는 것 또한 영성적 인식을 기반으로 하는 개념이라 할 수 있다. 가르침을 진리를 알게 하거나 매개하는 주체적 행위로 보지 않고, 진리가 스스로 가르칠 수 있도록 자리를 마련하는 행위로 정의하는 것은 곧 가르침에서 초월적 힘을 인정하는 것이고, 그 힘 앞에 학생도 교사도 동시에 자신을 개방하는 것을 의미한다. 영성적 인식의 틀로 교육을 본다는 것은 진리의 힘을 인정하는 것이고, 교육을 그 진리의 조력자로서 이해한다는 것이다. 그런 의미에서 이 책이 교사의 "영성형성"으로 끝맺고 있는 것은 결코 우연이 아니다. 진리의 힘을 인정하고, 그 진리가 가르치는 것에 조력자가 되는 것은, 가르치는 이의 끊임없는 영성형성이 요구되는 일이기 때문이다.

3) 파머의 영성적 인식론과 영성적 교육

위에서 살펴본 바와 같이 파머의 책 *To Know As We Are Known*에서 무엇보다 먼저 발견하게 되는 것은 그의 영성적 교육개념이 '영성적 인식론'이라는 핵심 개념을 기반으로 하여 전개되고 있다는 것이다. 파머의 이 책은 영성적 인식론을 기반으로 하는 진리개념으로부터 시작하여 그 진리개념을 매개하는 통로로서의 교육개념에 이르기까지 수미일관하게 영성적 인식론을 바탕으로 전개되는 것을 보여줌으로써, 영성적 인식이 교육 이해와 방향에 미치는 영향을 단적으로 보여준다.

특별히 우리가 여기에서 주목하게 되는 것은 파머의 책에 나타나는 영성적 교육이 반드시 기독교적 교육만을 지칭하는 것은 아니라는 것이다. 그의 영성적 교육은 오히려 교육 일반에 만연해 있는 "객관주의적 교실", 혹은

"전통적 교실"과 대비되는 일종의 대안으로 제시되고 있다. 즉 그의 영성적 교육개념은 기독교만의 교육개념이기보다는 교육 전체를 대상으로 던지는 화두와 같다. 그의 영성적 교육개념은, 인간을 모든 창조 세계와 화해시키고, 그들과의 공동체에서 사랑과 섬김을 실현하기를 추구하는 교육, 학생과 상관없는 추상적이고 객관적 이론을 다루는 것이 아니라 학생 내면의 인격적 측면을 교육의 중심으로 다루기를 원하는 교육, 앎을 삶에서 구체적으로 구현하기를 추구하는 교육 등이 단지 특정 종교의 교육이 아니라, 이 지구상의 모든 교육이 추구해야 할 교육임을 제시하고 있다. 이러한 그의 영성적 교육개념으로부터 우리는 영성적 인식론이 종교적 인식론, 혹은 기독교적 인식론의 영역에서 머무는 것이 아니라, 교육 전체에 방향을 제시하는 인식론적 기초가 됨을 발견하게 된다.

2. 수잔 존슨의 『기독교적 영성 형성』에 나타나는 영성교육

파머의 책이 교육 일반에게 던지는 영성 교육적 화두였다면, 수잔 존슨의 책 *Christian Spiritual Formation: in the Church and Classroom*[49]은 기독교적 영성, 특별히 교회라는 콘텍스트에서의 기독교적 영성교육에 초점을 맞추고 있다.

1) 기독교적 영성 "형성"

존슨의 책의 제목에는 교육이라는 단어 대신 "형성 formation"이라는 단어

---

[49] Susanne Johnson, *Christian Spiritual Formation in the Church and Classroom* (Nashville: Abingdon Press: 1989).

가 사용된다. '형성'은 그녀에 의하면 "지식이나 정보를 주는information" 행위
가 아니라, "존재 전체를 기독교인으로 형성formation 하는 과정"을 뜻하는 단어
이고, 그 단어를 책 제목으로 선택함으로써 그녀는 그녀가 추구하는 영성교
육의 방향을 암시한다. 이 같은 맥락에서 존슨은 독일어의 "Bildung빌둥"이라
는 단어를 칼 바르트Karl Barth가 '그리스도 안에 나타난 하나님의 형상을 닮아
가는 전생애적 과정'이라고 설명하였다는 것을 상기시키면서, '영성 형성'은
하나님의 형상이신 "예수 그리스도와 같이 되어가는 과정"이라고 정의한
다.[50]

그런 의미에서 그녀는 '영성형성'은 발달심리학에서 말하는 발달과정
과 동일시되어서는 안 된다고 말한다.[51] 발달심리학의 발달과정은 패턴을 가
진 단선적 구조로서, 모든 인간에게 동일한 예측가능한 과정을 제시하지만,
'예수 그리스도와 같이 되어가는 과정'으로서의 '영성형성'은 예측가능하지
도 않고, 모든 사람들이 동일한 방식으로 단계적으로 이루는 것도 아니라는
것이다. 또한 그녀는 영성이 "자기-초월"의 통로라면, 그것은 인간의 잠재가
능성으로부터 나오는 것이 아니라, "성령 안in the Spirit"에서만 가능한 것이고,
그런 의미에서 영성 형성은 이 초월적 존재와의 상호작용을 통해 오는 "영적
발달"이지, "자아ego의 발달"은 아니라고 하였다.

존슨은 또한 그와 아울러 영성형성을 개인주의적으로만 접근하는 것의
문제점 또한 지적한다. 존슨이 이 책을 썼던 8·90년대에 북미는 영성운동과
영성에 관한 저술이 쏟아져 나오던 때였다. 존슨은 그러한 현상을 "소위 새
로운 영성so-called new spirituality"의 흐름이라 칭하며, 그것이 지나치게 개인적이
고, 자기몰두에 머물게 함으로서, 현대 문화 안에 만연한 개인주의와 혼합하

---

50 위의 책, 104.
51 위의 책, 105.

는 경향이 있다고 비판하였다.[52] 그러면서 그녀는 영성형성은 "공동체", "상호성", "상호의존성"의 실재에 기초하는 것으로서, 무엇보다 "나는 진리다"라고 말씀하신 분을 따라감을 함께 실천하는 공동체에 참여하는 것으로부터 시작하는 것이라고 하였다. 또한 그녀는 영성형성은 우리가 삶 전체를 통해 직면하는 복합적 상황에서 실제로 "하나님을 따라 사는 충성된 삶" 혹은 "하나님 나라에서 창의적으로 살아가는 삶"으로 나타난다고 하였다.[53] 존슨에게 있어서 영성형성은 지식적 차원만이 아니라 그리스도인으로 되어가는 모든 과정을, 개인적 차원이 아니라 공동체적 차원을, 심리적인 차원이 아니라 삶 전체를 통해 나타나는 통합적 차원을 아우르는 개념이다.

2) 교회의 영성교육의 방향

존슨의 영성형성개념에서 무엇보다 주목할 것은 그녀에게서 '형성'의 개념이 기독교의 핵심메시지와 연결되고 있다는 것이다. 이점은 그녀가 이 책의 서두에서 밝히고 있는 영성의 정의에서 분명히 확인할 수 있다: "영성은 모든 창조세계 안에서 하나님의 창조적, 구속적인 활동을 인식하고, 그에 참여하는 인간의 자기-초월 능력이다."[54] 여기에서 그녀는 영성이 자기-초월 능력이지만, 그 능력은 세계 속에서 하나님의 창조적 구속적 활동에 참여함으로써 이루어지는 것이라고 봄으로써, 자기-초월이라는 것의 구체적인 내용과 방향을 제시한다. 즉 그녀는 일반적 영성에서 공유되는 '자기-초월' 개념을 기독교적 핵심 메시지와 만나게 하면서 영성의 방향을 제시한다.

존슨은 이와 같은 영성 정의를 바탕으로 하여, 그녀의 책 마지막 장, 즉

---

52 위의 책, 17.
53 위의 책, 116, 117.
54 위의 책, 22.

"영성형성을 위한 기독교교육"에서 기독교교육을 다음과 같이 정의한다:

> 기독교 교육은 신앙공동체로 하여금 세계 속에서 하나님의 창조하시고
> 구속하시는 활동에 더욱 신실하고 통전적으로 참여하도록 인도하는 역
> 동적이고 의도적인 가르침과 배움의 과정이다.[55]

이 정의는 존슨이 앞의 영성 정의에서 밝히고 있는 바와 같이 "세계 속에서 하나님의 창조적, 구속적 활동에 참여하는 것"이 영성 형성 교육의 목적이 됨을 밝힌다. 그녀에게서 영성형성 교육은 좁은 의미의 기도와 묵상 프로그램에 초점이 맞추어져 있는 것이 아니라, 세계 속에서 하나님의 활동에 참여하도록 하는 것인데, 이 개념은 영성적 기독교교육의 관심이 개인뿐 아니라 공동체, 사회, 하나님 나라를 포괄하는 것임을 보여준다. 이로써 그녀는 '개인이냐 사회냐', '기도냐 실천이냐'라고 하는 이분법을 탈피한다. 뿐만 아니라 그녀는 영성형성교육을 단순히 '가르침'의 활동으로서 보다는, '신앙공동체'의 전체적인 활동으로 이해한다. 이것은 그녀가 교육을 지식이나 정보 제공 활동으로 보는 것이 아니라, 교회의 전 목회적 차원을 아우르는 활동으로 본다는 것이고, 그것을 '그리스도인으로서의 형성'을 위해 필요한 조건으로 본다는 것을 의미한다.

이것은 위의 그림에서 보는 바와 같이 그녀가 영성형성교육을 세 가지 영역으로 제안하는 것에서도 분명히 드러난다. 그녀는 교회가 위에 제시한 정의대로 교육을 실현하기 위해서는 세 가지 영역이 필요한데, 그것이 '예배 worship', '가르침 instruction', 그리고 '실천 praxis'이라고 하였다.[56] '예배'는 예전을

---

55 위의 책, 143.
56 위의 책, 144.

목적: 교회의 예전을 자신의
것으로 동화하고, 보편적인
삶의 스타일로서 하나님을
예배하도록 인도하는 것

과정: 신앙공동체 안에서
은혜의 방법: 기도, 묵상,
고백, 회개, 찬양, 선포,
성경 연구, 세례, 성찬례.
**교회의 영적 지도 직무
(교수직)에 대한 강조**

상황에 대한 관심

목적: 하나님의 자녀들을 착취하
거나 인간성을 떨어뜨리는 조건
을 알아차리고 변화시키고 문화
를 읽고 저항하며 정의의 급진
적 평등을 실현하기 위한 탐구
에 구체적이고 매일 참여한다.

과정: 입학, 인식, 탐구,
신학적 성찰, 규범 설명,
선택의 자유, 행동, 고지,
축하하기. **교회의 예언적
직무(예언자직)에 대한
강조**

삶에 대한 관심

예배

실천

가르침

목적: 기독교 이야기를 배우고 자기 자신의 이
야기로서 그것을 살아갈 수 있게 하는 기술을
배우는 것

과정: 기독교의 이야기가 우리 자신이 될 수
있도록 의도적으로 그리고 상상적으로 다시
이야기하고, 다시 듣고, 재해석한다. 모임, 대화,
질문, 조사(탐구), 비판, 수정, 관심갖기, 공유
교회의 교육적 직무(교수직)에 대한 강조.

상황에 대한 관심

〈영성형성교육의 세 영역〉

포함하여 기도, 묵상, 선포, 찬양, 세례, 성만찬 등 은혜의 수단에 참여시키는 것들을 포괄하고, 이것은 특별히 교회의 영적지도직 spiritual direction 에 초점을 맞춘다. '가르침'은 기독교의 이야기를 듣고 그것을 각자의 이야기로 만들어가는 데 필요한 모든 질문과 기술을 포함하며, 교회의 교수직 teaching office 에 강조점이 있는 활동이다. '실천 praxis'은 세상 속에서 고통받고, 결핍이 있는 사람들을 돌보고, 사회 속의 비인간화 현상들을 인식하고 대항하는 일과 관련이 있는 활동으로서, 이것은 교회의 '예언자직'에 초점을 맞춘다. 존슨은 '예배'를 통해서 우리가 현실의 대안적 비전을 갖게 된다면, '프락시스'를 통해서 세상 속에서 그 비전을 살아내도록 하고, '가르침'을 통해서는 그렇게 할 수 있는 지식과 기술을 획득한다고 하였다.[57]

---

57 위의 책, 144

3) 영성적 인식론과 영성교육

존슨이 제안하는 영성형성을 위한 교육은 우리가 앞에서 살펴본 영성의 특징들을 전체적으로 수렴하고 있다. 그녀에게서 영성은 '초월적 하나님과의 관계'에 기초한다. 삼위일체 하나님의 지속적으로 창조하시고 구속하시는 활동에의 참여는 하나님과의 '관계'를 기초로 한다. 그리고 그녀는 그 활동에의 참여야말로 진정한 '자기-초월'의 통로라고 본다. 또한 그녀에게서 영성교육은 단순히 기도와 묵상, 하나님과의 관계 형성이라는 개인적 차원의 프로그램 제시에 그치지 않고, 세계 전체에 나타나는 삼위일체 하나님의 창조하시고 구속하시는 활동에의 참여를 지향한다. 이것은 그녀의 영성교육이 철저히 '통전성'을 지향하며, 동시에 '삶 관련성'을 추구하는 것이라 할 수 있다. 이러한 영성 개념은 그녀가 제시하는 영성교육이 세 영역 즉 '예배', '실천', '가르침'을 아우르고 있는 것에서도 발견한다.

그녀의 영성교육개념은 무엇보다 지식과 정보제공 형태의 교육을 극복하고, '형성'이 갖는 특징을 반영하는 영성교육의 방향을 제시한다. 그리고 무엇보다 그녀의 영성교육개념은 개인주의적 영성개념을 극복하고, 통전성과 삶관련성을 반영하며, 또한 이것을 그 무엇보다 기독교의 '삼위일체 하나님의 통전성'과의 관련성 속에서 전개함으로써, 영성의 특징이 삼위일체 하나님과 만났을 때 생기는 '기독교적 영성 형성 교육'의 모델을 보여준다.

존슨의 책은 파머의 책처럼 "영성적 인식론"을 전면에 내세우거나, 이론 형성의 뼈대로 삼고 있지는 않다. 그러나 그녀의 『기독교 영성 형성』에는 위에서 살펴본 대로 영성의 모든 특징들이 반영되어 있고, 그것의 근간이 되는 영성적 인식론의 특징들이 직 간접적으로 반영되어 있는 것을 발견할 수 있다.

3. 마리아 해리스의 가르침, 영성, 영성적 인식론

마리아 해리스는 영성을 본격적으로 다루는 두개의 저서, 즉 여성 영성 훈련에 관한 『영의 춤』*Dance of Spirit*[58]과 중년기 여성의 영성을 다룬 『주빌리 시간』*Jubilee Time*[59]을 출판하였다. 여기에서는 『영의 춤』에 나타난 그녀의 영성교육 개념을 살펴보려 한다. 그런데 그녀의 영성 개념을 여성의 영성으로만 본다면 그것은 그녀의 영성 개념을 축소하는 일이다. 왜냐하면 그녀에게서는 가르침 teaching 개념 자체가 영성과 불가분리로 연결되어 있기 때문이다. 따라서 이 장에서는 먼저 그녀에게 나타난 '가르침과 영성'의 관계를 살펴보도록 한다.

1) 가르침과 영성, 영성적 인식론

해리스의 『가르침과 종교적 상상력』*Teaching & Religious Imagination*[60]은 '가르침 teaching'의 '종교적 모델'을 제시하는 책이다. 그녀는 무엇보다 먼저 '가르침'에 대한 일반교육적 저술들이 가르침을 주로 '방법 technical skill'으로 보거나, '내용 content'으로 보는데, 그것이 과연 최선의 길인가를 물으면서, '대안적 비전'으로서 가르침을 "종교적 상상력"에 의존하여 볼 것을 제안한다. 그러면서 그녀는 자신은 "가르침을 하나의 '신비 mystery'로 본다."고 하였다.[61] 그녀는 가르침을 신비로 본다는 것은 무엇보다 교사가 임의적으로 가르침의 주체가 되는 것이 아니라, 먼저 "존재하는 것" 자체를 보고, 그것이 스스로 말하게

---

58 Maria Harris, *Dance of the Spirit: The Seven Steps of Women's Spirituality* (New York: Bantam Books, 1991).

59 Maria Harris, *Jubilee Time: Celebrating Women, Spirit, and the Advent of Age* (New York: Bantambooks, 1995).

60 Maria Harris, *Teaching & Religious Imagination* (New York: Harper Collins, 1987).

61 위의 책, 25.

하는 태도로부터 시작하는 것이라고 하였다. 그런 의미에서 가르침은 교사가 통제할 수 있는 것이 아니라, 존재하는 것, 혹은 "존재케 하는 존재"에 달려있는 것이기에, '신비'의 영역에 속하는 것이라고 하였다. 가르침은 그 신비에로 자신을 개방하는 것으로부터 시작되는 것이고, 따라서 그것은 '수동성 receptivity'의 태도를 요청하는 것이라고 하였다.[62] 이 같은 해리스의 가르침 개념은 '영성'이라는 단어를 사용하지 않고도 그의 가르침이 영성적 인식론의 '수동성'과 '개방성'의 개념을 기초로 하고 있다는 것을 나타내준다.

해리스는 『여성과 가르침』 Women and Teaching 에서는 이에서 더 나아가 가르침과 영성의 뗄 수 없는 관계를 직접적으로 언급한다. 이 책에서 그녀는 먼저 영성에 대해 정의하기를 "영성은 우리가 세상에서 존재하는 방식이요, 행동하는 방식으로서, 그것은 신적 신비 안에 뿌리내리고, 그에 의해 터치되고, 유지되고, 밝혀지는 빛 안에서 생겨난다."[63]라고 하였다. 먼저 이 정의 안에서 우리는 초월적 존재인 신적 신비에의 '개방성'과 '수동성', 그리고 '세상'이라는 장 전체를 바탕으로 하는 '삶 관련성', '육화하는 인식', 그리고 '연결성'의 개념들이 나타나고 있는 것을 발견한다.

그런데 그녀는 그에 연결하여 '가르침 teaching' 또한 우리가 '세상에서 존재하는 방식'이고, 이것도 하나님의 신비의 빛을 향하여 서 있다고 하였는데, 이것은 가르침 안에서 우리가 언제나 영 spirit 과 관계하기 때문이라고 하였다. 그녀는 "우리가 가르치고 배울 때에, 모든 다른 일을 할 때와 마찬가지로, 어떤, 거룩하고, 놀랍고, 신성하고, 더 높은 어떤 존재의 현존 안에 있다."고 하였다. 그녀는 또한 "나는 가르침을 종교적 행동, 성례전적 행동, 거룩한 행동으로서 보기를 원한다. – 나는 가르침을 영성의 형태로 본다."[64]라고 하였다.

---

62 위의 책, 25.
63 Maria Harris, *Women and Teaching* (Mahwah: Paulist Press, 1988), 12.
64 Maria Harris, *Teaching & Religious Imagination* 9, 12.

해리스는 이처럼 가르침을 결코 테크닉이나 완성된 지식의 전달에 그치는 것으로 보지 않고, '신적 신비'와 만나는 자리, 그래서 '계시'의 자리가 되고, 능력을 부여받는the grace of power 자리가 되며, 결국은 세상을 '재창조 re-creation' 하는 일에 참여하도록 인도하는 자리가 된다고 보았다. 그녀의 책 『가르침과 종교적 상상력』은 바로 이러한 점을 전체적으로 다루고 있다.[65] 그런데 이와 같은 그녀의 가르침에 대한 이해는 "신적 신비와 만나 우리의 존재양식과 행동양식이 생겨나는 것"이라고 했던 그녀의 영성 정의와 정확히 일치한다. 즉 그녀가 "가르침은 그 자체로 영성적 활동이다."라고 말한 것이 여기에서도 확인된다.

2) 『영의 춤』에 나타나는 영성훈련

해리스의 책 『영의 춤』은 여성의 영성에 관한 책으로서, 이 책에서 그녀는 특별히 우리의 영적 삶을 역동적이게 하기 위한 일곱 개의 스텝들을 제시한다.[66] 이 스텝들은 여성 영성형성의 핵심개념들이기도 하고, 또 실제적인 영성훈련을 위한 단계이기도 하다. 본 서에서는 각 단계의 특징만을 간단하게 살펴보도록 한다.

"각성하기awakening"는 영적 눈이 열리는 순간이고, 우리의 영혼은 춤을 추기 시작하는 순간이다. 해리스는 각성은 우리의 감각적 집중으로 시작되고, 그래서 그것은 우리의 육체로부터, 육체를 인정하고 사랑하는 것으로부터 시작된다고 하였다.[67] 그녀는 우리가 몸을 사랑하게 되면, 이 태도는 우리의 몸을 넘어 우리의 영에게로 스며들어가, 육체와 영 사이의 연결을 일깨우

---

65 위의 책, 3.
66 Maria Harris, *Dance of the Spirit: The seven Steps of Women's Spirituality*.
67 위의 책, 8.

고, 하나님, 타인들, 세상의 모든 것들에로 가는 길을 만든다고 하였다.[68] "발견하기 discovering"는 영성의 형태를 찾아가는 활동 movement 으로서,[69] 어둠에 있던 것을 빛으로 개방하고, 그것으로부터 우리 자신에 대한 잘못되고, 편협한 개념들을 부수고, 진정한 자신의 존재를 출현시키는 단계이다. "창조하기 creating"는 앞 단계에서 발견한 것을 삶 속, 즉 우리의 시간, 우리의 세계 속에 구체적으로 형태를 부여하는 단계이다.[70] "머물기 dwelling"는 앞에서 발견하고 창조한 것 안에서 우리 영혼이 '쉬는 rest' 단계로서,[71] 이 단계에서 우리는 가면을 벗어던지고, 하나님과 함께하고, 그리고 타인들과 함께 하게 된다. "양분주기 nourishing"는 우리의 영에 양분을 공급하는 단계인데, 이것은 보통 기도나 묵상 등의 "훈련 disciplines"이라 불리는 과정으로서,[72] 이것은 개인적, 공동체적, 그리고 통합적인 차원에서 이루어 질 수 있다. "전통화하기 traditioning"는 뒤에 오는 세대, 즉 자녀, 후배, 혹은 다른 여성들에게 그들 나름의 영성을 가질 수 있도록 전통을 전승해 주는 단계이다.[73] "변형하기 transforming"는 자신과 자신의 가정을 넘어서서 온 우주를 염려하는 데로 넘어가는 순간이다. 따라서 이 단계에서 우리는 개인적으로도 새로운 존재가 되지만, 동시에 세상을 새롭게 변화시키는 사람으로 서게 된다.[74]

3) 해리스의 가르침, 영성, 영성적 인식론

해리스의 『영의 춤』은 그녀의 '영성'이해와 '가르침' 이해가 어떻게 실

---

68 위의 책, 11.
69 위의 책, 30.
70 위의 책, 58.
71 위의 책, 86.
72 위의 책, 114.
73 위의 책, 145.
74 위의 책, 179.

제적 여성 영성 훈련에 반영되어 나타날 수 있는지를 보여주는 책이다. 이 책에서 제시하는 7스텝은, 먼저 신적 신비 안에서 자신의 영성의 형태를 찾아가는 것으로 시작하지만, 그것을 삶에 구체적 형태로 육화하고, 더 나아가 다른 사람들에게 전통화하며, 궁극적으로는 세계와 우주를 변형하는 일에 참여하는 것에로 나아간다. 이것은 앞의 『가르침과 종교적 상상력』이 가르침을 우리가 신비와 만나 '계시'를 체험하고, '능력'을 부여받으며, 결국 '세상을 재창조'하는 일에 참여하게 되는 과정으로 제시하고 있는 것과 거의 같은 흐름이라고 할 수 있다. 즉 그녀의 가르침 개념과 여성영성을 위한 7스텝은 모두 '신적 신비 안에서 우리의 존재양식과 행동양식'을 형성해 가는 과정이라는 '영성'이해를 공유하고 있다.

그렇게 보았을 때에 해리스의 가르침 개념이나 7스텝으로 제시되는 영성훈련의 모델은 영성 개념과 그 안에 내재된 영성적 인식을 반영하는 모델이라 할 수 있다. 우리는 그녀에게서 어떻게 영성적 인식론이 가르침과 구체적인 영성훈련의 모델로 육화되는지를 발견한다.

IV. 맺는 말

위에서 우리는 파커 파머, 수잔 존슨, 그리고 마리아 해리스의 영성교육 개념을 살펴보았다. 파머가 영성적 인식론을 기반으로 하는 일반적 영성교육을 제시하였다면, 수잔 존슨은 삼위일체 하나님과의 관계를 바탕으로 하는 기독교적 영성형성 개념과 교회의 영성형성 교육 모델을 제시하였다. 해리스는 '종교적 가르침'의 본질을 영성과의 관계에서 제시하였고, 아울러 여성을 위한 영성훈련 모델을 제시하였다.

이처럼 이들은 각각 상이한 영역에 대한 관심을 나타내고 있지만, 그럼에도 불구하고 이들에게서 우리는 공통점을 발견한다. 즉 객관적 지식의 전수가 아닌, 개인의 내면과 관련 있는 "인격성"을 추구하고 있다는 것, 그리고 무엇보다 "초월적 존재(진리, 신적 신비)"가 교육의 주체가 됨을 인정하고 그에 대한 "개방성"과 "수동성"의 교육개념을 추구하고 있다는 것, 그리고 세상 전체를 아우르는 영성 교육개념을 추구하는바, 하나님과의 관계뿐만 아니라, 사람들과의 관계, 창조 세계 내의 모든 것과의 관계를 아우르는 "연결성"을 기반으로 하고 있다는 것, 영성을 단순히 묵상이나 기도의 차원으로 보지 않고 결국은 "삶에로의 육화"를 지향하고 있다는 것은, 그들의 상이성에도 불구하고 발견하게 되는 공통점이라 할 수 있다.

이와 같은 점을 바탕으로 해서 보았을 때에, 인격성, 개방성, 수동성, 삶에로 육화, 연결성과 같은 영성적 인식의 특징들은 곧 영성교육을 영성교육되게 하는 방향이라고 할 수 있으며, 그런 면에서 이 요소들은 모든 영성교육이 추구해야 할 핵심 개념들이라고 할 수 있겠다.

3
장

해석학적 인식론과

기독교교육

Ⅰ. 들어가는 말

기독교교육은 학습자로 하여금 성경을 비롯한 기독교 전통을 만나게 하고, 이를 통해 자기이해 및 삶의 변형이 일어나도록 하는 것에 초점을 맞추는 활동이다. 즉 기독교교육은 과거의 전통과 현재의 학습자를 매개하여 현재와 미래의 삶을 이끌어갈 해석의 사건이 일어나게 하는 일이라고 할 수 있다. 그렇게 보았을 때 기독교교육은 해석학과 뗄 수 없이 연결되어 있다고 할 수 있는데, 그것은 해석학이 우리가 텍스트를 만나 우리 자신을 이해하고 변형하게 되는 사건을 "해석"의 사건으로 보고 있기 때문이다.

따라서 본 서에서는 우리가 텍스트와 만났을 때에 우리의 존재 자체와 삶이 변화된다는 것에 초점을 맞추는 해석학적 인식론을 살펴보고자 한다. 해석학은 원래 고전의 문헌해석이나 법전해석 등에 주로 쓰이던 '해석의 기술'이었다. 그러나 그것이 현대로 들어오면서 단순히 문헌해석의 방법으로서만이 아니라, 보다 근본적으로 우리의 인식의 현상을 설명하고, 또한 우리의 인식과 존재 간의 관계를 해명하는 철학의 한 분야가 되었다. 더 나아가 그것은 성경을 비롯한 기독교 전통을 오늘의 상황 속에서 해석하고, 그를 바탕으로 개인과 사회를 변화시키는 것에 관심을 갖는 성서해석학이나, 기독교신학, 그리고 기독교교육에 결정적인 방향을 제시하는 역할을 하고 있다.

본 서에서는 먼저 해석학의 인식론적 특성들을 여러 현대 해석학자들을 중심으로 살펴본 후, 해석학의 인식적 특성들이 기독교교육에게 어떠한 함의를 갖는지 해석학적으로 기독교교육에 접근하고 있는 학자들을 중심으로 살펴보고자 한다.

Ⅱ. 해석학적 인식론

해석학적 인식론은 현대의 대표적 해석학자들, 즉 슐라이어막허 Fr. Schlei-ermacher, 딜타이 W.Dilthy, 하이데거 M. Heidegger, 가다머 H. G. Gadamer, 하버마스 J. Haber-mas, 리꾀르 P. Ricoer 들에게서 폭넓게 나타난다. 따라서 본 서에서는 이들의 이론 안에 들어 있는 해석학적 인식론을 해석학적 인식론의 핵심개념을 중심으로 재구성해보도록 한다.

1. 앎과 삶

해석학적 인식론이 갖는 가장 핵심적 특징은 그것이 우리의 앎의 현상을 우리의 삶과 분리해서 보지 않는다는 것에 있다고 할 수 있다. 고전적 인식론의 경우 인식은 우리의 관념이나 감각과 같은 절대적 출발점으로부터 시작된다고 보지만, 해석학적 인식론은 그런 것들 이전에 이미 우리의 삶이 우리 이해의 전 구조를 이루고 있고, 여기에서부터 인식이 이미 시작된다고 본다.[1] 왜냐하면 우리는 이미 우리의 삶 속에 존재하고 있고, 세계 속에 던져져 있기에 우리의 앎은 삶 속에서 언제나 이미 시작되기 때문이라는 것이다.

예를 들어서 로크적 "경험론"이 절대적 감각이 백지와 같은 우리의 마음에 이미지를 주면서 우리의 인식이 시작된다고 본다면, 해석학은 그 감각

---

1   Otto Friedrich Bollnow, *Philosophie der Erkenntnis: Der Vorverständnis und die Erfahrung des neuen*, 백승균 역, 『인식의 해석학』 (서울: 서광사, 1993), 25 이하.

조차도 우리의 삶의 경험에 의해서 언제나 이미 영향을 받는다고 본다. 예를 들어 눈을 많이 접하는 에스키모인들은 단순히 눈을 희다고 보지 않고, 눈의 다양한 색깔을 감지한다고 한다. 흰 눈, 누런 눈, 투명한 눈, 탁한 눈 등, 눈의 다양한 색깔을 감지한다는 것이다. 이것은 에스키모인들의 삶의 경험이 그들의 색을 구별하는 감각에 이미 영향을 미친 것이라고 할 수 있다. 이 같은 현상은 미각을 보았을 때에 더욱 두드러진다. 우리는 다른 문화권의 음식이나 향신료들의 맛을 알 수 있는 감각이 없다. 그러나 그것을 계속 접하면 그것을 느낄 수 있는 감각이 생긴다. 이런 것 또한 우리의 감각이 우리의 삶의 경험으로부터 영향을 받는 결정적 예라고 할 수 있다. 해석학은 모든 사람들에게 동등한 절대적 감각으로부터 인식이 출발하는 것이 아니라, 그것에 '언제나 이미' 영향을 미치고 있는 삶으로부터 인식이 출발한다고 본다.

로크적 경험론이 절대적 감각으로부터 우리의 인식이 출발한다고 보았다면, 데카르트적 "관념론"은 사고하는 '나'가 인식의 절대적 출발점이라고 보았다. 내가 사고의 주체이고, 나 외의 모든 사물들과 타인들은 나의 사고의 대상이 된다는 것이다. 그러나 인식하는 '나'는 모든 나 외의 것으로부터 독자적으로 존재하는 것이 아니라, 그것과의 관계에 참여하면서 '나'가 된다. 우리는 타인을 객관적으로 아는 것과 그와 관계를 맺으며 아는 것은 차원이 달라진다는 것을 안다. 사랑하며 아는 것과 단지 그 사람에 대한 정보를 아는 것과는 천지차이이다. 마찬가지로 하나님에 대한 객관적 지식이 있는 것과 하나님과의 관계 안에 참여하면서 하나님을 알게 되는 것은 본질적으로 다르다. 이 말은 하나님과의 관계라고 하는 우리의 존재상태로부터 하나님을 알게 되는 인식의 현상이 영향을 받는다는 것을 의미한다. 그런 의미에서 데카르트가 말한 "코기토 에르고숨"이라는 명제는 오히려 뒤집어서 생각할 수 있다. "나는 사고한다, 고로 나는 존재한다"이기보다, "나는 존재한다 고로 나는 사고한다"라고 할 수 있다. 우리의 존재가 우리의 사고를 낳는다는 것이다. 인식에 어떤 절대적 출발점이 있는 것이 아니라, 우리의 존재에 따라서 사고의 방향이 달라진다.

우리는 언제 사고하게 되는가? 필요가 우리를 사고에로 부르지 않는가? 우리는 모든 것이 잘 돌아가고 풍부하고 걱정이 없을 때 사고하기 보다는 오히려 결핍과 빈곤과 어려움의 순간에 사고를 시작하지 않는가? 습관적으로 해 왔던 것이 갑자기 안 될 때, 당연하던 것이 한계에 부딪혔을 때, 그럴 때 우리는 사고를 시작하지 않는가? 존 듀이 John Dewey 는 "우리의 사고는 습관이 저지되는 순간에 충동의 쌍둥이 자매로서 탄생한다"[2]라고 말했다. 즉 우리의 사고는 삶의 습관이 마찰 없이 진행될 때가 아니라 습관이 저지될 때 비로소 시작된다는 것이다.[3] 습관이 저지되어 어떻게든 삶을 영위해야한다는 충동이 우리를 사고하게 만든다는 것이다. 피아제 J. Piaget 의 인지발달이론에서 볼 때에도 우리의 앎이란 언제나 새로운 환경을 맞닥뜨릴 때, 기존 인지의 틀(쉐마)에 '동화'시켜보려는 노력으로 시작되고, 그것이 여의치 않을 때 결국 인지의 틀을 '조절'함으로써 인식의 평정상태에 도달하려는 인지적 충동에서 생기는 것이다.

비슷한 맥락에서 베르그송 H. Bergson 도 "우리는 행동하기 위해서만 사유한다"고 하였다.[4] 즉 우리의 사유란 행동하기 위한 하나의 수단일 뿐 사유만을 위한 사유는 없다는 것이다. 그렇게 보았을 때 그는 "이론-실천"의 관계도 이론이 먼저이고 실천이 나중에 오는 것이 아니라 실천이 먼저이고 그를 바탕으로 이론이 오는 것이고, 그렇기 때문에 이론과 실천은 상호 순환관계 안에 있다고 하였다. 그래서 그는 우리가 인간을 순수하게 사고하는 존재 "호

---

2 John Dewey, *Die Menschliche Natur, Ihr Wesen und ihr Verhalten*, trans. P. Sakman, (Stuttgart/Berlin, 1931), 176.
3 Otto Friedrich Bollnow, 『인식의 해석학』, 72.
4 H. Bergson, *Schöpferische Entwicklung*, trans. Kantorowicz (Jena, 1921), 50.

모 사피엔스^{homo sapiens}"로 보기보다는 도구적 존재인 "호모 파베르^{hommo faber}"로 보는 것이 옳다고 하였다.[5] 인간이란 이성의 소유자이기 때문에 인간인 것이 아니라, 실천적 능력을 통해서 도구를 사용할 수 있기 때문에 인간이라는 것이다.

이러한 사실들은 모두 인간에게 있어서 삶은 인식의 출발점이며, 인식은 또한 삶을 위해 존재하는 것으로서 앎과 삶은 서로 "순환관계"에 있다는 것을 증명해 준다. 해석학적 인식론은 고전적 인식론에서처럼 어떤 확고부동한 인식의 출발점이 있다고 보는 것이 아니라, 우리의 삶이 이미 인식이 시작되기 전에 인식에 영향을 미치고 있다고 봄으로써, 고전적 인식론에 대한 새로운 인식론적 패러다임을 제시하였다. 해석학적 인식론의 출발은 우리가 "언제나 이미^{immer schon}" 이해하고 있다는 것이다. 우리의 삶이 우리 이해의 전구조를 이루고 있어서 우리의 인식은 언제나 이미 삶 속에서 시작되었다는 것이다. 세계 속에 던져져 있는 우리는 단순히 물리적 세계 속에만 있는 것이 아니라, 의미의 세계 속에 던져져 있다. 그 세계 속에서 우리의 앎은 언제나 이미 시작되어 있다. 그래서 우리의 앎에는 절대적 출발점이 아닌, '언제나 이미'가 있을 뿐이다.[6] 해석학에서 앎은 언제나 삶과 순환관계에 있다.

2. 전이해와 지평융합

해석학적 인식론은 삶 속에서 이미 형성된 이해의 전구조를 "전이해"라고 부르면서 이것을 이해에 있어서 필수 불가결한 요소로 본다. 그간 전이

---

5   위의 책, 144.
6   Otto Friedrich Bollnow, 『인식의 해석학』, 39.

해는 주로 선입견이나 편견과 같이 이해의 과정에서 극복되어야 할 부정적 요소로 간주되어 왔다. 가다머 H. -G. Gadamer 도 전이해 Vorverstaendnis, Verurteil 는 계몽주의 이후로 부정적 의미로 폄하되어 왔다고 하면서, 그것은 주로 잘못된 방식의 편견으로서 자유롭고 명백한 이해를 저해하는 요소를 지칭할 때에 사용되어 왔다고 하였다.[7] 그러나 가다머를 비롯한 모든 현대해석학자들은 전이해야말로 본격적 이해가 일어나기 전 단계의 이해로서 이해를 위해 필수 불가결한 단계로 평가한다. 볼노 Fr. Bollnow 도 "전이해는 본래 명백한 이해 이전에 있는 이해이고, 아직 전개되지 않은 이해의 전 형태"로서 그것은 이해의 한 과정이라고 강조한다.[8] 그는 전이해가 단순히 이해의 전 단계로서만이 아니라 분명한 이해로 방향을 이끌어가는 일종의 오리엔테이션이라고 하였다. 그는 전이해는 "아직 전개되지 않은 이해의 형태지만 결코 무력한 것이 아니고, 오히려 은폐된 상태로서 가장 강력한 작용을 전개하는 이해의 한 과정"이라고 하였다.

가다머는 우리의 인식은 삶으로부터 시작되는 것이기에 그것은 진제 없이 이루어질 수 없다고 하였다. 그는 전이해란 단순히 한 사람의 삶의 이야기를 기반으로 형성된 것이 아니라, 우리의 삶이 속하는 역사와 문화를 기반으로 형성되는 것이라고 하였다. 따라서 개인의 전이해는 개인의 판단 넘어 개인이 속한 역사적 현실을 반영하는 것이라고 하였다:

> 우리가 우리 자신을 이해하기 훨씬 이전에 우리는 우리 자신을 우리가 살고 있는 가정과 사회 그리고 국가에서 이미 이해하고 있다. … 그러므로 개개인의 전이해는 개인의 판단 그 이상으로 그 개인 존재의 역사

---

7   H.-G. Gadamer, *Wharheit und Methode* (Tübingen: Mohr, 1960), 255.
8   Otto Friedrich Bollnow, 『인식의 해석학』, 162.

적 현실이다[9]

즉 그는 우리가 우리 자신을 독자적으로 이해하기 이전에 이미 우리가
속하는 역사적 상황 속에서 이해하는 것이기에 전이해란 인간이 역사적 존
재인 한 피할 수 없는 것이라고 보았다. 가다머는 우리가 특정의 역사적 정
황 속에서 사는 것은 곧 우리의 이해 또한 유한성과 역사성을 가질 수밖에
없게 하는 것이라고 하면서, 이 유한성은 그러나 어떤 결핍상태이거나 극복
되어야 할 부족상태가 아니라, 우리의 이해의 기반이 되는 것이라고 하였다.

이러한 맥락에서 가다머는 전이해란 이해에 있어서 일종의 "지평 Hori-
zont"이라고 칭했다. 우리가 땅이 없으면 서 있을 수 없는 것과 같이 우리의
전이해는 우리가 거기에 서서 이해를 시작할 수 있는 지반과 같다는 것이다.
그는 또한 우리가 어떤 지평에 서 있는지를 알면, 자신의 눈높이를 알 수 있
고, 또한 자신의 눈높이를 넘어서 볼 수 있게 되는 것처럼, 이해에 있어서도
자신이 서 있는 지평을 알면, 그것이 우리를 더 높게, 더 넓게 볼 수 있게 한
다고 하였다. 그래서 그는 지평이란 "멀리봄 Weitsicht"과 다름 아니라고 하였
다. 지평을 획득한다는 것은 자기에게 가까운 것을 넘어서 보는 법을 배우는
것을 뜻하기 때문이라고 하였다:

> 지평을 갖지 않는 사람은 충분히 넓게 보지 못하는 사람이다. 그래서
> 그는 그에게 가까이 있는 것을 과대평가하게 된다. 이와는 달리 지평을
> 갖고 있다는 것은 결코 가까운 것에만 자신을 제한시키는 것이 아니라
> 오히려 그것을 넘어설 수 있음을 의미한다. 지평을 가진 사람은 그 지
> 평 안에서 모든 사물의 의미를 가깝든 멀든, 크든 작든 간에 바르게 평

---

9 H. -G. Gadamer, *Wharheit und Methode*, 261.

가하게 된다.[10]

더 나아가 가다머는 해석의 사건을 일종의 "지평융합 Horizontverschmelzung" 이라고 칭하였다. 즉 우리에게 이해의 지평이 있듯, 텍스트도 텍스트 나름의 지평을 가지고 있는데, 해석의 사건이란 두 지평 사이의 의사소통을 매개로 하여 일어나는 지평간의 융합이 일어나는 사건이라는 것이다. 가다머는 "해석"은 해석자의 지평이 텍스트의 지평과 만나 융합이 일어나는 하나의 사건 이라고 본 것이다. 지평융합의 개념에 있어서 우리가 함께 주목해야 할 개념 은 그의 "영향사 Wirkungsgeschichte"와 "영향사의식"의 개념이다. 가다머는 텍스 트로 표현되는 전승과 전통은 시간적 간격에도 불구하고 단순히 과거사로 남는 것이 아니라, 우리의 현재의 삶과 사고에 영향을 미치는 힘이 있는데, 이것을 "영향사"라고 하였다.[11] 그리고 "영향사의식"이란 그러한 영향사를 인정하고 전통과 전승에 자신을 개방하는 태도를 말한다고 하였다. 영향사 의식은 텍스트를 단지 과거에 있는 객관적인 타자로 파악하지 않고 전통을 통해서 영향을 주고, 말 걸어오는 상대자로 파악할 뿐만 아니라, 자신의 현재 지평을 진리의 절정으로 간주하지 않고, 전승이 우리에게 말하는 것에 귀 기 울이며 전승의 지평에 우리의 지평을 융합하는 태도라는 것이다. "영향사의 식"은 다른 말로 하면 텍스트의 진리가 요구하는 바에 대해서 자신을 열어놓 는 태도라고 할 수 있다:

> 우리의 영향사적 의식이 역사적 지평으로 몰입해 들어가게 되면, 이것
> 은 우리들 자신과 상관없는 낯선 세계로 멀어져 가는 것이 아니라, 오

---

10 위의 책, 286.
11 김영한, 『하이덱거에서 리꾀르까지』 (서울: 박영사, 1987), 258.

히려 낯선 세계와 자기 자신의 세계가 하나가 되어 안으로부터 움직이는 더 큰 지평을 형성하는 것이다. 따라서 이 지평은 현재 지평의 한계를 넘어서 우리 자신의 자기의식의 깊은 역사를 포섭하는 것이다.[12]

그렇게 보았을 때에 가다머에게 있어서 텍스트의 지평과 해석자의 지평간의 만남을 통해서 이루어지는 "지평융합"의 현상은, 텍스트, 즉 전통과 전승이 가지고 있는 영향사적 힘을 인정하고 자신을 개방하는 "영향사의식"이 함께 작용하는 것이라고 할 수 있다. 따라서 그는 우리가 지평을 갖는다는 것은 "전통에 대하여 자세를 갖게 되는 것"이라고 하였다.[13]

이 같은 점을 바탕으로 해서 보았을 때, 해석학적 인식론은 우리의 인식이 언제나 '전이해'라고 하는 역사적, 문화적 기반으로부터 오는 이해의 전구조에서부터 시작된다는 것을 밝히지만, 단순히 '역사적 상대주의'의 입장을 취하는 것은 아니라고 할 수 있다. 역사적 상대주의란 한 시대에 존재했던 인간의 의식은 그가 속한 시대와 역사의 바탕에서 형성되는 것이기에 시대에 따라 다르고, 따라서 그것은 절대적이 아니라 상대적이라고 하는 입장을 취한다. 해석학도 마찬가지로 인간의 앎이란 인간이 속한 역사적 문화적 배경 위에서 일어나는 것이기에, 어떠한 사상도 초시간적이고 초공간적 절대적 진리가 될 수 없다고 하는 생각을 역사적 상대주의와 공유한다. 그럼에도 불구하고 해석학이 '역사적 상대주의'가 아닌 것은 위에서 살펴본 대로 전통이 가지고 있는 영향사적 힘을 인정하고 그것에로 자기를 개방하는 '영향사의식'을 기반으로 하여 전통과의 지평융합을 추구하기 때문이다. 이와 동시에 해석학적 인식론은 객관주의적 인식론을 비판하지만, 그렇다고 해서

---

12 H.-G. Gadamer, *Wharheit und Methode*, 288.
13 위의 책, 286.

'주관주의적 인식론'을 지향하는 것 또한 아니라는 것을 알 수 있다. 해석학적 인식론은 전이해 지평 안에 녹아 있는 역사적이고 문화적인 "상호주관성 intersubjektivität"을 인정하고, 무엇보다 전통 안에 이미 존재하는 '상호주관성' 및 전통과의 지평융합과정에서 일어나는 '상호주관성'을 기반으로 하는 인식론적 특징을 갖는다고 할 수 있다.

3. 해석과 자기이해, 자기변형

해석학적 인식론은 인식의 현상을 단순히 인식대상에 대한 정보를 습득하게 되는 것으로 보지 않고, 인식자의 자기이해와 자기 변형에 직접적으로 영향을 미치는 것으로 본다. 가다머의 경우 '지평융합'의 과정에서 '몰입'과 '배제' 그리고 '적용'의 단계들이 나타난다고 하는 것을 제시한 바 있다.[14] '몰입'이 해석자가 스스로를 텍스트의 지평에 몰입시킴으로써 다자의 타자성과 개체성을 의식하게 되는 단계라면, '배제'는 자신을 규정짓고 제한하기도 하는 전이해로부터 자신을 배제시킴으로써 텍스트의 지평에 자신을 여는 단계라고 하였다. 그리고 '적용'의 단계는 해석자가 텍스트의 주도적 요구에 스스로의 입장을 재조정하는 과정이라고 하였다. 즉 적용의 과정에서 해석자는 텍스트의 지배적 요구에 자신을 합치하면서, 자신의 이해를 변화시키게 된다는 것이다. 그런 의미에서 해석은 단순히 인식론적 차원에서 그치는 것이 아니라, 존재론적 의미를 갖게 되는데, 이해를 통해 해석자는 새로운 자아이해에로 열리게 되고 자아의 변형을 이룸으로써 존재적 변화가 일어나기 때문이라는 것이다.

14　위의 책, 288이하.

이 같은 가다머의 생각은 리꾀르의 해석학에서도 비슷하게 나타나고 있는 것을 볼 수 있다. 리꾀르Paul Ricoeur는 해석 대상으로서의 '텍스트'는 그 자체로 독자적 의미를 갖는다고 보았는바, 그는 텍스트가 문자화되어 세상에 탄생하는 순간, 그것은 저자의 의도나 해석자의 기대를 넘어서서 텍스트 자체의 독자적인 세계기획을 갖게 된다고 보았다: "텍스트에 의해서 개방되는 사상은 저자의 의도나 독자의 느낌이나 기대가 아니라 텍스트 자체의 의미이다"[15] 따라서 리꾀르는 해석이란 일차적으로 텍스트가 말하는바, 텍스트의 고유한 언어세계와 사고세계를 해석하는 텍스트지향적 해석방법을 추구해야한다고 하였다. 이를 위해서 그는 무엇보다 먼저 "소격화"가 필수적이라고 보았다. 초기의 해석학이 슐라이어막허의 '추체험' 개념처럼 해석자가 텍스트의 의미에 참여하여 해석자와 텍스트 사이의 간극을 좁히는 것에 초점을 맞추었다면, '소격화'는 그와 반대로 일종의 '거리두기'로서 해석자와 텍스트 사이에 거리를 둠으로써 텍스트 자체가 가지고 있는 이해의 선구조가 독자의 전이해나 기대에 속박됨 없이 일어나게 하는 과정이다. '소격화'과정에서 리꾀르는 기존의 해석학, 특별히 딜타이가 자연과학의 방법론으로 규정하였던 소위 "설명"의 방법을 다시 수용함으로써 텍스트 고유의 세계기획을 밝혀야한다고 보았다. 일찍이 딜타이는 "자연과학은 설명하고 인간의 정신현상은 이해한다"고 하면서, 자연과학은 일반적 법칙에 도달하기 위한 방법으로서 '설명' 방법을 동원해야 하지만, 인간의 정신현상이 갖는 개별성을 이해하기 위해서는 '공감'을 추구하는 '이해'의 방법을 동원해야 한다고 보았다.[16] 따라서 딜타이는 자연과학의 방법론인 '설명'의 방법을 인간의 정신현상을 파악하기 위해서 동원하는 것은 잘못되었다고 보았었다. 그런데 리

---

15 Paul Ricoeur, *Interpretation Theory, Discourse and Surplus of Meaning, Fort Worth* (Texas: Texas Christian University Press, 1967), 31.

16 Wilhelm Dilthey, *Gesammelte Schriften Bd. V* (Leipzig/Berlin, 1824), 144.

꾀르는 '소격화'를 위해서 다시 '설명'을 수용할 것을 주장하면서, '설명'이야 말로 해석자가 스스로 익숙한 자아, 자기중심성과 자기환상으로부터 벗어나는 통로가 된다고 하였다.

여기서 우리가 주목할 것은 리꾀르의 해석학이 여기에서 끝나지 않는다는 것이다. 그는 '소격화'를 통해서 이루어진 텍스트 자체의 의미와 세계기획은 결국 "전유Aneignung"를 통해서 해석자의 것이 된다고 하였다. '전유'는 '소격화'에 의해 확인된 텍스트의 낯선 세계기획과 만나는 과정으로서, 이 과정에서 독자는 텍스트의 세계기획을 통해서 자신을 새롭게 이해할 수 있는 능력을 받게 된다고 하였다. 그런 의미에서 리꾀르는 전유란 곧 텍스트 앞에서의 "자기이해"와 같은 것이라고 하였다.[17] 리꾀르는 '소격화'를 통해서 해석자가 자기 자신으로부터 거리를 두고 자기중심적이고 자기환상적 자아로부터 탈피한다면, 또한 '전유'를 통해 텍스트가 지시하는 세계 앞에서 자기이해의 확대와 자아변형으로 응답하게 된다고 하였다. 그에게서 '소격화'가 일상적인 것에 대하여 거리를 두는, 즉 당연한 것을 낯선 것으로 만드는 작업이라면, '전유'는 낯선 것을 자신의 것으로 만드는 이해의 과정인데, 그런 의미에서 뢰꾀르의 해석학은 '소격화'와 '전유'의 변증법이라고 할 수 있다.

이와 같이 '인식'과 '존재'를 불가분리의 관계에서 보고 있는 가다머와 리꾀르의 해석학적 개념은 일찍이 해석학적 인식론을 존재론적으로 접근하였던 하이데거Martin Heidegger에게서 기인한다고 할 수 있다. 하이데거는 이해란 "우리의 존재가능성을 파악할 수 있는 능력"이라고 하였다. 그는 모든 우리의 인식이 우리의 존재가능성을 파악하는 길이라고 하기 보다는 "이해(해

---

17 Paul Ricoeur, "Philosophische und Theologische Hermeneutik," *Zur Hermeneutik religiöser Sprache* (München, 1974), 33.

석)"가 우리를 존재 가능성에로 인도한다고 하였다. 그는 실존주의 철학자로서 인간이 "비본래적 존재"와 "본래적 존재"라는 두 양태 사이를 오가는 존재로 보았다. 이것을 이해하기 위해서는 실존주의자들이 말하는 '실존'의 개념을 이해할 필요가 있는데, 이들에게 실존의 순간이란 "자신이 자신과 관계 맺는 순간"이라고 할 수 있다. 그렇게 보았을 때에 "비본래적 존재"는 실존의 순간 없이 그저 목숨을 부지하고 사는 존재의 양태를 지칭한다면, "본래적 존재"란 "실존"의 순간과 거의 동의어로서 비본래적 상태를 초월하고 가능태로 주어진 자기 자신에로 고양되는 순간을 지칭한다. 그래서 하이데거는 본래적 존재를 '가능적 존재' Seinkönnen 라고 칭하였는데, 실존의 순간 인간은 가능적 존재로 고양되기 때문이라고 하였다:

> 실존은 이해 Verstehen 의 현상으로서 자신의 존재를 가능성을 향해 던진다. 이 가능성을 향해 이해하는 존재는 그러한 모든 가능성이 열려져 있는 현존재 속으로 돌아옴으로써 그 자체가 하나의 가능적 존재로 된다. 이해라고 하는 기투 Entwerf 는 스스로를 형성하는 자기 자신의 가능성을 가진다. 이러한 이해의 형성을 우리는 해석 Auslegung 이라고 한다.[18]

위의 인용구에서 나타나고 있는 것과 같이 하이데거는 '이해'를 곧 '실존'의 순간으로 보았고, 그 순간 우리의 존재는 가능적 존재에로 나아간다고 본다. 이것은 이해가 우리의 존재와 뗄 수 없다는 것을 단적으로 증명해 준다. 그에게서 이해는 인간에게 존재를 해명하며, 깨닫지 못하였던 자기 존재를 발견하게 하고, 새로운 존재에로 변화되도록 하는 통로가 된다. 하이데거의 해석학을 "존재의 해석학"이라고 부르는 이유가 여기에 있다. 그에게서

18　Martin Heidegger, *Sein und Zeit* (Tübingen, 1953), 148.

인식론은 존재론과 뗄 수 없이 연결되어 있다.

위에서 살펴본 해석학자들, 가다머, 리꾀르, 그리고 하이데거는 모두 인식의 현상이 인식자의 자기이해와 자기변형에 깊숙이 관여한다고 보는 것에 공통점이 있다.[19] 이 같은 고찰들을 바탕으로 해서 보았을 때, 해석학적 인식론은 인식의 현상을 인식자의 존재와 함께 본다는 것을 알 수 있다. 그들에게 있어서 앎은 인식자의 존재 자체를 변화시키고, 인식자는 인식대상인 '텍스트'의 타자성에 자신을 열고 자신의 한계를 넘어서서 자기-변형과 자기 해방을 가져오는 사건이다. 해석학적 인식론은 인식자의 삶의 경험을 바탕으로 한 전이해로부터 인식이 시작한다고 보지만, 동시에 그것은 해석의 대상, 즉 텍스트 자체의 독자성과 타자성이 인식자를 전이해의 제한으로부터 넘어서서 새로운 존재변화에로 이끌어가는 현상이 됨을 밝혔다.

4. 전통, 텍스트, 성경해석

현대적 해석학이 시작되었을 때에 그것은 일차적으로 텍스트를 해석하는 "방법"에 초점을 두었다. 슐라이어막허 이전 해석학이 법전이나 성경과 같이 특수한 문헌을 해석하는 방법이었다면, 슐라이어막허는 모든 문헌에 적용되는 "보편적 해석학"의 원리를 제시하였고, 이것으로 그는 현대해석학의 아버지가 된다. 그렇게 시작된 해석학은 그러나 위에서 살펴본 대로 단순히 해석의 방법에 머물지 않고, 근본적으로 우리의 인식현상을 해명하고, 우리의 인식과 삶의 관계, 인식과 존재의 관계들을 해명하는 철학의 한 분야가

---

19 위에서 살펴보진 않았지만 이 개념은 현대 해석학의 아버지로 불리는 슐라이어막허에게서 이미 그 흔적을 찾아볼 수 있다. 참조, 양금희, 『해석과 교육』 (서울: 장로회신학대학교 출판부, 2007), 18.

되었다. 그리고 해석학은 해석학적 인식론을 바탕으로 해석의 대상으로서의 전통의 개념, 텍스트의 의미, 그리고 텍스트와 독자의 관계 등에 대해 지속적인 통찰을 제시함으로써 해석적 방법에 있어서 새로운 패러다임이 된다.

해석학적 방법의 핵심적 개념 중 하나는 해석적 방법의 주 대상이 되는 '전통'에 대한 이해이다. 위에서 이미 살펴보았지만 해석학은 '전통'을 단순히 과거의 유산으로 이해하지 않는다. 해석학은 우리의 이해현상을 인식자의 '지평'과 인식대상인 텍스트의 지평이 만나 일어나는 '지평융합'의 현상으로 이해한다. 그렇게 보았을 때 '전통'은 세대와 세대 간의 지속적 지평융합의 결과 탄생한 것이라고 할 수 있다. 가다머는 계몽주의 이후 전통이 이성적 사고와 대립되는 권위적인 개념으로서 부정적으로 이해되어 왔던 것에 반하여 긍정적인 전통의 개념을 복원하였다. 그는 전통이란 세대 간의 지속적 지평융합에도 불구하고 생명력을 가지고 보존된 결과라고 보았다.[20] 따라서 전통은 스스로 보존력을 갖고 있기에 지금까지 생명력을 가지는 것이고, 따라서 그것은 이성과 대립되는 것이 아니라고 하였다. 이와 같은 그의 입장은 전통에 대한 역사적 상대주의 입장이나 계몽주의적 입장을 넘어서는 것으로서, '전통'을 진리 인식의 한 계기로서 긍정적으로 수용해야 할 요소로서 보는 것이다.

이와 나란히 우리가 주목할 것은 해석학이 '전통'을 고정불변의 화석화된 개념으로 이해하지 않는다는 것이다. 이미 언급한대로 해석학이 전통을 세대와 세대 간의 지속적 지평융합의 결과 탄생한 것으로 본다는 것은 전통이란 지속적으로 변형된다는 것을 암시하는 것이다. 물론 전통 안에는 시간적 간격에도 불구하고 우리의 현재의 지평에 말 걸어오는 진리주장이 담지되어 있고, 따라서 우리는 영향사 의식으로 그것에 우리를 개방하여야 한다.

20　H.-G. Gadamer, *Wharheit und Methode*, 256.

그러나 동시에 전통은 새로운 지평과의 만남을 통해서 지평이 융합되면서 변형되는 형태 속에 지속적으로 진리성을 유지하고 보전한다. 그런 의미에서 해석학이 보는 전통의 개념은 화석화되고 고정불변의 것이 아니라, 원래의 진리성과 생명력을 보존하면서도 새로운 세대와의 만남 속에서 지속적으로 스스로를 변형해가는 개념이라고 할 수 있다.

그러한 '전통'의 개념과 나란히 '텍스트' 또한 해석적 방법에서 중요성을 획득한 개념이라 할 수 있다. 이미 슐라이어막허에게 있어서 '텍스트'는 단순히 문헌이 아니라, 독자로 하여금 저자의 창작과정을 따라가면서 "추체험 Nachbildung" 할 수 있는 통로로 이해되었다. 그는 추체험을 통해서 해석자는 텍스트 안으로 들어가는데, 이 과정에서 해석자는 "자신을 타자 안으로 옮기는 행위"를 하지만, 역으로 텍스트 또한 자신을 열어서 "해석자 자신으로 바뀌는 것"이라고 하였다.[21] 즉 슐라이어막허는 해석의 과정은 해석자가 자신을 열고 텍스트 안으로 들어가고, 또한 역으로 텍스트가 자신을 열어 해명해주는 쌍방적 개방의 과정이라고 하였다. 이것으로 우리는 이미 현대 해석학의 초기부터 텍스트는 단순히 해석의 대상으로서가 아니라 해석자에게 자신을 개방하고 해명해주는 또 하나의 독자적인 주체로 이해되었다고 하는 것을 확인하게 된다.

"텍스트의 독자성" 개념은 그 누구보다 리꾀르에게서 분명해진다. '현상학적 해석학자'였던 리꾀르는 텍스트를 그 자체로 새로운 의미의 구조를 갖는 개념으로 보았다. 그는 특별히 문자의 형태로 텍스트가 고정되면 대화의 형태에서 나타났던 직접성과 직시적 지시대상이 상실되고, '저자의 의도'와 '말하여진 내용'이 분리되는데, 이렇게 하여 문자화된 구문들은 '자율성'

---

21 Fr. Schlermacher, *Hermeneutik nach den Handschriften neu herausgegeben und eingeleitet von H.Kimmerle* (Heidelberg, 1959), 135.

을 획득하게 된다고 하였다: "문자화된 텍스트는 결국 저자로부터 분리되고, 자율적이고, 그 자체에 의미를 지닌 언어체가 된다".[22] 그는 따라서 텍스트가 저자의 의도나 독자의 의도에 따라서 임의적으로 해석되어질 수 없는 독자적이고 언어적으로 고정된 권위를 지닌다고 하였다.

리꾀르는 텍스트는 결국 그 자체의 지시체reference를 지니게 되는바, 스스로의 "세계명제wrold-proposition", 혹은 "세계기획"을 갖는다고 하였다. 따라서 해석이란 그에게서 그 무엇보다 텍스트가 갖고 있는 독자적 세계기획을 발견하는 것이고, 이를 위해서 '소격화'와 '전유'가 필요한 것이라고 하였다. 소격화가 텍스트 자체가 가지고 있는 독자적 세계기획의 우선성을 인정하고 텍스트와 해석자 자신의 지평 사이를 소격상태에 머물면서 그것이 드러나도록 하는 과정이라면, 전유는 텍스트의 낯선 지시체를 자기의 것으로 하는 과정이다. 따라서 그는 전유는 텍스트가 열어 보여준 새로운 존재양식을 통해서 독자가 자신을 이해할 수 있는 새로운 능력을 받는 것이기에, 그것은 "텍스트 앞에서의 자기이해"라고 하였다. 텍스트는 독자적인 세계기획을 가지면서도 해석자를 그 앞으로 초대하여 자기를 새롭게 이해하고 그 세계기획 안으로 참여(기투)하여 자기 변형을 이루게 하는 통로이다.

그런 의미에서 리꾀르의 텍스트와 텍스트 해석 개념은 "성경해석"에 있어서도 결정적인 의미를 갖는다. 문서화된 텍스트가 독자적인 세계기획과 권위를 가지고 있다는 그의 텍스트 이해는 "쓰여진 계시말씀"으로서의 성경을 텍스트로 이해하는데 적합한 틀이 된다. 텍스트의 자율성 개념은 성경의 계시 사실을 있는 그대로 수용하면서, 성경이 계시하는 지시체를 우리의 전이해와 관심들을 초월하여 그 자체로 이해할 것을 요청한다. 무엇보다 그의

---

22 Paul. Ricoeur, "The Model of the Text: Meaningful Action Considered as a Text," *Social Research* 38-3, 532.

소격화 개념은 성경이 갖는 고유한 특성과 성경 언어의 다양성을 수용하게 하고 그를 그 자체로 이해하는 다양한 노력, 무엇보다 소위 "역사적 비평방법"이라고 불리는 성경비평 방법을 수용할 것을 시사한다. 그러나 또한 텍스트의 세계기획에 독자가 자신을 열고, 자기이해를 새롭게 하고 텍스트의 세계기획에 참여하게 된다는 '전유'의 개념은, 성경을 단순히 비평의 대상으로서만 보는 것이 아니라, 독자의 자기이해와 존재의 변형을 가져오는 계시의 말씀으로 볼 수 있게 한다. 즉 이러한 해석적 입장은 우리가 궁극적으로 성경 앞에서 모든 왜곡된 자기 이해를 버리고, 성경이 지시하는 세계기획, 즉 "하나님 나라"라는 기획에 참여하도록 결단하는 해석의 사건을 지향할 것을 시사한다.

그런 의미에서 리꾀르의 성경해석 개념은 소위 성경해석에 있어서 "2차적 소박성 second naivety"의 획득이라고 할 수 있다. 19세기의 자유주의신학 태동과 더불어 본격화되기 시작한 "역사비평방법"은 그 이전 시기에 하나님 말씀으로서의 성경이 사람들의 삶과 인격에 가졌던 상징성을 해체하는 역할을 하였다. 성경은 하나의 역사적 문서로서 비평의 대상이 되었고, 하나님의 말씀으로서 성경을 보았던 '소박성'을 해체하는 방향으로 갔다. 리꾀르는 그러나 소격화의 개념으로 역사비평방법을 수용하면서도, 거기에서 머물지 않고 쓰여진 계시말씀으로서의 성경이 갖는 독자적 세계기획을 '전유'하는 과정을 해석의 궁극적 목적으로 봄으로써, 비평이전의 소박성을 다시 획득할 수 있다는 것을 보여주었다. 그런 의미에서 그는 소위 "이차적 소박성"을 획득하였다고 평가되거나, 역사비평방법을 버리지 않으면서도 그를 극복하였다는 의미에서 "비평 이후"라고 평가된다.

이상 우리는 해석학적 인식론의 특징들을 살펴보았다. 해석학적 인식론은 우리의 인식현상, 즉 우리의 앎은 우리의 삶의 경험과 순환적 관계에서 형성된다는 것으로부터 출발한다. 그리고 그것은 우리의 삶의 기반인 문화와 역사로부터 형성된 전이해를 부정적으로 보지 않고 우리 인식의 전구조적 성격을 가지면서 인식과정에 참여하는 요소로 본다. 따라서 해석학은 우리의 전이해를 일종의 이해의 지평으로 보면서, 텍스트의 지평과 해석자의 지평의 만남을 해석의 현상으로 본다. 그렇기 때문에 해석학은 인식자가 텍스트를 주체와 객체의 관계로 보지 않고 서로가 서로에게 개방하면서 참여하는 관계로 본다. 물론 텍스트의 독자적 세계기획은 객관적 거리두리를 유지하면서 밝혀져야하지만, 그것은 해석자에게 새로운 세계를 개방해 주면서 해석자의 자기이해를 새롭게 하고 자기변형으로 인도한다. 이를 통해 해석학적 인식론은 고전적인 주객도식이나 객관주의적 인식론에 대한 대안적 패러다임을 제시하고 있다. 더 나아가 해석학은 그러한 인식론적 통찰을 바탕으로 전통해석, 텍스트 개념 이해에 새로운 통찰을 주고, 그를 바탕으로 "역사적 비평방법" 이후의 성경해석에 새로운 통찰을 준다. 그렇게 볼 때에 기독교의 전통을, 현재 상황 속에 살고 있는 학습자에게 매개하는 것을 핵심적 과제로 삼고 있는 기독교교육에게 해석학과 해석학적 인식론은 결정적 중요성을 갖는다. 해석학적 인식론은 전통과 텍스트 그리고 무엇보다 성경의 의미와 의미해석, 성경과 학습자와의 관계에 대한 이해를 제시함으로써 기독교교육의 방향을 노정하는데 결정적인 통찰을 준다. 다음 장에서는 해석학적 인식론이 기독교교육에 대해 주는 통찰과 함의를 살펴보도록 한다.

Ⅲ. 해석학적 기독교교육

앞에서 우리는 해석학적 인식론과 그것을 기반으로 하는 해석학의 핵심 개념들을 살펴보았다. 그러한 개념들을 바탕으로 해서 보았을 때 무엇보다 먼저 해석학은 우리에게 기독교교육을 해석의 눈으로 바라보게 하는 안목을 열어준다는 것을 알 수 있다. 텍스트와의 만남을 통한 '자기이해의 확장'과 '자기변형'이 해석의 사건이라면, 이것은 우리에게 기독교교육 또한 '해석'의 사건이 되지 않으면 안 된다는 것을 시사한다. 학습자에게 성경을 비롯한 기독교 전통을 만나게 함으로써 성경의 세계기획인 '하나님 나라'의 백성이 되어 그 나라에 참여하도록 하는 것이 기독교교육의 핵심적 목적이라면, 그것은 그대로 해석의 사건과 다름 아니기 때문이다. 기독교교육이 이처럼 해석의 사건 그 자체라면, 해석학이 제시하는 인식론적 특징들과 핵심 개념들은 그대로 기독교교육의 핵심적 주제와 방향에도 결정적 시사점을 줄 것이라는 것을 미루어 짐작할 수 있다. 따라서 이 장에서는 해석학적 인식론과 해석학의 핵심개념이 기독교교육에게 어떠한 함의를 주는지를 살펴보도록 하자.

1. 전통인가 경험인가?

현대 기독교교육의 역사는 오랫동안 "전통인가, 경험인가?"라는 양자택일의 문제에서 어느 한 쪽을 선택하는 것을 반복해온 역사라고 할 수 있다. 성경을 비롯한 기독교 전통에 초점을 맞출 것인지, 학습자의 현재의 경험에 초점을 맞출 것인지는 정도의 차이는 있지만 대부분 기독교교육학자들의 성향을 결정하는 질문이기도 하다. 미국의 경우 20세기 초반 기독교교육학의 흐름을 이끌어 갔던 소위 "종교교육학파"가 경험을 강조하는 교육을 추구하였다면, 그를 비판하고 나타난 "기독교교육운동"은 다시 전통을 강조하는 경향으로 나아갔다.[23] 코우 J.A.Coe 바우어 W.C.Bower, 엘리엇 H.Elliott 등에 의해 전개된 소위 "종교교육 Religious education 운동"은 자유주의 신학과 진보주의 교육철학이라는 사상적 배경으로부터 영향을 받으면서 '인간 경험'을 그들 교육의 핵심에 놓았다. 반면 스미스 S.Smith, 스마트 J.Smart, 융만 J.A.Jungmann, 호핑어 J.Hofinger에 의해 전개되었고, 신정통주의 신학으로부터 영향을 받은 '기독교교육운동'은 '선포되는 말씀'을 기독교교육의 핵심으로 강조하면서, 케리그마와 그리스도 중심주의를 표방함으로써, 다시금 강력하게 전통으로 돌아갈 것을 요청하였다.

"종교교육학파"의 핵심에 서 있었던 코우 J.A.Coe는 "기독교교육의 일차적 목적이 종교를 전수하는 것인가 아니면 새로운 세계를 창조하는 것인가?"라고 물으면서, 이 물음에 답하는 두 가지 유형의 교육이 있는데, 그것이 바로 "전수하는 transmissive 교육"과 "창조적 creative 교육"이라고 하였다.[24] 그는 '전수하는 교육'이 이미 존재하는 문화를 영속시켜야 한다'는 전제 아래 실행되는 교육이라면, '창조적 교육'은 이와 반대로 사회를 재건하는 것에 일차적으로 목적을 두는 교육이고, '창조적 교육'이야말로 기독교교육의 핵심적 목적이 되어야 한다고 하였다:

기독교교육의 목적은 어린이들에게 기독교인이 알아야 할 것들을 가르

---

23   Merry Elizabeth Moore, *Education for Continuity & Change* (Nashville: Abingdon Press, 1983), 28-29.
24   Jorge A. Coe, *What is Christian Education?* (New York: Scribner's, 1930), 28.

치는 것도 아니요, 교회의 일원이 되도록 준비시키는 것도, 그들의 영혼을 구원하는 것도, 그리고 진리를 강요하는 것도 아니다. 그것은 성장세대들을 '신의 민주주의'에 효과적으로 헌신하는 데까지 성장하도록 하며, 그곳에서 행복한 자기성취를 이루도록 촉진하는 일이다.[25]

위의 인용구에 나타난대로 그는 전통적으로 기독교교육이 해왔던 활동, 즉 기독교인들이 알아야 할 것을 가르치는 것, 즉 전통을 전수하는 것에서 벗어나, 성장세대들이 '신의 민주주의'에 헌신하도록 성장하며, 이를 통해서 행복한 자기 성취를 이루도록 촉진하는 것에 강조점을 두었다. 그는 '도그마'를 전수하는 것이 아니라, '신의 민주주주의'를 향한 '가치의 변형'과 '성장'이 종교교육의 목적이 되어야 한다고 강조함으로써 전통보다는 학습자의 '경험'이 종교교육의 핵심이 되어야 함을 강조하였다.

반면 '기독교교육 학파'를 대표하는 학자 중 하나인 쉘튼 스미스 S. Smith 는 그의 저서 『신앙과 양육』 Faith and Nurture 에서 신정통주의 신학에 기초한 기독교교육을 전개하면서, "기독교교육의 핵심은 사회적 상호작용이나 경험이 아니라, 예수 그리스도 안에 계시된 진리를 확신하는데 있다"고 하였다.[26] 그는 코우를 지칭하여 교육을 사회문제로 보거나 사회적 민주교육으로 보는 것은 근본적으로 기독교 신앙과 상충되는 것이라고 하면서, "케리그마"와 "그리스도 중심"이야말로 기독교교육을 기독교교육 되게 하는 핵심이라고 하였다. 스미스의 이러한 입장처럼 기독교교육학파들은 기독교교육이 인간의 '경험'에서 '전통'으로 회기되어야 함을 강조하였다.

이 같은 양자택일은 미국에서 이후에도 이어졌는바 메리 보이스 Mary Boys

---

25 Jorge A. Coe, *A Social Theory of Religious Education* (New York: Schribner's, 1917), 55.

26 Shelton H. Smith, *Faith and Nurture* (New York: Schribner's, 1941),

는 60년대에 소위 "인간경험에로의 회기" 현상이 다시 나타났다고 하면서,[27] 제임스 마이클 리 James M. Lee 나 모란 Gabriel Moran 에 의해 제시된 종교교육개념이 인간경험에로의 회기를 대표하던 개념이라고 하였다. 그녀는 특별히 리에 의해 시도된 '사회과학적 접근'은 경험적 행동과학적 측면에 강조점을 두었던 당시 일반교육학적 경향을 종교교육에 연결시키는 시도로서 인간의 경험을 기독교교육의 전면에 배치한 모델이라고 하였다. 보이스는 60년대에 '선포적' 교육보다는 '경험적' 교육이 종교 교육 안으로 대폭 침투에 들어옴으로써 당시의 기독교교육 교재들은 주로 '개인적 측면', '실존적 동기', '학생의 경험' 등이 주를 이루게 되었다고 하였다.

'전통이냐 경험이냐'의 양자택일은 독일의 기독교교육사에서도 역시 찾아진다. 20세기 초반 '자유주의 신학'으로부터 영향을 받은 소위 "자유주의적 기독교교육"은 미국의 종교교육학파보다 조금 더 일찍 인간 내부의 종교성을 성숙시키고, 이를 위한 종교적 '경험'에 강조를 둔 종교교육을 추구하였다면, 이에 대한 비판으로 시작된 소위 "복음수업 Evangelische Unterweisung"은 다시 전통으로 돌아가고 말씀 중심으로 돌아가려 하는 기독교교육의 경향이라고 할 수 있다. 전자 "자유주의적 종교교육" 시대는 카비쉬 Kabisch, 함멜스벡 O. Hammelsbeck 등의 학자들에 의해서 '종교성의 개발', '종교적 감수성', '종교적 경험' 등이 핵심적 종교교육개념으로 전면에 등장하게 된다. 그야말로 '경험'을 중심으로 하는 교육이라고 할 수 있다. 반면 1920년대에 시작된 신정통주의 신학으로부터 영향을 받은 키텔 Helmut Kittel, 랑 Martin Rang, 보네 Gehard Bohne 등은 자유주의 학자들에 의해 제시된 "종교교육"이라는 이름 자체에 이의를 제기하며, 중립적 의미의 종교교육이라는 이름 대신, 기독교적 가르침의 성격을 보다 확실하게 나타내주는 "복음수업"이라는 명칭을 쓸 것을 주장하였

---

[27]   Mary C. Boys, *Biblical Interpretation in religious education* (Birmingham, Alabama: REP, 1980), 231이하.

다.[28] 그 명칭에 걸맞게 '복음수업'은 학습자에게 복음과 성서의 말씀을 선포하고, 학습자가 그 말씀에 결단하도록 초대하는 것에 교육의 초점을 두었다. 그야말로 '전통'에로의 복귀였다고 할 수 있다.

독일에서도 미국에서와 마찬가지로 20세기 초기의 '전통이냐 경험이냐?'의 양자택일이 후반기에로도 이어졌다. 전통중심의 '복음수업'이 독일의 변화하는 사회에서 더 이상 공적 공감을 불러일으키지 못하자, 다시금 경험중심에로의 회기가 나타났다. 소위 "문제중심 종교수업 Problemorientierter Religionsunterricht"이 나타나면서 학습자의 현재의 삶과 사회 속에 나타나는 문제경험들로부터 시작하여 성서에로 접근해 들어가는 모델이 확산되었다. 닢코K.E. Nipkow와 카우프만Kaufmaa에 의해 시작된 이 모델은 학습자의 관심과 흥미 그리고 그들이 속한 사회의 문제들을 이해하기 위한 다양한 사회과학적 학문들을 수용하였고, 학습자로부터 출발하는 종교수업을 개발하였다. 따라서 이 흐름은 "경험에로의 전환empirische Wende"이라고 칭해진다.[29]

위에서 살펴본 대로 미국과 독일의 기독교교육은 '전통이냐 경험이냐'의 양자택일을 중심으로 흘러왔지만, 해석학적 인식론은 이 같은 '전통이냐 경험이냐'의 양자택일을 근본적으로 극복하는 방향을 제시한다. 해석학은 이해의의 현상이란 결코 해석자의 현재 경험의 지평 없이 일어날 수 없다고 본다. 해석학적 이해를 기반으로 해서 보면 그 어떤 전통도 해석자의 경험을 기반으로 하는 전이해와 무관하게 이해될 수는 없기 때문이다. 뿐만 아니라 전통 또한 진공 속에서 만들어진 것이 아니라, 역사적이고 문화적 배경들 위에서 형성된 것이며, 전통이 가지고 있는 지평과 해석자의 지평이 만날 때 '이해'의 현상이 일어나는 것이다. 따라서 해석학은 현재의 '경험'과 '전통'을

---

28 Helmut Kittel, *Von Religionsunterricht zur Evangelischen Unterweisung* (Berlin/Hanover, 1957).

29 Gerd Bockwoldt, *Religionspädagogik* (Stuttgart, 1977), 87이하.

이분법적 양자택일의 관계가 아니라 함께 서로 상호작용하는 순환관계 안에서 볼 것을 시사한다.

　　이와 같은 해석학적 인식론은 기독교교육 안에도 직·간접적으로 영향을 미치면서 그 둘 간의 양자택일을 극복하려는 노력으로 나타났다. 그것은 웨스터호프John Westerhoff III 나 넬슨Elis E. Nelson 등에 의해서 제시된 "신앙공동체이론"의 저변에도 나타난다. 이들은 전통이란 교회학교의 학교식 수업을 통해서 전수되는 것이 아니라, 실제로 신앙공동체 속에서 삶으로 공유될 때 비로소 실제적으로 전수될 수 있다는 것을 강조한다. 이들은 전통이란 삶과의 상호작용 속에서 습득되는 것이며, 또한 동시에 전통은 신앙공동체의 삶을 통해서 재구성되는 순환과정 속에 있다고 보았다. 이 같은 맥락에서 넬슨은 "전통은 경험에 선행하는 것이지만, 또한 경험은 전통을 변화시키거나 조건화하는conditioned 것이다"라고 하였다.[30] 이러한 '신앙공동체이론'은 앎이 삶의 기반위에서 이루어진다는 해석학적 인식론의 개념을 공유한다고 할 수 있다. 이들은 신앙공동체의 전통을 중시하지만, 이것은 반드시 공동체 안의 삶의 경험을 기반으로 해서만 전수될 수 있다고 보면서, 신앙공동체 안의 삶의 공유를 통한 신앙교육을 제안한다. 이것은 전통과 경험을 양자택일로 보지 않고 상호적인 순환관계로 보는 대표적 예라고 할 수 있다.

　　이 외에도 그룸Thomas Groome, 무어Mary E. Moore, 보이스Mary Boys 등 또한 전통과 경험을 상호순환의 관계 안에서 보면서 각각 독특한 방법으로 기독교교육의 모델을 제시하고 있다. 독일의 종교교육계에서도 다양한 형태의 전통-경험 상호순환 관계를 기반으로 한 종교교육 모델들이 제시되었는바, 소위 "상관관계수업Korrelationsdidaktik"이나 상징교수학Symboldidaktik 등이 대표적 예라고

30　Elis E. Nelson, "Our Oldest Problem," in *Transformation and tradition in Religious Education*, ed. P. O'Hare (Birmingham, Alabama, Religious Education Press, 1979), 59.

할 수 있다.[31] 이들은 모두 해석학적 인식론으로부터 직·간접적으로 영향을 받으면서 전통과 경험을 이분법적으로 보지 않고 상호순환의 관계에서 기독교교육의 가능성을 모색한 모델들이다.

해석학적 인식론은 텍스트와 해석자의 삶 간에 순환되는 상호작용을 중시함으로써, 해석을 단순히 과거 텍스트를 탐구하는 것으로 이해하는 데에서 그치지 않고, 과거의 사건, 즉 전통을 오늘날 해석자의 경험 안에 다시 생생하게 살리고, 그것을 바탕으로 개인적, 사회적 변형이 일어나게 하는 사건으로 이해하도록 하였다. 그것을 통해 전통은 해석자의 삶 속에서 재현됨으로써 그 생명을 이어가고, 해석자의 삶은 전통을 통해서 변형되는 상호융합의 관계에 있음을 천명하였다. 그러한 해석학적 통찰은 기독교교육으로 하여금 '전통이냐 경험이냐'의 이분법적 사고를 극복하게 할 뿐 아니라, 그 둘을 통합하는 기독교교육의 새로운 패러다임을 찾아가는데 결정적 방향을 제시하였다고 할 수 있다.

2. 전통과 변형을 아우르는 기독교교육

해석학적 인식론은 '전통인가 경험인가?'의 이분법에 대한 대안을 제시한 것만이 아니라, 전통과 전통의 변형, 그리고 교육과의 관계에 대한 근본적 통찰을 제시한다. 러셀 Letty M. Russell, 보이스 Mary Boys, 무어 Mary E. Moore와 같은 기독교교육학자들은 해석학적 통찰을 바탕으로 전통과 변형 그리고 교육과의 관계에 대해 서술한 바 있다. 이들은 전통을 화석화된 부동의 자료가 아니라

---

31 Gegorg Baudler, *Korrelationsdidaktik: Leben durch Glauben erschließen* (München: Schöningh, Paderborn, 1984); Peter Biehl, *Symbole geben zu lernen, Einführung in die Szmboldidaktik anhand der Symbole Hand, Haus und Weg* (Neukirchen: Neukirchener Verlag, 1989).

지속적으로 변형되는 개념으로, 그리고 교육은 바로 그러한 전통의 변형이 일어나는 핵심적인 장으로 이해하였다.

래티 러셀의 경우 기독교교육에서 '전통'이라고 하였을 때, 이것은 "Tradition"과 "tradition", 그리고 "traditions"로 세분화할 수 있다고 하였다.[32] 전통tradition이라는 단어는 어원적으로 라틴어 "tradere"에서 온 단어로서 "옮기다", "운반하다"라고 하는 뜻을 가진다. 따라서 명사로 쓰인 전통이란 "옮겨진 것"을 의미한다고 할 수 있는데, 러셀은 그것 중 대문자로 시작하는 "Tradition"이 "하나님이 예수 그리스도를 통해서 모든 세대와 민족에게 지속적으로 운반하시는 과정"이라고 한다면, 소문자로 시작하는 "tradition"은 "인간 실존에게 있어서 가장 근본적인 구조적 현상으로 과거사이지만 우리의 현재 속에 살아있고, 또한 미래를 전망하도록 하는 요소를 가진 인간적 카테고리"라고 하였다. 간단하게 말하자면, 대문자 Tradition이 하나님이 주시는 것이라면, 소문자 tradition은 인간 안에서 그에 대한 반응으로 일어나고 있는 전통전수의 현상이라고 할 수 있다. 러셀은 더 나아가 "전통들traditions"은 그러한 상호작용을 통해서 형성된 다양한 전통들로 우리와 우리의 공동체의 정체성을 형성하는 데에서 중요한 부분을 차지한다고 하였다. 러셀은 대문자 Tradition은 하나님이 예수 그리스도를 통해 모든 세대와 민족에게 운반하시는 활동이지만, 이것은 단 한 번 주시는 고정된 내용이 아니며, 또한 한 번에 끝나는 것도 아니고 지속적으로 역사와 민족 가운데에서 일어나고 있는 활동이라고 하였다. 그와 나란히 우리가 흔히 '전통'이라고 이해하고 있는 개념인 'traditions'는 대문자 'Tradition'이 운반되면서 생겨난 결과로서 시대와 상황에 따라 다양하게 나타나는 것으로서 결코 유일하거나 고

---

32 Letty M. Russell, "Handing on Tradition and Changing the World," in *Transformation and tradition in Religious Education*, ed. P. O'Hare (Birmingham, Alabama: Religious Education Press, 1979), 77.

정불변의 것이 될 수 없다고 하였다.

여기에서 우리가 주목해야 할 것은 전통이 전달되는 과정 자체가 곧 전통이 만들어지는 과정이라고 할 수 있다는 것이다. 지속적으로 '전통 Tradition'이 전달된다는 것은 지속적으로 '전통 traditions'이 생긴다는 것을 의미하는 것이고, 그런 의미에서 볼 때 '전통전달하기'는 곧 '전통 만들기'의 과정이라고 할 수 있다. 그렇게 볼 때 전통이 전달되는 과정은 곧 그 자체로 전통이 '변형'되는 과정이라고도 할 수 있다. 해석학적 관점에서 볼 때, 해석이란 텍스트의 지평과 해석자의 지평이 서로 융합되면서 지속적으로 전통을 형성해가는 과정이라고 할 수 있고, 과거의 전통은 따라서 현재의 지평과 융합되면서 지속적으로 새로워지는 과정에 있다. 따라서 과거의 사건은 현재의 지평과 융합되는 과정에서 단순히 과거사로 남는 것이 아니라, 그 시간적 간격에도 불구하고 우리의 역사적 삶과 현재의 지평에 영향력을 미치는 '전통'으로서 변형되는 것이다. 이렇게 볼 때에 과거의 사건과 현재의 지평간의 만남을 통해 전통으로 형성되는 과정은 곧 그 자체로 전통 변형의 과정이라고 할 수 있다.

보이스 Mary Boys 는 바로 이러한 맥락 속에서 종교교육의 본질과 역할을 본다. 그녀는 종교교육이야말로 전통이 전수됨으로써 변형되게 하는 가장 핵심적인 장이라고 보았다. 그녀는 종교교육의 과제는 신앙 공동체에게 전통에로의 통로를 제공하고, 전통이 변형되는 과정을 중재하는 것이라고 하였다: "종교교육이란 종교적 공동체에게 전통에로의 통로를 제공하고 또한 전통과 변형 사이의 내적 관련성을 분명하게 하는 활동이다."[33] 흔히들 신학이 전통 형성과 교회의 교리형성에 관여한다면, 교육은 이미 형성된 전통이나 교리를 전달하는 방법적 통로로서 생각한다. 따라서 그녀는 전통의 형성

---

[33] Mary C. Boys, *Biblical Interpretation in religious education* (Birmingham, Alabama: REP, 1980), 282.

이나 변형과정에서 교육은 주변적^{maginal} 위치에 서 있는 것으로 인식되어 왔다고 하였다. 그러나 교육을 해석의 활동으로 보는 순간, 교육의 활동 그 자체가 곧 전통을 전수하고 동시에 변형하는 활동이라는 것을 깨닫게 된다. 왜냐하면 교육은 다른 어떤 영역보다 심각하게 기독교 전통을 현재의 콘텍스트에 있는 학습자에게 전달하는 것에 대해 고민하는 영역이고, 이 과정에서 전통을 학습자의 현재의 지평과 만나도록 제시함으로써, 전통의 변형에 직접적으로 참여하기 때문이다.

그렇게 보았을 때 교육이야말로 전통의 전수와 변형에 가장 직접적으로 관련되어 있는 활동이라고 할 수 있다. '전통 전달'의 행위에는 전달하는 사람과 전달 받는 사람, 전달이 일어날 수 있는 의사소통의 양식이 있는데, 이것이야말로 교육에게는 가장 익숙한 구조이다. 교육은 학습자를 대상으로 하는 활동이기에 학습자와 학습자가 속한 사회와 문화에 민감하지 않을 수 없고, 또 전통을 전수하는 활동이기에 전통 자체에 관한 숙달과 이해 없이 이루어질 수 없다. 또한 교육은 전달하는 행위이기에 다양한 의사소통의 통로들에 익숙해야 한다. 따라서 교육은 전통전달의 가장 중심적 요소들을 모두 갖춘 가장 핵심적 자리라고 할 수 있다. 그래서 보이스는 종교교육이야말로 특수한 중재적 기능을 가진 영역이라고 하였다:

> 종교교육은 특수한 중재적 기능을 가진 영역이라고 할 수 있다. 그것은 신학자와 목사, 목사와 회중, 신학자와 일반인, 신학자와 교육자 등의 사이에서 다리를 놓는 기능을 하기에 가장 적합한 능력을 가졌다. 따라서 종교교육자는 교회적 언어와 교육적 언어 모두 쓸 필요가 있다.[34]

---

[34] Mary Boys, "Access to Traditions and Transformation," in *Transformation and tradition in Religious Education*, ed. P. O'Hare (Birmingham, Alabama: Religious Education Press, 1979), 22

따라서 보이스는 기독교교육은 결코 단순히 고정된 전통의 조각을 건네는 교화 introduction 에 머물러 있어서는 안된다고 하였다. 해석활동으로서의 교육은 단순히 신학으로부터 전달받은 전통의 내용을 무비판적으로 전달하는 방법적 통로의 역할에 머물러서는 안 되고, 그 자체로 전통의 형성에 대한 책임감을 가지고 이 과정에 참여해야 한다는 것이다. 보이스는 기독교교육이 전통과 변형에 동시에 관여하기 위하여 종교교사가 먼저 전통 자체를 명확히 알아야 할 필요성이 있고, 또한 현대적 성경비평학에 발맞추어 교육에서 성경을 다루는 전문적 태도가 발전되어야 한다고 하였다.[35] 또한 더 나아가 성경비평학이 교회의 삶 안으로 적절하게 스며들어야 하며, 이를 위해서 종교교육학자와 성서학자와의 협력이 절대적으로 필요하다고 하였다.

이와 비슷한 맥락에서 무어 Mary E. Moore 또한 기독교교육의 "전통화 모델 traditioning model"을 제시한 바 있다.[36] 그녀는 "tradition"이라는 단어에 "ing"를 붙여서 "traditioning"이라고 하는 특수한 개념을 제시하였는바 이것은 "전통화모델"이라고 번역될 수 있다. 이 모델은 전통을 동사화한 표현으로서 '전수된 것'에 초점을 두기보다는 '전수되는 과정'에 강조점을 둔 것이고, 바로 이 '전수되는 과정'을 곧 교육의 현상으로 보는 모델이라고 할 수 있다. 무어는 전통이란 "하나님의 선물을 전달해 주는 하나의 과정"으로서 하나님이 과거에도 활동하셨고, 지금도 활동하시며 미래에도 활동하신다는 점을 전제하는 것이라고 하였다.[37] 그렇다면 전통은 옛 기억을 생생하게 유지하는 지속성을 요청하기도 하지만, 동시에 하나님의 현재 활동에의 참여와 미래 활동에 대한 희망을 요청하는 것이기도 하다고 하였다. 그렇게 볼 때 그녀는 '전통화'의 과정이란 과거의 "연속성 continuity"과 새로운 것을 창조하는 "변화

---

35 Mary C. Boys, *Biblical Interpretation in religious education*, 288.
36 M. E. Moore, *Education for Continuity & Chagne* (Nashville: Abingdon Press, 1983), 58이하.
37 위의 책, 59.

성 change"을 동시에 담보하는 과정 그 자체라고 할 수 있다고 하였다.

무어는 그녀의 "전통화 모델'은 "전통화 공동체"와 "과정 속에 있는 인간"이라고 하는 두 가지의 핵심적 기반 위에 전개될 수 있다고 하였다. 먼저 그녀는 '전통화 공동체'의 개념은 과거와 현재와 미래가 교차하는 지점이라는 뜻으로서, 그곳에서는 전통의 전수와 변형이 지속적으로 일어난다고 하였다. 즉 '전통화공동체' 안에서는 전통을 해석하는 "해석"의 활동과 그를 삶으로 살아냄으로써 전통을 "변형"하는 활동이 동시에 일어나기 때문이라는 것이다. 그녀는 '전통화공동체'는 '해석적 공동체'의 기능을 통해 전통을 적절하게 해석하고, 또한 '변형화 공동체'의 기능을 통해 세계 속에서 행동하면서 세상을 변화시키고 스스로 변화하는 공동체의 역할을 수행해야 한다고 하였다.

무어는 '전통화 모델'의 또 하나의 전제는 "과정 속에 있는 인간"이라 칭하면서 인간은 본질적으로 끊임없이 변화하고 생성하는 본질을 가지고 있다고 하였다. 그녀는 인간은 과거와 연결되면서 동시에 미래로 나아가면서 변화하는 "교차로" 위에 있는 존재라고 하면서, 종교교육이 시작되어야 할 곳은 바로 이 교차로 한 가운데라고 하였다. 이것은 종교교육이 사람을 만나고, 미래를 예상하며, 과거를 탐구하면서, 현재의 문제들과 맞대면하는 곳에서 시작해야한다는 것을 의미하는 것이라고 하였다. 그렇게 볼 때 '교차로' 위에 있는 전통화 종교교육은 삶의 전통이나 경험을 양자택일의 문제로 보지 않는다고 하였다:

> 삶의 경험으로부터 성서로 접근할 것인가 아니면 성서에서 삶의 경험으로 접근할 것인가 하는 진부한 문제는 이제 더 이상 논의할 필요조차 없다. 성서나 현재의 삶의 경험 그 어느 쪽도 기독교 종교교육의 출발점이어서는 안 된다. 출발점은 교차로에서 시작해야 한다. 이 교차로에

는 성서나 각개인의 현재의 삶의 경험뿐만 아니라 부모, 교인, 역사적 교회전통, 세계의 미래에 대한 두려움과 희망, 교회를 둘러싸고 있는 문화, 지구촌의 여러 문제들 그리고 하나님이 있다.[38]

'전통화 공동체'와 '과정속의 인간'이라는 두 측면을 기반으로 하는 무어의 전통화 교육은 따라서 "사람들을 기독교 전통에 참여시키고, 창조적 결단을 내리게 하는 것"에 목적을 두는 교육이라고 할 수 있다.[39] 이를 통해 교육의 과정 자체가 전통을 전수하고 지속적으로 창조하는 전통화의 과정이 되도록 하는 것이다. 그런 의미에서 그녀의 전통화 모델은 교육을 단순히 응용의 통로가 아니라, 전통의 유지와 전달, 재창조가 일어나는 자리로서 이해함으로서 교육개념의 확대를 가져온다. 교육은 전통을 재생산하는 가장 본질적 자리가 된다. 따라서 그녀에게는 교육이 단순히 교수-학습이 이루어지는 교실에 국한되지 않고, 전통화와 해석화가 이루어지고 과거와 현재와 미래가 만나는 신앙공동체 전체, 그리고 우리가 전통과 마주하게 되는 모든 자리, 즉 예배, 친교, 봉사, 교육, 선교가 이루어지는 사회와 온누리와 역사가 곧 교육의 장이 된다. 무어의 전통화 모델은 해석학적 인식론이 기독교교육과 만났을 때, 기독교교육의 방향과 장, 목적과 성격을 새롭게 보는 눈을 열어주는 통로가 됨을 단적으로 보여준다.

---

38 위의 책, 111.
39 위의 책, 152.

3. 해석학적 교수모델 — Th. Groome

러셀과 보이스 그리고 무어가 해석학적 사고를 기반으로 기독교교육 자체를 재구성하였다면, 토마스 그룸^{Thomas Groome}은 해석학적 인식론을 기반으로 기독교교육의 방법적 차원에 접근하였다. 그는 해석학적 인식론을 기반으로 하여 소위 "쉐어드 프락시스^{shared praxis, 공유된 실천}" 모델을 제시하였다. 그의 '쉐어드 프락시스' 모델은 해석학적인 인식론을 기반으로 하는 "실천적 앎"과 더불어 시작한다. 그는 무엇보다 성경적 앎이 객관적 지식의 개념이 아니라 인격적 관계와 참여적 지식개념을 기반으로 하고 있다는 것을 강조하면서, '실천적이고 관계적이고 경험적 앎'이 그의 '쉐어드 프락시스'가 기반으로 하는 앎이라고 하는 것을 밝힌다.[40] 그룸은 자신의 '쉐어드 프락시스'가 주체와 객체를 구별하는 고전적 인식론이 아니라, 앎과 삶, 이론과 실천을 순환관계 안에서 보며, 인격의 변형과 행동의 변화로 연결되는 앎을 지향한다고 하였는바, 이것은 그 자체로 해석학적 인식론이라고 할 수 있다.

그룸이 실천적 앎을 기반으로 하고 있다는 것은 그의 "프락시스^{praxix}" 개념에 그 무엇보다 분명하게 나타난다. 그는 단순한 실천을 의미하는 "practice"라는 표현 대신에 "프락시스"라는 단어를 사용하고 있는데, 이것을 설명하기 위해서 아리스토텔레스와 헤겔, 마르크스, 하버마스, 프레이리에 이르기까지 '프락시스' 개념을 고찰한다.[41] '반성된 실천'이자 '실천된 반성'이라고 하는 프락시스 개념 안에는 이론과 실천 간의 상호연관성, 앎과 삶 간의 불가분리성이라고 하는 개념이 포함된다. 뿐만 아니라 "공유된 ^{shared}"이라는 개념 또한 해석학적 인식론을 기반으로 하는 개념이라 할 수

---

40 Thomas Groome, *Christian Religious Education*, 이기문 역, 『기독교적 종교교육』 (서울: 한국장로교출판사, 1983), 145이하.

41 위의 책, 153이하.

있다. 해석학은 전통과 현재와의 공유, 과거와 현재와 미래간의 공유, 이론과 실천의 공유를 인식론적 전제로 하고 있다. 더 나아가 그룸이 추구하는 바, 전통을 함께 공유하고, 전통 안의 비전과 이야기가 오늘을 사는 사람들과 공유됨으로써 세상이 변화되어간다는 개념은 그 자체로 해석학적 개념이라 할 수 있다. 그런 의미에서 그의 '공유된 실천'은 해석학적 인식론을 기반으로 한 모델이라고 할 수 있다.

그룸은 쉐어드 프락시스를 통한 기독교적 종교교육은 "생동적인 기독교신앙의 목표를 향하여 기독교 이야기와 비전의 조명 아래서 현재의 행동에 대한 비판적 성찰을 대화를 통하여 나누는 기독교인들의 모임"이라고 정의한다.[42] 그리고 쉐어드 프락시스를 다섯 단계로 제시하였는데, 그것은 먼저 "현재의 행동present action"과 그에 대한 "비평적 성찰"로부터 시작된다. 즉 그것은 기독교 전통도 결국 현재의 지평과 마주칠 때에 해석의 사건이 일어난다는 것을 전제로 하여, 먼저 학습자들의 현재의 행동을 들여다보고, 그를 비판적으로 성찰하는 것으로부터 시작한다. 그리고 나시 그와 관련된 "기독교의 이야기와 비전"을 살피면서, 그곳으로부터 신앙적 응답을 탐구한 후, "기독교의 이야기와 참가자들의 이야기 사이의 변증법적 성찰" 단계를 거쳐서 앞 단계에서 살펴본 참가자들의 현재 행동을 기독교 이야기와의 관련성 속에서 성찰하게 한다. 그리고 마지막으로는 "기독교의 비전과 참가자의 비전 사이의 변증법적 성찰"을 통해서 참가자들을 실천에로의 결단에로 초대한다.

이와 같은 쉐어드프락시스의 과정을 자세히 살펴보면 그것은 그 자체로 '교육적으로 의도된 해석의 과정'이라고 할 수 있다. 참가자의 현재행동을 구성하는 개인적, 관계적, 사회적 상황과 그에 관련되어 있는 모든 배경들을

---

42 위의 책, 184.

명명해 내는 것부터 이미 해석의 활동일 뿐만 아니라 기독교의 이야기와 비전을 발견하는 것 자체도 현재의 행동이라는 관점에서 기독교의 이야기와 비전을 해석하는 활동이다. 뿐만 아니라 기독교 전통을 현재의 이야기와 변증법적으로 대화하는 것 또한 과거와 현재의 지평을 융합하는 해석의 활동이라고 할 수 있다. 그리고 기독교의 비전을 바탕으로 미래의 행동을 결단하게 하는 것 또한 해석이라는 것이 자기이해확대와 변형을 궁극적 목적으로 하는 것과 맞닿아 있다. 이렇게 볼 때 '쉐어드 프락시스'는 교육적으로 의도된 '해석활동'이라 할 수 있다. 해석학이 해석현상과 앎의 현상 자체에 관하여 관심을 기울이고 있다면, 쉐어드 프락시스는 교육을 통해 해석적 활동이 일어나도록 기획하고 실천하는 것을 모색하고 있다. 그룹의 '쉐어드 프락시스'는 해석학적 인식론이 기독교교육과 만나 어떻게 구체적인 교육방법이 되는지를 보여주는 탁월한 해석학적 모델이라고 할 수 있다.

IV. 맺는 말

위에서 살펴본 바와 같이 해석학적 인식론은 기독교교육 자체를 재개념화 하는 근본적 틀이 됨을 알 수 있다. 해석학적 인식론은 기독교교육사에서 오랫동안 화두가 되어왔던 "전통이냐 경험이냐"와 같은 질문에 대해 그 둘을 양자택일의 문제로 보지 않고 통합적으로 보는 안목을 제시함으로써, 전통을 경험의 지평에서 이해하고, 또한 경험을 전통과의 관련성에서 해석하는 기독교교육의 방향을 모색하게 하였다. 또한 해석학적 인식론은 기독교교육을 "해석"의 활동으로 보도록 함으로써, 기독교교육의 목적을 '학습자로 하여금 전통과 만나게 함으로써 자아이해의 확대와 자기 및 사회의 변형에 동참하게 하는 것'이라는 통찰은 제시하였다. 그와 같은 통찰은 계속해서 교육의 장, 방법, 교사-학생의 관계에 이르기까지 기독교교육 전체를 보는 이론적 틀이 되고 있는 것을 확인하게 한다.

해석학적 인식론은 또한 '전통 전수'라고 하는 교육활동이 곧 '전통의 변형'이요 '전통의 재창조' 활동이라고 하는 통찰을 제시함으로써 교육이야 말로 전통이 만들어져 가는 '전통화'과정의 가장 중심에 있다는 것을 밝혔다. 그런 의미에서 교육은 근본적으로 전통화가 이루어지는 '전통화 공동체'의 활동이어야 하며, 전통화 공동체 안에서 전통과 만나게 되는 모든 자리들, 곧 예배, 친교, 교육, 봉사, 선교가 교육의 핵심적 자리이고, 더 나아가 전통화가 이루어지는 '역사' 또한 광의의 교육의 자리가 된다는 통찰을 준다. 해석학적 인식론은 또한 '쉐어드프락시스'와 같은 기독교교육의 방법적 모델의 기초가 됨으로써 해석활동이 교육적으로 기획되고 의도되었을 때에 나타날 수 있는 교수방법적 탁월성을 보여주었다.

그렇게 보았을 때 해석학적 인식론은 기독교교육의 전반을 바라보는 하나의 시각이 된다. 해석학적 인식론은 기독교교육을 단순히 전통을 전수하는 행위가 아니라, 그 전통의 지평과 학습자의 지평을 만나게 함으로써 학습자의 자기이해의 확대와 자기 및 세상의 변형을 일으키는 활동으로 본다. 또한 그것은 기독교교육을 단순히 전통의 전수만이 아니라 전통의 재창조로 보며, 개인의 신앙형성만이 아니라 전통화 공동체와의 상호작용으로 보고, 더 나아가 신앙공동체 전체의 삶을 곧 교육의 자리로 본다. 그렇게 볼 때에 해석학적 인식론은 또 하나의 통전적 기독교교육 인식론이 된다는 점을 발견하게 된다.

4
장

이야기적 인식론과

하나님나라를 꿈꾸는 기독교교육

Ⅰ. 들어가는 말

하나님나라는 과학적 증명이나 논리적 설명으로는 충분히 제시될 수 없다. 왜냐하면 하나님나라는 보이는 것만이 아니라 보이지 않는 실재를 보고, 상상하고, 꿈꿀 때 이루어지는 나라이기 때문이다. 따라서 하나님나라는 보이지 않는 것을 상상할 수 있게 하고 꿈꿀 수 있도록 제시되어야 한다. 그런 맥락에서 우리는 왜 예수님이 하나님나라를 비유로 말씀하셨는지를 이해할 수 있다. 땅에 심겨진 겨자씨로, 가루 세 말을 부풀게 하는 누룩으로, 밭에 감추인 보화를 찾은 농부의 마음으로, 떠난 자식을 기다리는 아버지의 마음으로 예수님은 하나님나라를 알려주셨다. 이러한 비유를 통해 예수님은 청중들이 하나님나라가 어떠한 나라인지 상상하게 하셨고, 또한 그 나라를 꿈꾸고 갈망하도록 하셨다.

비유는 짧은 이야기라면, 이야기는 긴 비유라고 할 수 있다. 비유는 단어를 중심으로 하는 상징이라면, 이야기는 컨텍스트와 줄거리가 있는 상징으로서, 둘 다 상징성을 갖는다는 공통점이 있다. 즉 그 둘은 모두 실재를 직설적으로 기술discrption하는 담화의 형태가 아니라, 상징적 표현으로 실재를 보는 눈을 새롭게 열어주는 통로가 된다. 그래서 그들은 우리에게 보이지 않는 하나님나라를 보는 눈을 열어주고, 더 나아가 우리를 하나님나라 백성으로 살도록 하는 상상력을 자극한다.

이 장에서는 이야기의 어떠한 인식적 특성이 우리로 하여금 하나님나라를 꿈꾸고 갈망할 수 있게 하는지를 먼저 살펴보고자 한다. 그리고 그를 바탕으로 하나님나라와 이야기의 관계성을 살펴본 후, 이야기적 인식론을 바탕으로 하는 기독교교육 모델, 즉 "하나님나라를 꿈꾸는 기독교교육의 모델"을 제시해보고자 한다.

II. 내러티브 인식론

1. "호모 나란스 hommo narrance"의 인식론적 의미

인간은 "이야기의 동물 homo narrance"이다.[1] "호모 나란스"라는 말은 homo sapience나 homo faber와 같이 인간의 본질을 설명하는 단어로서, 인간을 인간되게 하는 본질 중의 하나가 곧 이야기라고 하는 것을 뜻하는 것이다. 인간이 이야기의 동물이라는 것은 무엇보다 먼저 인간이 '스토리텔링 동물'이라는 것이다. 스토리텔링 동물이란 물론 인간이 이야기를 하는 존재라는 뜻이다. 그러나 좀 더 생각해 보면, 인간이 이야기를 하는 동물이라는 것은 곧 인간이 이야기를 만들어내는 존재라는 뜻이기도 하다. 이야기를 만들어 낸다는 것이 무슨 뜻인가? 그것은 인간이 삶의 경험을 이야기로 표현하는 동물이라는 것을 뜻한다.[2] 인간에게 삶이 있는 한 모든 인간에게는 이야기가 있다는 말이다. 이야기가 없는 인간은 아무도 없다. 개인의 이야기도 있지만, 집단과 민족의 이야기인 역사 history도 있다. 또한 인간은 과거의 삶의 경험을 표현하기도 하지만, 꿈꾸고 갈망하는 미래의 이야기를 하기도 한다. 신화, 동

---

1 이 단어를 처음 쓴 사람은 독일의 민속학자 Karl Ranke로 알려져 있다. "Kategorienprobleme der Volksprosa," *Fabula* 9 (1-3) (1967), 4-12; Walter R. Fisher, "Narration as a human communication paradigm: The case of public moral argument," *Communication Monographs* 51 (1984), 1-22.

2 Hayden White, "The Value of Narrativity in the Representation of Reality," *Critical Inquiry* 7-1 (1980 Autumn), 5.

화, 소설, 영화, 희곡 등의 픽션들이 모든 문화권에 있는 것은 이것을 단적으로 나타내 준다. 맥킨타이어 Alasdair MacIntyre 는 그의 책 『After Virtue』에서 "인간은 그의 행동과 행위에서, 그의 허구적 이야기(픽션)에서도 본질적으로 이야기하는 동물이다"라고 하였다.[3] 그렇게 보았을 때, 인간은 모든 순간 이야기와 얽혀있는 존재이다. 그것은 롤랑 바르트 Roland Barth 의 이야기에 관한 정의에 그대로 나타난다:

> 세계의 내러티브들은 무한하다. 내러티브는 우선 쟝르의 다양함이 엄청나다. 그들은 다양한 소재로 확장되어 있다. ― 그 어떤 소재도 인간의 이야기에 적합하다. 구체적 언어, 즉 말이나 글로, 고정되거나 움직이는 이미지들, 제스쳐, 그리고 그 모든 방법들이 혼용되기도 한다; 내러티브는 신화, 전설, 동화, 소설, 역사, 비극, 드라마, 희극, 마임, 그림 … 스탠드글라스, 영화, 만화, 뉴스, 대화 안에 현존한다. 더 나아가 내러티브는 형식에 있어서 거의 무한대의 다양성을 가지면서 모든 연령, 모든 장소, 모든 사회 안에 있다; 내러티브는 인간의 역사와 더불어 시작되었다. 내러티브 없는 인간은 어디에도 없다. 모든 계층들, 모든 인간 그룹들은 그들의 이야기를 가지고 있다. … 좋은 이야기와 나쁜 이야기에 상관없이 내러티브는 국제적이고, 초역사적이고, 초문화적이다; 그것은 그냥 거기에 있다. 우리의 삶이 그런 것처럼.[4]

롤랑 바르트의 이 말은 인간은 삶이 있는 한 이야기를 가지고 있고, 그

---

3   Alasdair MacIntyre, *After Virtue: A Study in Moral Theory* (Notre Dame: University of Notre Dame Press, 1981), 201.

4   Roland Barthes, "Introduction to the Structural Analysis of Narratives," in *Image-Music-Text*, ed. Roland Barthes, trans. Stephen Heath (Glasgow: William Collins), 79.

런 의미에서 인간은 본질적으로 이야기의 동물이라는 것을 말해준다.

인간이 이야기의 동물이라는 것은 이미 그 자체로 이야기가 인간의 인식과 뗄 수 없이 연결되어 있다는 것을 의미한다. 인간이 경험을 표현한다는 것 자체가 이미 인식의 작용이기 때문이다. 우리가 어떤 경험을 이야기로 표현하는 순간, 이미 이것은 우리가 수많은 일상적인 경험 중 어떤 특정 경험을 의미 있는 것으로 해석했다는 것을 뜻한다. 또한 날것 형태의 경험을 발단과 전개와 결말의 형태를 가진 이야기로 표현했다는 것은 이미 그 경험을 우리의 관점으로 해석하였다는 것을 의미한다. 그렇게 보았을 때 '이야기'란 그 자체로 인간의 '사실 인식의 방식'이라고 할 수 있다. 이야기는 우리가 세상을 보는 인식적 틀이라는 말이다.

우리는 우리에게 일어난 사건들을 이야기 방식으로 기억한다. 슬펐던 일, 행복했던 순간, 분노했던 순간 … 등은 모두 우리의 기억에 이야기 형식으로 저장되어 있다. 우리가 실재를 이야기 형식으로 인식하는 만큼, 그것은 우리의 '기억 방식'이기도 한 것이다. 이야기가 우리의 경험을 기억하는 방식이라는 것은 곧 그것이 우리의 '자기인식'과도 관련된다는 것을 의미한다. 왜냐하면 '내가 누구인가?' 하는 것은 내가 나를 어떻게 기억하고 있는가와 연결이 되기 때문이다.[5] 우리는 기억에 의해서 자신의 고유한 특성을 유지할 수 있고, 자기 정체성을 유지한다. 개인뿐만 아니라, 한 민족이 어떤 민족인가는 그 민족의 역사이야기에서 나타난다. 개인이든 집단이든, 우리의 자기 정체성, 자기 인식은 우리의 기억, 즉 우리의 '이야기'에 기반한다. 그렇게 보았을 때, '호모 나란스'는 인간이 스토리텔링이라는 존재방식을 가진 동물이라는 것만을 지칭하는 것이 아니라, 인간의 사실인식방식, 기억의 방식, 그리고 자기 인식방식을 나타내는 말로서, 인식론적 차원과 밀접한 관련이 있는

---

5   George W. Stroup, *The Promise of Narrative Theology* (Eugene: John Knox, 1997), 102.

말이라 할 수 있다.

2. 이야기와 설명

1) 설명의 지배

이야기는 이처럼 인간의 가장 기본적인 존재방식이요 인식방식임에도 불구하고, 주로 개인의 경험을 표현하는데 쓰인다는 점에서 오랫동안 개인적이고 주관적 담화의 형태로 평가되었다. 또한 이야기는 문어체보다는 구어체적 표현으로 나타난다는 점으로 인해서 공적^{public}이나 학문적 표현으로서는 그다지 인정을 받지 못해왔다. 구디와 와트^{Goody & D. Watt}에 의하면 그러한 현상의 시작은 서구에서 그리스어 알파벳 글자를 채택하게 된 사건에까지 거슬러 올라간다고 하였다.[6] 즉 그들이 사용하는 말을 그리스어 알파벳을 차용하여 글로 표현하게 되면서, 언어와 언어가 지시하는 것 사이의 차이, 그리고 말이라고 하는 외면적 의미와 텍스트의 내면적인 의미 사이의 차이가 부각되었다는 것이다. 올손^{David Olson}은 서구사회가 그리스어 글자를 갖게 된 것은 결국 말과 문장 사이의 "거대한 분리"를 가져왔을 뿐 아니라, 점증적으로 "말로부터 텍스트에로" 움직여가는 현상이 나타나는 계기가 되었다고 하였다.[7] 그러면서 언어는 좀 더 명료성을 획득해 가려고, 의미의 분명한 묘사에 보다 가치를 두는 경향으로 발전하게 되었다는 것이다. 그러한 과정에서 명료성을 추구하는 설명^{exposition}은 점점 더 중요성을 획득하고, 상대적으

---

6   J. Goody & I. Watt, "The consequences of literacy," *Language, Social Change and Social Conflict* 5 (1963), 311-357.
7   David Olson, "From utterance to text," *Harvard Educational Review* 47 (1977), 258, 257-279.

로 이야기는 관심의 대상에서 멀어졌다는 것이다.

피셔 Walter R. Fisher 는 특별히 계몽주의시대에 베이컨 Francis Bacon, 데카르트 Descartes, 로크 Locke 에로 이어지면서 진정한 지식이란 사고와 실재 사이의 일치를 가져오는 것이라는 생각이 지배적이게 되었다고 하였다.[8] 이들은 결국 "설명"을 학문적 소통을 위한 대표적인 담화형식으로 자리 잡게 했고, 반면 수사학과 시학, 내러티브는 상대적으로 열등한 담화형식으로 평가절하하게 되었다고 하였다. 같은 맥락에서 다젠브록 Reed Way Dasenbrock 도 "로크 Locke 이후로 우리는 언어를 원칙적으로 명제적이고 설명적으로 세계를 기술하는 모드로서 보는 관점을 공유해왔다. 좋은 언어란 세계를 잘 표현하는 문장, 즉 묘사적, 문자적, 중립적이며 분명한 문장이어야만 하였다"[9]라고 하였다. 이러한 배경에서 서구사회에 17세기에 실증적 철학, 실증적 과학이 출현하게 되었고, 문어체 written language 가 연역, 추론, 분석 등의 과학적 과정을 담아내는데 적합한 언어로 인정되면서, 스토리와 스토리텔링은 설 자리를 잃었다.

'설명' 중심의 담화는 단순히 담화의 형태에만 관여하는 것이 아니라, 결국 그것이 추구하는 '지식' 개념을 출현시켰다. 피셔는 그렇게 출현한 지식의 개념은 가치중립적이며, 탈맥락적 contextfree 이고, 일상적 담화로부터는 분리된 '전문가'들만의 전유물이 되었다고 하였다.[10] 그는 그것을 '실증적 지식'이라고 칭하였는바, 이 개념은 일정한 상황 가운데 살고 있고, 가치로부터 자유로울 수 없으며, 개별적인 특수성을 가지고 일상의 삶을 사는 모든 사람들을 그것으로부터 배재하는 결과를 낳았다고 하였다. 그리고 이러한 지식 개념을 담아내기에 이야기는 너무 '상황지향적'이고, '가치향적'이며, '개별

---

8 Walter Fisher, "The narrative paradigm in the beginning," *Journal of Communication* 35 (1985, Fall), 78.

9 Reed Way Dasenbrock, "J. L. Austin and the Articulation of a New Rhetoric," *College Composition and Communication* 38-3 (1987, Oct), 293.

10 Walter Fisher, "The narrative paradigm in the beginning," 78.

특수적'이고, '일상생활 지향적'이다.

2) 내러티브 턴 ^{narrative turn}

그러한 흐름 속에서도 내러티브의 중요성을 인식하는 흐름이 간헐적으로 나타나지 않은 것은 아니었지만,[11] 내러티브가 본격적으로 재평가되기 시작한 것은 1980년 전후라고 할 수 있다. 이 시기에 내러티브가 '설명' 못지 않게 실재를 해석하는 인식론적 틀이요, 인간 행동에 영향을 미치는 상징적 역할을 한다는 재평가가 이루어졌고, 이에따라 내러티브 연구가 폭발적으로 증가하였다. 소위 "내러티브 전환^{narrative turn}" 현상이 일어난 것이다.[12]

피셔에 의하면 내러티브가 이처럼 새로운 관심을 받게 된 것은, 20세기 중반 이후 포스트모던 사상가들에 의해 제기된 실증주의적 지식개념에 대한 회의 및 비판들과 무관하지 않다.[13] 가다머^{Gadamer}, 하버마스^{Habermas}, 로티^{Roty}, 쿤^{Kuhn}과 같은 철학자들이나 괴델^{Goedel}, 하이젠베르크^{Heisenberg}, 툴민^{Toulmin}, 카프라^{Capra}와 같은 과학자 및 과학철학자들조차도 실증주의가 추구하는 절대적 중립성의 한계와, 탈인격적이고 탈맥락적 지식의 허구성을 지적하면서 지식의 다른 형태에로 관심을 돌리게 되었다. 일찍이 쉴러^{Fr. Schiller}는 실증적 지식의 창궐이 결국 인간 본성의 내면적 통일성과 조화를 파괴하고 지성과 상상력을 분리시켰다고 하였다:

---

11 18세기 중반 이후부터 플롯에 대한 특별한 갈망이 나타나기 시작했던 것은 이것의 한 예라 할 수 있다. 그것은 무엇보다 '역사(history)'에 대한 갈망이었는데, 우리가 누구인지, 우리는 지금 어디에 서 있는지를 알기 위해서 사람들은 무엇보다 역사에 관심을 가지게 되었고, 역사편찬, 역사철학, 신화학, 고고학, 진화생물학 등에서 기원으로 돌아가려는 노력은 근원으로부터 현재까지의 (히)스토리를 찾는 노력으로 나타났다. Peter Brooks, *Reading for the plot: Design and intention in narrative* (New York: Vintage, 1984), 5-6.

12 Kris Rutten & Ronald Soetaert, "Narrative and Rhetorical Approaches to Problems on Education Jerome Bruner and Kehheth Burke Revisited," *Stud Philos Educ* 32 (2013), 328.

13 Walter Fisher, "The narrative paradigm in the beginning," 79.

실증적 지식이 증가하고, 더 정확한 사고의 모드가 증가하며, 학문들 사이의 날카로운 분류가 불가피해지면서 … 인간 본성의 내면적 통일성도 단절되고 다양성에 대한 조화로운 힘들 사이에서 비극적인 갈등이 나타난다. 직관적 사고와 추상적 사고는 이제 서로에게 적대감으로 뒷걸음질 친다. … 하나 안에서는 폭풍같은 상상력이 지성의 딱딱한 열매를 파괴하는 동안, 다른 하나 안에서는 추상화의 정신이 심장을 따뜻하게 하고 상상력을 타오르게 할 불을 억누른다.[14]

쉴러의 말에 이미 나타나고 있는 것처럼, 실증적 지식의 지배는 실증적 지식만을 유일한 지식의 형태로 삼음으로써, 직관적 사고와 상상력을 인간 사고의 영역에서 제외시키고, 결국은 인간의 내적 통일성을 무너지게 한다는 것에 문제가 있다. 부르너Jerom Bruner도 과학적-논리적 지식 자체가 문제라기보다는 그것만을 유일한 지식으로 보면서 다른 것을 주관적인 것으로 치부하는 것이 문제라고 하면서 내러티브의 새로운 인식론적 가능성을 제시하였다.[15] 이러한 흐름들은 모두 소위 "내러티브 턴" 현상이 나타나게 되는 계기가 되었다.

3) 이야기적 인식론과 설명적 인식론

네러티브를 단순히 담화의 형태로서가 아니라 그를 넘어서서 인식의 방식으로 봄으로써 이야기 연구의 새로운 차원을 연 제롬 부르너는 설명적 모드 못지않게, 이야기도 일종의 인식의 모드라고 보면서, 그 둘은 서로 상호

---

14 Friedrich von Schiller, "On the Relation of the Plastic Arts to Nature," in *Critical Theory Since Plato*, trans. J. E. Cabot and ed. H. Adams (New York: Harcourt Brace Jovanovich, 1971), 419, 417-431.

15 Jerome Bruner, *Actual Minds, Possible Worlds* (Cambridge: Harverd University Press, 1986), 11.

보완적이면서도, 서로에게 환원할 수 없는 자기 나름의 인식적 독특성을 가졌다고 하였다.[16] 따라서 그 둘은 하나를 다른 하나로 대치할 수 없고, 그 하나를 열등한 것으로 치부하는 순간 인간 사고의 다양성이 훼손된다고 하였다.

그는 '논쟁argument'의 양식을 '이야기 양식'과 대비시키면서 그 둘은 모두 설득의 수단으로 사용되지만 설득의 방법에서 차이가 있다고 하였다. 즉 전자는 '진리'로 설득하지만, 후자는 '삶의 유사성'으로 설득한다는 것이다. 논쟁은 사실성과 논리성에 기반하여 설득하는 담화의 형태이지만, 이야기는 그것의 사실여부와 관계없이, '있을법함', '그럴듯함', '나에게도 일어날 법함' 등으로 설득하는 담화의 형태라는 것이다:

> 그 둘은 증명verification 방법에서 본질적으로 서로 다르다. '좋은 스토리'와 '잘 구성된 논쟁argument'은 둘 다 다른 사람을 설득하는 수단으로 사용될 수 있다. 그러나 그 둘은 설득의 방법이 근본적으로 다르다: 논쟁은 '진리'로 사람들을 설득하지만, 스토리는 '삶의 유사성'으로 한다. 하나는 형식적이고 실증적 증거를 세우는 과정을 통해서 호소한다. 다른 하나는 진리를 만들어내기보다는 '있을법함verisimilitude' 혹은 '그럴듯함'을 만들어낸다.[17]

부르너는 'then'이라고 하는 전치사의 예를 들어서 두 형태를 구별하여 설명한다. 그는 then이라는 단어가 논쟁적 문장, 예를 들어 "만약 x라면, y이다if x, then y"라고 하는 문장에서 쓰일 때와, 이야기 문장, 즉 "왕이 죽자, 왕비

---

16   위의 책, 11.
17   위의 책, 11.

도 죽었다 the king died, and then the queen died"이라고 하는 문장에서 사용될 때, 그 기능이 서로 다르다고 하였다.[18] 전자에서의 then은 보편적 진리와 원리의 조건을 찾는 사고에로 인도하고, 후자에서의 그것은 두 특수한 사건 사이의 개연성 있는 연관을 찾는 상상에로 인도한다는 것이다. 즉 후자의 then은 왕과 왕비의 죽음을 연결할 수 있는 수많은 가능한 개연성을 상상하게 만든다는 것이다. 이처럼 논쟁의 모드와 이야기적 모드는 그 자체로서 서로 상이한 사고과정을 일으킨다는 것이다.

부르너는 논쟁의 모드를 '논리-과학적' 모드, 혹은 "유형적 paradigmatic 모드"라고 칭하였고, 이야기적 사고 유형을 "내러티브 모드"라고 칭하였다. 유형적 모드는 '형식적 formal', 수학적 mathematical 시스템을 이상 ideal 으로 삼고, '유목화', '개념화' 혹은 '조작 operation'을 사용하여, 카테고리들을 만들기도 하고 개념들을 서로 연결시키기도 한다고 하였다. 또한 유형적 모드는 이론, 탄탄한 분석, 논리적 증명, 명백한 논지, 합리적 가설에 의해 인도되는 실증적 발견을 지향한다. 그러나 그는 유형적 사고는 특수한 콘텍스트 안에서의 진술로부터 점점 더 높은 차원의 추상화를 시도함으로써 일반화와 보편화를 이루지만, 결국은 특수한 컨텍스트에 대해서는 설명적 힘을 잃는 결과를 가져온다고 하였다.[19]

반면 부르너는 '내러티브모드'는 사실성과 논리성, 명백성을 추구하기보다는 인간의 의도와 행동, 변화와 결과와 같은 과정 process 들을 중시하는 모형이라고 하였다. 또한 그는 이야기적 사고는 '상상적', '직관적', '구체적' 사고를 관장하며, 비사실적, 혹은 초월적 차원을 상상에로 불러오거나, 서로 다른 것들을 플롯 안으로 연결시키며, 이 과정에서 이야기는 "사실같음 truthlike-

---

18 위의 책, 12.
19 위의 책, 13.

ness" 혹은 "개연성 believerbility"과 "삶의 유사성 lifelikeness"으로 감정이입을 불러 일으키기도 한다고 하였다.[20] 그렇게 보았을 때 유형적 모드가 탈맥락적con-textfree이고, 보편적 설명을 추구하는 반면, 네러티브 모드는 반대로 컨텍스트에 민감하고contextsensitive, 개별 사건에 주목한다. 유형적 모드가 특수한 것으로부터 보편적 원리에로의 추상화의 길을 간다면, 내러티브모드는 반대로 '초시간적 기적'들을 구체적 시간과 공간 안에 넣어서 구체적 경험으로 표현한다고 할 수 있다. 그런 의미에서 이야기는 특수하지만, 그 안에 오히려 일반성과 보편성이 담기게 된다고 할 수 있다.

부르너는 이 두 유형은 사고의 유형이기 때문에 결국 그것은 우리의 사고형성에도 영향을 미친다고 하였다. 이들은 서로 다른 언어사용을 요청하고, 그 언어사용은 결국 우리의 사고를 지배하면서, 우리의 사고방식 자체를 형성한다는 것이다.[21] 즉 우리가 이미 하나의 사고 유형에 사회화되어 버리면, 그 유형은 우리의 인지 모드를 지배하게 된다는 것이다. 그렇게 볼 때 우리의 문화와 우리의 학교가 주로 합리적 분석, 실증적 발견, 형식적 증명과 같은 유형적 모드에 강조점을 두고 그러한 사고를 주로 배양하고 있는 것은 결국은 우리의 인지 지형에 불균형을 가져올 것이라는 점을 예측할 수 있다. 즉 유형적 사고를 강조하는 우리의 문화와 학교의 경향은 '가치함축적'이고, '개별특수적'이며, 소위 논리적-실증적 개념의 '진리'를 넘어서서 인간의 내면과 가치관과 행동에 좀 더 심층적인 영향을 미치는 다른 차원의 진리, 다른 인지적 차원을 간과하거나 소홀히 하는 결과를 낳을 수 있는 것이다.[22]

---

20   Jerome Bruner, "Narrative and Paradigmatic Modes of Thought," in *Learning and Teaching the ways of knowing*, ed. Elliot Eisner (Chicago: National Society for the study of education, 1985), 97.

21   위의 책, 110.

22   Anne DiPardo, "Narrative knowers, expository knowledge: discourse as a dialectic," *Occasional Paper* 6 (California: University of California, 1989), 8.

3. 이야기와 세계관

이야기는 우리가 세계를 이해하는 방식, 혹은 세계를 구성하는^{construct} 방식이다. 우리는 수많은 자료들이 펼쳐져 있는 세계를 우리 나름의 상징체계를 통해서 그 세계에 관점과 의미를 부여한다. 그렇게 볼 때 세계는 우리가 어떻게 보느냐에 따라 결정되는 것이지, 세계가 불변하는 의미로 거기에 있는 것이 아니다. 이 같은 맥락에서 부르너는 다음과 같이 말했다:

> 세계는 거기에 있고, 결코 변하지 않는다고 하는 생각을 포기하는 순간, 그리고 우리가 상징체계 안에 있는 프레임 그 이상도 이하도 아닌 세계를 취하는 것이라고 생각하는 순간, 학문의 형태는 급진적으로 변한다. 그리고 우리는 최소한 실재를 취할 수 있는 무수한 형태를 다룰 수 있는 입장에 있게 된다. — 과학에 의해서 창조된 실재뿐만 아니라, 스토리에 의해 창조된 실재를 포함하여.[23]

그렇게 볼 때 과학이나 이야기는 모두 우리가 실재를 취하는 방식이다. 단 과학은 세계 안의 검증 가능한 차원에 초점을 맞추면서 거기에서 법칙을 찾는 방법으로 세계를 기술한다면, 이야기는 우리가 좋다고 느끼거나 상상할 수 있는 관점에서 세상을 재구성한다. 즉 과학은 외면적 세계에로 향하지만, 이야기는 세계에 대한 우리의 시각과 관점에로 향한다.[24] 다시 말하면 이야기는 우리가 어떻게 세계와 관여해야하는지를 제시한다는 것이다. 부르너는 문화는 우리의 인습화된 상호작용에 의해서 유지되는 것이라고 하였다.

---

23   Jerome Bruner, *Actual Minds, Possible Worlds*, 105.
24   위의 책, 51-52.

즉 우리가 선good을 유지하고, 결혼관계를 유지하거나, 정보를 취사선택하거나, 타인의 평판에 대해 반응하는 것 등이 우리의 인습화된 상호작용인데, 우리가 그러한 상호작용을 배우는 것은 우리가 매일 듣고 접하는 이야기를 통해서라고 하였다.[25] 이야기는 그러한 한 문화의 인습적인 상호작용을 반영하기도 하고 창조하기도 하면서 그 문화 속의 사람들이 그 속에서 '안정된 일반성'을 습득하게 하는 자리라고 하였다.[26]

같은 맥락에서 피셔Walter Fisher 는 "공공성public" 또한 내러티브 패러다임 안에서 형성되고 또한 인식된다고 하였다.[27] 그는 사회적 차원에서 삶의 의미와 가치는 내러티브적 구조 속에서 인식되고, 더 나아가 모든 윤리들은 그것이 사회적이든 정치적이든 법적이든 그 안에 내러티브를 포함하고 있다고 하였다. 우리가 그러한 스토리와 만나게 될 때 우리는 그것과 우리 자신의 그것과의 공통점과 차이점을 인식하게 되면서, '공공성'의 개념과 윤리성을 습득하게 되는 것이라고 하였다.[28]

피셔는 그러나 이야기는 단순히 하나의 세계관이나 공공성을 제시하는 역할만 하는 것이 아니라, 친숙한 세계관에 도전하거나 그를 대체하는 새로운 세계관을 제시함으로써 그것으로부터 새로운 규범과 도덕들이 출현하게 되기도 한다고 하였다. 그 대표적 예로 "어느 세일즈맨의 죽음"이나 "위대한 개츠비"와 같은 소설들을 들 수 있는데, 그 소설들은 당시 아메리칸 드림을 안고 살아가는 미국인들의 물질주의적 신화를 깨는 새로운 세계관을 보여주었다고 하였다.[29] 이 같은 소설은 내러티브가 단순히 세계를 기술하는 것에

25   Jerom Bruner, "Culture, mind and narrative," in In search of pedagogy, The Selected works of Jerome S. Bruner Vol II (2006), 230.
26   J. Bruner, "The reality of fiction," McGill Journal of Education 40 (2005), 56 (55-64).
27   Walter R. Fisher, "Narration as a human communication paradigm: The case of public moral argument," Communication Monographs 51 (1984), 3, 15.
28   위의 글, 15.
29   Walter R. Fisher, "Narration as a human communication paradigm," 1.

서 그치는 것이 아니라, 세계를 비판하고, 논쟁하는 기능, 더 나아가 우리가 꿈꾸고 희망해야할 새로운 세계, 미래에 대한 비전을 제시하기도 한다고 할 수 있다. 이야기 속에서 한 공동체는 과거에 일어났던 일을 소환하고 그를 바탕으로 미래에 되어갈 것에 대한 비전을 형성한다. 그렇게 볼 때 내러티브는 한 사회의 과거와 현재와 미래라는 직조를 구성하면서 한 사회를 형성하기도 하지만, 동시에 기존의 친숙함과 안정성에 도전하고 그를 비판하는 기능을 통해서 한 사회를 변형해 가기도 한다. 그래서 부르너는 "한 문화 안에서 인습적으로 기대되는 것을 자리 잡게 하는 것, 그리고 그 안에서 생기는 문제를 분명히 하고, 또한 인습적인 것이 갖고 있는 위험을 밝히는 것 그것이 바로 내러티브의 기능이다"라고 하였다.[30] 내러티브는 한 문화의 세계관과 공공성을 공유하고 확산하는 통로일 뿐 아니라, 그 세계관에 친숙한 가치에 도전하고 새로운 가치를 세우는 인식론적 통로가 된다.

4. 이야기와 행동

이야기가 인간의 세계관 형성에 영향을 미친다면, 그것은 그 자체로 이야기가 인간의 행동에 영향을 미친다는 것을 의미한다. 인간의 행동은 '동기 motivation'에서 시작하는데, 동기란 가치관, 세계관과 직접적으로 연결이 되기 때문이다. 부르너보다 훨씬 앞서 이야기의 인식론적 연구의 한 획을 그은 수사학자 케네스 버크Kenneth Burk는 인간을 "상징을 만들고, 상징을 사용하고, 또한 상징을 오용하기도 하는 상징의 동물"이라고 하였다.[31] 이 말은 인간이 상

---

30   Jerom Bruner, "Culture, mind and narrative," 232.

31   Kenneth Burke, *Language as symbolic action* (Los Angeles: University of California Press, 1966), 16.

징으로 살아가고 움직이는 존재라는 뜻인데, 상징은 인간이 동일시할 수 있는 동기를 부여하기 때문이다.

버크는 "구 수사학은 '설득'이 핵심이고, 설득을 위한 의도성에 강조점이 있었다면, 새로운 수사학의 핵심개념은 동일시identification이고, 이것에는 무의식적인 요소들도 포함된다"[32]고 하였다. 즉 수사학이 누군가를 설득하기 위한 담화라면, 그것은 구수사학이 했던 것처럼 청자를 논리적이고 의도적으로 설득하는 것보다는 청자가 스스로 동일시할 수 있게 하는 것이 훨씬 강력한 설득이 된다는 것이다. 동일시라는 것은 자신이 그 이미지, 혹은 그 가치, 그 인물과 같다는 느낌을 느끼면서 시작되는 과정이다.[33] 이 과정은 화자의 의도로 되는 것이 아니라, 청자 안에서 무의식으로부터 일어나는 어떤 움직임이 있어야 하는데, 버크는 그것을 불러일으킬 수 있는 것이 바로 상징이라고 보았다. 그는 상징이 인간에게 동일시를 불러일으키고, 그 동일시가 인간을 동기화하면, 그 동기화에 의해 인간은 '행동'하게 된다고 보았다. 그는 우주 안에서 사물들이 움직인다면motion, 인간은 행동한다action고 보았는데,[34] 이 말은 인간이 동기에 의해서 행동하는 존재라는 뜻이다. 인간은 다른 동물들처럼 단순히 본능에 의해 움직이는motion 존재가 아니라 스스로 동기에 의해서 행동action하는 존재라는 뜻이다. 그런 의미에서 인간이 상징의 동물이라는 것은 인간이 상징을 통한 동기화에 의해서 행동하는 존재라는 뜻이다. 따라서 인간이 '상징의 동물'이라는 것과 인간이 '행동하는 존재'라고 하는 것은 같은 맥락에서 이해될 수 있다.

버크는 '상징'의 다양한 형태 중에 내러티브에 초점을 맞추었는데, 그것

---

32 Kenneth Burk, "Rhetoric Old and New," *Journal of General Education* 5 (1951), 203.

33 Stefan Inversen, "Narratives in Rhetorical Discourse," *Living Handbook of Narratology*, http://www.Ihn. uni-hamburg.de (Jan 2014), 9.

34 위의 글.

은 내러티브가 갖는 드라마적 특성 때문이다. 드라마 안에 다양한 배역들이 있고, 특정의 상황이 있으며, 그 상황 안에서 배역들이 특정의 동기에 의해서 특정 행동을 하는 것이 곧 우리의 실제 삶과 같고, 그런 의미에서 드라마는 우리에게 강력한 '상징'의 역할을 한다고 보았다. 즉 드라마는 상징의 역할을 하면서, 동일시를 불러일으키고, 그것은 곧 우리를 '행동'에로 이끌어가는 통로가 된다는 것이다.[35] 그는 우리가 스토리 안의 캐릭터 속에 머물면서, 그 캐릭터가 겪는 상황과 갈등, 그리고 그의 행동과 그 행동의 결과를 볼 때에, 그것이 곧 우리의 행동을 위한 오리엔테이션 역할을 한다고 하였다.

버크는 그래서 비극, 희극, 혹은 풍자들은 다양한 방법으로 삶의 상황을 업그레이드 시키고, 관련된 태도를 형성하는 일종의 "삶의 장비 equipment of life"가 된다고 하였다.[36] 내러티브 속에 들어있는 상황을 다루는 새로운 방식이 청중들에게는 삶을 살아가는 방식을 제시하는 일종의 장비가 된다는 말이다. 포스 S.K. Foss 는 내러티브가 "청중들이 행동의 다양한 코스들 중에서 하나를 결정하려 할 때 참고할 수 있는 일종의 차트, 형식, 메뉴얼, 혹은 지도가 된다"고 하였다.[37] 그는 내러티브가 메뉴얼이 된다는 것은 내러티브가 문자적 처방이 된다기 보다, 상황을 보고 거기에 적응하는 일종의 오리엔테이션을 제공하는 것이라고 할 수 있다고 하였다.

버크는 내러티브를 우리의 행동에 영향을 미치는 상징으로 보는 것에서 더 나아가, 드라마로부터 인간과 인간사회 자체를 보는 관점을 취하여서 그것으로부터 인간의 동기와 행동을 이해하는 틀을 발견하기도 하였다. 그는 이것을 "드라마티즘 dramatism"이라고 칭하면서, 드라마 연구로부터 연원한

---

35 Kenneth Burke, "Questions and answers about the pentad," *College Composition and Communication* 29-4 (1978), 340.

36 Kris Rutten & Ronald Soetaert, "Narrative and Rhetorical Approaches to Problems on Education Jerome Bruner and Kenneth Burke Revisited," *Stud Philos Educ* 32 (2013), 332.

37 Sonja K. Foss, *Rhetorical criticism, Exploration & practice* (Illinois: Waveland Press, 2004), 70.

용어들을 통해서 인간의 동기를 분석하였다.[38] 그는 마치 연극에서 모든 행동들이 드라마의 모티브를 드러내는 것에 맞추어져 있는 것과 같이 인간의 모든 행동은 그가 처해 있는 상황에서 특정의 동기와 관련되어 있다고 보았다. 그는 드라마에서 특정의 행동이 나타나는 데에는 그 "act^{행동}", "agent^{행위자}", "scene^{행동이 일어난 상황}", "agency^{행동의 수단}", "purpose^{행동의 목적}"가 복합적으로 작용하는 것과 같이, 인간의 행동과 행동의 동기화 과정을 이해하기 위해서는 이 다섯 가지 "펜타드^{pentad}"를 함께 보아야 한다고 하였다.[39]

버크는 이 "펜타드"가 상징적 행위를 기술하는 문법과 같다고 보았다. 즉 드라마에 나타나는 행동을 설명하는 이 다섯 가지가 실제로 인간의 행동을 설명하는 다섯 가지가 된다고 보았다. 그는 또한 그 다섯 가지 사이의 관계와 그 관계로부터 나오는 논리^{ratio}에도 관심을 가졌는데, 예를 들어 agent와 scene의 관계, act와 purpose의 관계, 혹은 act와 agency의 관계와 같이 그들 간에 나타나는 관계성이나 갈등들을 보면 행동의 패턴, 혹은 갈등의 윤곽이 드러난다고 하였다. 또한 드라마에서 발견되는 갈등해결은 현실의 행동에 대한 상징이요 오리엔테이션 역할을 한다고 보았다. 따라서 버크는 펜타드와 갈등, 갈등해결을 내러티브 분석의 핵심요소로 삼았고, 또한 아울러 그것을 인간의 행동을 분석하는 핵심적 틀로 삼았다.

버크에게 있어서 내러티브는 그 자체로 행동의 상징이고, 그의 펜타드는 내러티브 분석의 수단으로서 그 안에 나타나는 행동과 동기화를 설명해주는 틀이다. 그러나 이에서 더 나아가 그에게 있어서 펜타드는 단순히 내러

---

38   Kenneth Burke, "linguistic approaches to problems of education," in *Modern philosophies and education*, ed. N. B. Henry (Chicago: University of Chicago Press, 1955) 263. 버크는 '드라마티즘' 개념을 계속해서 발전시키면서 그의 책 *A Grammar of Motives* (1969a, 1945), *Rhetoric of Motives* (1969), *Language as Symbolic Action* (1966), *Attitudes Towards History* (1984)와 *Philosophy of Literary form*에서 지속적으로 확장했다.

39   Kenneth Burke, *The Philosophy of literary form(3rded.)* (Los Angeles: University of California Press, 1973), 109.

티브 안의 행동을 이해하는 요소들만이 아니라, 실제 우리 행동을 이해하는 요소들이기도 하다. 그런 의미에서 그의 드라마티즘은 내러티브의 행동과 우리의 행동을 연결하여 보게 하는 틀이 되고, 네러티브를 통해 우리의 행동을 실제적으로 동기화하는 교육적 툴^{tool}이 될 수도 있다는 것을 암시한다.

위에서 우리는 내러티브 인식론에 대해 살펴보았다. 무엇보다 먼저 내러티브는 '호모 나란스'로서의 인간의 가장 기본적인 '인식방식'이요, '기억의 방식'이며, 또한 '자기인식의 방식'이지만, 오랫동안 '설명'에 비해서 진리를 담지하는 담화의 형식으로서는 인정받지 못해왔다는 것을 살펴보았다. 그러나 그와 함께 우리는 내러티브가 중립적이고 객관적인 진리를 제시하지는 않을지라도, 오히려 인간에게 직관적 사고와 상상력을 불러일으키며, "있음직함"과 "삶의 유사성"으로 사람들에게 감정이입을 불러일으키고, '개인과 공동체에게 의미 있는 진리'를 발견하게 하는 인식론적 힘이 있음을 살펴보았다. 더 나아가 이야기적 인식론은 초시간적 진리를 구체적 시간과 공간안에 넣어서 구체적으로 경험되게 하는 힘이 있기에 오히려 보편적이고 우주적인 진리를 구체적으로 보여주는 힘이 있음을 살펴보았다.

우리는 또한 이야기는 인식의 통로이기에 그 자체로 그것은 우리가 세계를 보는 통로, 곧 세계관이라는 것을 살펴보았다. 이야기는 해석된 세계를 제시한다. 이야기는 날것으로서의 세계를 발단과 전개와 결말의 형태로 재구성하면서 세계에서 일어나는 일들을 서로 연결시키고, 또한 원인과 결과를 연관 지으면서 과거와 현재뿐 아니라, 미래를 전망하거나 꿈꾸게도 한다. 이야기는 그렇게 우리가 세계와 관여하는 방식, 참여하는 방식을 제시한다. 이야기는 우리에게 "공공성"을 습득하게 하고, 사회적, 정치적, 법적 윤리들을 습득하게 하는 통로이다. 이야기는 또한 친숙함과 인습적인 가치에 도전하고 새로운 가치를 세움으로써, 세계를 변형하는 통로가 된다.

이야기는 그 무엇보다 인간의 행동에 영향을 미친다는 것을 살펴보았는바, 이야기는 우리에게 동일시를 불러일으키고, 그 동일시로 인하여 행동에로의 동기화를 가져오는 상징이다. 무엇보다 이야기의 드라마적 구조, 즉 행위자, 행동, 행동의 상황, 행동의 수단, 행동의 목적은 우리가 실제로 행동을 하게 되는 상황과 동일한 구도를 가지면서, 우리의 행동에 영향을 미치는 상징체계의 역할을 한다. 또한 이야기의 이러한 구조들 간의 관련성은 이야기 분석만이 아니라, 우리 행동을 분석하는 도구가 되며, 갈등을 직면하고 해결하는데 있어서 상징과 오리엔테이션의 역할을 한다. 따라서 드라마적 구조는 이야기와 우리의 행동을 연결할 수 있는 교육적 연결고리가 될 수 있다.

Ⅲ. 이야기적 인식론과 하나님나라

이상에서 우리는 내러티브 인식론의 특징을 호모나란스의 개념, 설명적 인식론과 구별되는 이야기적 인식론의 특징, 이야기와 세계관의 관계, 그리고 이야기와 행동의 관계를 중심으로 살펴보았다. 그러면 이러한 이야기적 인식론의 특성이 하나님나라와 어떠한 관계가 있는가? 이에 대한 답을 찾기 위해 먼저 하나님나라 자체가 가지고 있는 이야기적 차원에 주목해 보자.

1. 이야기와 하나님나라

하나님나라의 이야기적 차원을 생각할 때 무엇보다 먼저 주목하게 되는 것은 하나님나라가 신구약을 관통하여 흐르는 "이야기"를 통해서 스스로를 드러낸다는 것이다. 하나님 나라는 창조의 이야기로부터 시작하여 타락이야기, 언약백성의 이야기, 예수 그리스도 이야기, 사도들의 이야기 그리고 새 하늘과 새 땅 이야기에 이르기까지 이야기를 통해서 스스로를 전개하고 있는 것을 볼 수 있다. 즉 하나님나라는 이야기를 통해서 자신을 구체화하지만, 단순히 고정된 내용을 이야기에 담는 것이 아니라, 성경 전체를 흐르는 플롯이 전개됨에 따라서 스스로도 변화되고 확장되고 있다.[40]

구약성경에서 하나님 나라는 천지를 창조하는 순간에 시작된다. 하나님이 세상을 창조하셨다는 것은 이미 그 자체로 세상을 향한 하나님의 다스림, 즉 그의 생명나눔과 베풂의 다스림이 시작되었다는 뜻이다.[41] 창세기는 물론 창조이야기 이후 타락이야기를 통해서 하나님의 통치가 인류에 의해서 좌절되는 것을 보여주지만, 아브라함의 이야기를 통해서 다시금 이 땅에 통치의 거점을 확보하고, 아브라함 이후 언약백성의 역사를 통해서 하나님 나라의 향방을 분명하게 드러낸다. 이스라엘의 역사는 하나님이 이스라엘을 열국 중에서 특별한 돌봄과 감찰을 받는 소유된 백성이요 거룩한 백성, 제사장 나라로 삼고 그들을 통해서 세상을 견인하는 구심운동형 하나님 나라를 구현하려 하였던 것을 보여준다. 그럼에도 불구하고 언약 백성의 이야기는 이스라엘의 패역함으로 인하여 다시 실패한 것으로 보이지만, 그것은 다윗과의 약속을 지키시는 하나님께서 그의 혈통으로부터 오는 메시야를 통해 하나님 나라를 재건하실 것이라는 묵시적 이야기로 연결되고, 신약은 바로 그 묵시적 이야기의 성취로서 예수 그리스도의 오심으로 시작한다.[42]

예수 그리스도는 구약성경에 나타난 하나님 나라의 꿈과 비전이 100%

---

40 William D. Barrick, "The Kimgdom of God in the Old Testament," *MSJ* 23-2 (Fall 2012), 177-178.

41 김세윤, 김회권, 정현구, 『하나님나라 복음』 (서울: 새물결플러스, 2013), 31-130.

42 F. David Farnell, "The Kingdom of God in the New Testament," *MSJ* 23-2 (Fall 2012), 193.

구현된 하나님 나라 그 자체이다. 즉 예수 그리스도의 삶과 죽음과 부활이야기는 그 자체로 하나님 통치의 온전한 구현을 보여준다. 따라서 예수님의 이야기는 하나님나라가 지금 여기에 이미 왔음을 보여줌으로써, 종말적인 하나님나라를 현재의 시제로 바꾸어 하나님나라가 지금 여기에 왔음을 알렸다.[43] 또한 더 나아가 예수 그리스도와 더불어 하나님나라는 언약백성인 이스라엘 백성들에게서 예수 그리스도를 주로 고백하는 "모든 사람"에게로 그 대상을 확대하는 것을 보여주었다.[44] 아울러 그가 선포한 하나님나라는 단순한 정치적 회복만이 아니라, 가루 세 말에 넣은 누룩처럼 세상을 변화시키고, 겨자씨처럼 스스로 자라나서, 지금은 미약할지라도 결국은 온 세상을 치유하고 회복하는 나라라고 하는 비전을 보여준다.[45] 계시록 21-22장이 그려주는 새 하늘과 새 땅은 바로 그러한 나라를 구체적으로 그려주는 그림이다.[46]

하나님나라는 이처럼 신구약 성경 전체에 펼쳐지는 플롯을 따라가면서 스스로 변화되고 발전되고 확장된다. 이 같은 사실로부터 우리는 이야기는 단순히 하나님나라의 표현형식일 뿐만 아니라, 하나님나라가 변화되고 확장되는 통로요, 따라서 그것은 하나님 나라의 존재방식이라고 하는 것을 발견하게 된다.

2. 스토리텔링, 삶의 유사성 그리고 하나님나라

하나님나라가 이처럼 이야기를 통해서 표현되고, 발전되고, 확장되는

---

43   이승구, "하나님나라의 현재성과 우리들의 기도," 『신학정론』 36-1 (2018. 6), 300-301.
44   F. David Farnell, "The Kingdom of God in the New Testament," 199.
45   김세윤, 김회권, 정현구, 『하나님나라 복음』, 236.
46   Mark Sauch, "Regnum Spiritu: The Kingdom of God and spiritual formation," *Journal of Spiritual Formation & Soul Care* 4-2 (2011), 144.

것과 같이, 그것은 또한 이야기될 때, 즉 스토리텔링을 통해서 지금도 지속적으로 확장되어 가는 나라라고 할 수 있다. 예수 그리스도 이야기는 그것이 이야기되는 순간, 지금 우리에게 일어나는 그리스도 사건이 된다. 예수님이 하나님나라 비유로 말씀해주신 '탕자의 비유'는 우리에게 이야기 될 때, 우리 자신을 탕자로, 혹은 첫째아들로 동일시하게 되고, 그 이야기가 나의 이야기가 될 수 있다. 사도행전의 이야기는 그것이 이야기될 때, 그 이야기는 끝나지 않았고 우리가 지속적으로 그 이야기를 이어가야 한다는 도전을 준다. 즉 우리도 그 이야기의 한 부분이 되어야 한다는 도전을 준다.

왜냐하면 이야기를 들을 때에 하나님나라는 "있음직함"으로, 그리고 나에게도 일어날 것 같은 "삶의 유사성"으로 우리를 그 이야기 속으로 초대하고, 그를 통해 우리를 하나님나라로 초대하기 때문이다. 물론 개인의 인격과 삶이 하나님 통치에 편입되는 일은 '성령'의 내주하심으로만 가능한 일이다.[47] 그러나 그것이 일어나는 방법은 그 나라가 나에게도 임하였다는 신앙적 상상력이 일깨워지고, 나에게도 "있음직함", 나와의 "삶의 유사성"이 느껴지는 방법, 즉 내러티브적 인식작용을 통해서인 것이다. 따라서 하나님나라는 성경 속의 이야기들을 통해서 구체화되고, 발전하였지만, 동시에 오늘도 "스토리텔링"을 통해서 스스로의 생명력을 유지하고, 지속적으로 확장되는 나라라고 할 수 있다. 이것이 바로 우리가 끊임없이 하나님나라 이야기, 성경의 이야기를 해야 하는 이유이다.

그렇게 보았을 때에 이야기적 인식론의 특성은 하나님나라의 속성, 즉 스스로 확장해가는 하나님나라의 속성과 불가분리로 연결된다는 것을 알 수 있다. 하나님나라는 고정불변의 나라가 아니다, 그것은 가루 세 말에 넣은 누룩이 전체를 부풀리듯, 작은 겨자씨가 큰 나무가 되듯 스스로 확장해가는 나

---

47 김세윤, 김회권, 정현구, 『하나님나라 복음』, 22.

라이다. 그러한 하나님나라의 확장성은 이야기적 인식론이 불러일으키는 이야기적 상상력, 즉 "있음직함"과 "삶의 유사성"을 통해서 구현되어간다. 하나님나라와 이야기는 이렇게 본질적으로 서로 불가분리로 연결되어 있다.

3. 세계관으로서의 이야기와 하나님나라

위에서 우리는 이야기가 세계를 보는 통로, 즉 세계관이라고 하는 것을 살펴보았다. 이야기는 날것으로서의 세계를 발단과 전개와 결말의 형태로 재구성하면서 해석된 세계관을 제시한다. 또한 이야기는 청중들을 그 세계 안으로 초대하여 거기에 머물게 한다. 우리는 이야기가 펼쳐놓은 세계 안에서 과거와 현재를 보며, 또한 미래를 꿈꾼다. 이 말은 우리가 이야기의 세계에 들어가는 순간 그 세계관의 눈으로 우리가 살았던 과거를 보고, 그 눈으로 현재를 보며, 또한 그 눈으로 미래를 꿈꾼다는 말이다. 이야기로 인해 꿈꾸는 미래는 우리에게 익숙했던 현재의 가치와 삶을 가치 없는 것으로 만들기도 한다. 그 꿈은 우리의 현재를 바꿈으로써 우리의 미래를 만들어 간다. 세계관으로서의 이야기는 그렇게 우리의 세계관을 바꾸고, 우리 자신의 정체성을 변형하는 힘이 있다.

그러한 관점에서 보았을 때, 하나님나라는 그 자체로 하나의 세계관이다. 세계 전체를 아우르는 관점이자, 부르너의 말을 빌리면 해석된 세계 그자체이다. 하나님나라는 이 세상이 처음 생기게 된 창조 이야기, 타락과 회복의 이야기, 새 하늘과 새 땅의 이야기, 하나님나라 백성의 이야기로 세상에 대한 통일된 관점을 제시한다. 무엇보다 하나님나라는 이 세상이 모두 하나님의 피조물이고 하나님께 속한 것이라고 하는 관점을 제시한다. 하나님나라는 따라서 이 사회와, 국가와 자연과 온 누리가 하나님의 사랑과 정의의 통치가 실현되어야 할 장소라는 것을 암시한다. 그리고 이 세상은 죄로 인해서 심판받아 마땅한 자리이지만, 하나님이 "세상을 이처럼 사랑하사" 그의 아들 예수 그리스도를 보냈고, 따라서 세상은 그리스도로 인하여 회복되어야 하는 장소라고 하는 관점을 제시한다. 뿐만 아니라 그것은 지금 여기에 임한 하나님나라를 볼 수 있는 눈을 제시함으로써 하나님나라 백성은 세상에 살지만 그와 동시에 하나님의 통치아래 사는 백성이라는 관점을 제시한다. 그리고 그 나라의 백성은 하나님나라의 운동력에 자신을 맡김과 아울러 이 땅에 임하는 사랑과 정의의 하나님 통치를 함께 구현하는 사람이라는 정체성을 가진 백성이라는 눈을 열어준다.[48]

그와 같은 하나님나라의 세계관은 이야기에 담기면서, 청중들을 그 세계 안으로 초대하여 거기에 머물게 한다. 그리고 그 세계관으로 우리의 과거와 현재를 보게 할 뿐 아니라, 우리의 미래, 즉 하나님나라 구현을 향한 미래를 꿈꾸게 한다. 그 꿈은 우리로 하여금 세상 속에 살지만 세상적 가치와 삶에 굴복하지 않고, 하나님나라 운동력에 자신을 맡기면서 자신 또한 그 운동에 함께 참여하게 한다. 이야기가 갖는 세계관적 특성은 우리에게 하나님나라를 수많은 다른 세계관 중의 하나로서가 아니라, 그 세계 안으로 들어가 그 안에 살게 하고, 또한 그것을 꿈꾸게 하는 통로가 된다. 그런 의미에서 우리는 왜 하나님나라가 이야기되지 않으면 안 되는지를 다시 깨닫게 된다.

4. 행동과 하나님나라

위에서 우리는 이야기적 인식론이 행동에 직접적으로 영향을 미치는

---

[48] 김희권, "세상과 소통하는 그리스도인," 『기독교사상』 52-10 (2008), 211, 210-238.

인식론적 특징을 가졌음을 살펴보았다. 이야기 안에 들어있는 요소들, 즉 배역들, 특정상황, 그로부터 시작되는 동기 등은 모두 배역이 하는 행동 및 행동의 목적과 행동의 수단들에 영향을 미치는데, 이 같은 드라마적 구조는 우리의 실제 삶 속에서의 행동과 동일한 구조를 가지면서 인간의 행동에 영향을 미치는 상징이 된다. 즉 우리의 삶도 드라마적 구조를 가졌다는 것이다. 동일한 드라마적 구조로 인하여 이야기는 행동을 모방하게 하는 인식적 작동을 한다는 것이다. 물론 여기에서 행동을 모방하게 한다는 것은 단순히 행동을 흉내내는 것이 아니라, 이야기적 상황에서 나타나는 갈등이나 문제들을 바탕으로 실제적 상황에서의 행동에 대한 오리엔테이션을 얻게 한다는 것이다. 그런 의미에서 버크가 말하는 '펜타드' ― 행동, 행위자, 행동의 상황, 행동의 수단, 행동의 목적 ― 와 그들 간의 관계들은 행동의 오리엔테이션을 제시하는 교육적 수단이 될 수 있다.

드라마적 관점에서 보았을 때에 성경은 그 자체로 드라마이다. 바돌로메와 고헨^{C. Bartholomew & M. Goheen}은 성경은 마치 6막으로 되어 있는 드라마의 대본과 같다고 하였다.[49] 앞의 4막은 '창조', '타락', '이스라엘의 선택', '예수님의 오심'으로 이루어져 있고, 또한 마지막 6막은 '새 하늘과 새 땅', 혹은 '예수의 다시오심'으로 완성되는 하나님 나라 이야기이지만, 5막은 아직 쓰이지 않은 장과 같다고 하였다. 따라서 오늘날의 모든 기독교인들은 4막과 6막 사이를 살고 있으면서, 그들의 삶이 앞의 4막에 연계되면서, 동시에 6막의 결론, 즉 새 하늘과 새 땅의 하나님 나라 완성에 맞아떨어지도록 살아야 하는 삶의 과제를 가지고 있다고 하였다. 성경이야기의 독자들은 모두 하나님 나라의 드라마에 출연한 배우와 같이 6막의 결말에 자연스럽게 연결될

---

49 C. G. Bartholomew & M. W. Goheen, *The Drama of Scripture: Finding our place in the biblical story* (Grand Rapids: Baker, 2004), 197.

수 있도록 5막을 살아내는 소명, 즉 스스로의 삶을 통해서 이 이야기를 계속해서 써 내려가야 하는 소명 앞에 서 있는 것이다.

그렇게 보았을 때 하나님나라 백성들은 하나님나라 이야기의 플롯을 자신의 삶에 연장하여 살아야 하는 백성들이라고 할 수 있다. 그들의 모든 삶과 구체적 행동들이 '예수님의 오심'과 '새 하늘과 새 땅'의 하나님나라 완성을 연결하는 것이 되어야 한다는 것이다. 하나님나라 이야기는 결국 우리의 삶과 행동을 통해서 완성이 되어가는 아주 특별한 이야기이다. 그 이야기가 결말을 향해 잘 진행될 수 있을지 없을지, 혹은 어떻게 진행될지가 배우인 우리의 참여에 달려있는 이야기, 그래서 우리의 삶과 행동을 지배하는 이야기, 그러한 이야기가 하나님나라 이야기이다.

Ⅳ. 하나님나라를 꿈꾸는 기독교교육 모델

앞에서 우리는 하나님나라가 이야기의 인식론적 특성과 어떠한 관련성 안에 있는지를 살펴보았다. 하나님나라는 성경 전체를 통해서 이야기와 플롯을 통해 스스로를 표현하고 확장해가는 것과 마찬가지로 오늘도 스토리텔링, 즉 우리의 하나님나라 이야기하기를 통해서 계속 그 생명력을 확장해 나가는 나라이다. 이야기가 가지는 삶의 유사성과 상징성이 하나님나라의 세계관으로 청자들을 초대해 들이며, 더 나아가 하나님나라 백성으로서의 삶을 살도록 하는 힘이 있기 때문이다. 그런 의미에서 기독교교육은 그 자체로 하나님나라 이야기가 스토리텔링 되는 자리여야 하며, 또한 하나님나라 이야기가 스스로 확장되는 통로가 되어야 하고, 더 나아가 이 땅과 온 누리에 하나님나라 이야기가 가득 차도록 새로운 하나님나라 이야기가 만들어 지는 자리가 되어야 할 것이다.

이러한 관점에서 보면 하나님나라 이야기는 기독교교육의 목적이나, 내용, 방법의 측면에도 가장 본질적이고 핵심적인 요소라고 하는 것을 알 수 있다.[50] 즉 기독교교육은 궁극적으로 하나님나라의 구현과 완성을 목적으로 해야 하고, 또한 하나님나라 이야기가 교육내용의 핵심을 이루며, 더 나아가 하나님나라 스토리텔링은 기독교교육의 가장 핵심적 방법이 되어야 함을 알 수 있다. 이 장에서는 그를 바탕으로 하나님나라 이야기를 기반으로 하는 기독교교육의 모델을 제시해보고자 한다.

그동안 기독교교육의 영역에서는 이야기를 중심으로 하는 기독교교육의 모델들이 제기되었다. 대표적인 예로 토마스 그룹Thomas Groome 과 앤 윔벌리 Anne S. Wimberly 를 들 수 있다. 그룹은 "공유된 실천Shared praxis" 모델을,[51] 그리고 윔벌리는 "이야기 연결하기Story-linking" 모델을 제시하였는바,[52] 이 둘은 엄격하게 말하면 교수-학습 모델이라고 할 수 있다. 또한 이들의 모델은 넓게 보면 하나님나라 구현을 위한 교육을 포괄하지만, 하나님나라보다는 '이야기'에 초점을 두는 모델이라고 할 수 있다. 반면 박화경은 하나님나라를 핵심개념으로 해서 기독교교육 전체를 아우르는 기독교교육 모델을 교육목적, 내용, 과정, 방법 교사-학생, 교육의 장이라고 하는 틀을 중심으로 제시하였고, 특별히 교육과정의 차원에서는 그룹의 "공유된 실천"을 기본 틀로 하면서도 그것을 하나님나라의 관점에서 보완한 모델을 제시한 바 있다.[53]

---

50   참조, 박화경, 『하나님나라와 기독교교육』 (서울: 한국장로교출판사, 2006), 318이하.

51   Thomas Groome, *Christian Religious Education*, 이기문 역, 『기독교적 종교교육』 (서울: 한국장로교출판사, 1983), 298이하.

52   Anne Streaty Wimberly, *Soul Stories* (Nashville: Abingdon Press, 1994), 참조, 양금희 『이야기 · 예술 · 기독교교육』 (서울: 장로회신학대학교출판부, 2010), 95-99.

53   박화경, 『하나님나라와 기독교교육』, 362-366.

본 고에서는 위에서 살펴본 하나님나라와 이야기의 인식론적 특성과의 관계성을 바탕으로 "하나님나라를 꿈꾸는 기독교교육 모델"을 제시하고자 하는바, 이것은 기독교교육의 모델이기도 하고, 동시에 구체적 "교수-학습" 모델이기도 하다. 즉 아래에 제시되는 네 단계, 즉 "하나님나라 스토리텔링", "하나님나라 스토리 안에 머물기", "하나님나라 스토리 되기", "하나님나라 스토리 리텔링 re-telling"은 모두 그 자체로 하나님나라를 지향하는 기독교교육의 핵심적 개념이면서, 동시에 그 자체로 교수-학습의 단계들이 될 수 있다.

1. 하나님나라 스토리텔링

하나님나라를 위한 기독교교육은 무엇보다도 먼저 하나님나라 이야기를 스토리텔링하는 교육이다. 앞에서 살펴본 대로 성경에 나타난 하나님나라 이야기는 그것이 이야기될 때, 학습자를 그 이야기 속으로 초대해 들이고, 그 사건이 학습자에게 다시 한 번 생생하게 재현된다. 즉 스토리텔링은 하나님나라 이야기의 스스로 확장하는 힘이 나타나는 통로이다. 그런 의미에서 하나님나라 이야기를 하는 것으로부터 시작하는 기독교교육은 인간의 관심이나 인간의 노력으로부터 시작하는 기독교교육이 아니라, 하나님나라 이야기의 스스로 가르치는 힘에 의존하는 교육이라고 하는 것을 의미한다. 하나님나라 이야기를 스토리텔링하는 교육은 하나님나라의 스스로 확장하는 힘에 자리를 내어주고, 그것이 스스로 가르치도록 공간을 창조하는 교육이다.

그런 의미에서 하나님나라를 위한 **"교수-학습"**모델도 다른 것으로부터가 아니라 하나님나라 이야기를 스토리텔링 하는 것으로부터 시작된다. 위에 언급한 그룸과 윔벌리의 교수학습모델이 먼저 현재의 이야기, 혹은 학습자들의 상황으로부터 시작하는 것과 대조적으로, 하나님나라를 위한 교수학

습모델은 먼저 하나님나라 이야기에 귀 기울이는 것으로부터 시작한다. 그
것은 현재의 상황이나 이야기의 눈을 통해 성경의 이야기를 보도록 하는 것
이 아니라, 먼저 자신의 자리에서 나와 하나님나라 이야기 자체가 스스로 펼
쳐놓은 이야기에 들어가 그 이야기가 하는 말에 귀 기울이도록 하는 단계이
다. 그런 의미에서 이 단계는 학습자가 스토리 자체에 몰입하여 들어갈 수
있도록, 이야기를 플롯에 따라 잘 제시하는 것에 목적을 둔다. 그리고 학습자
가 그 이야기 속에서 성경 속의 사건을 생생하게 경험하게 할 수 있도록 하
는 것이 이 단계의 목적이 되어야 한다.

2. 하나님나라 스토리 안에 머물기

위에서 살펴본 대로 하나님나라 이야기는 그 자체로 세계관이다. 그것
은 단순히 하나의 이야기에 그치는 것이 아니라 하나의 세계를 제시한다. 따
라서 하나님나라를 꿈꾸는 기독교교육은 학습자를 하나님나라라는 세계 안
으로 초대해, 실제로 그 세계 안에 머물도록 하는 교육이 되어야 한다. 하나
님나라 이야기 안에 머문다는 것은 하나님나라 안에서 산다는 것이고, 하나
님나라 안에 산다는 것은 세상에 살지만 하나님나라 백성으로 사는 것을 의
미한다. 즉 이 세상에 살지만 이 세상을 향한 하나님의 통치를 인정하고, 기
꺼이 그 통치 아래 살면서, 사회와 자연과 온 누리를 향한 하나님의 사랑과
정의의 통치에 함께 참여하는 것이다. 그런 의미에서 세상 속에서 하나님나
라 백성으로 살기를 의미하는 "하나님나라 스토리 안에 머물기"는 가장 핵
심적인 기독교교육의 과제이자 사명이라 할 수 있다.

"교수-학습의 단계"로서 "하나님나라 이야기 안에 머물기"는 이전 단계
이서 이루어진 "하나님나라 스토리텔링"단계에서 제시된 하나님나라 이야

기 안에 들어가, 그 안에 나타나는 세계관을 발견하는 단계이다. 즉 학습자들은 이 단계에서 이야기 안에 펼쳐진 세계를 바라보고, 그 안에 나타나는 하나님의 통치와 통치 원리를 발견하게 된다. 또한 더 나아가 학습자들은 그 이야기의 세계관으로 자신의 세계관을 비추어 보고, 자신의 과거와 현재, 그리고 미래를 바라보도록 초대된다. 따라서 이 단계에서 학습자들는 다음과 같은 질문들과 만나게 된다.

  — 이 이야기에 나타난 세계관을 그려보자.
  — 이 이야기에 나타나는 하나님의 통치와 통치의 원리를 발견해보자.
  — 이 이야기에 나타난 세계관으로 나의 세계관을 비추어 보자.
  — 이 이야기에 나타난 세계관으로 나의 과거와 현재를 바라보고, 또한 미래를 바라보자.

3. 하나님나라 스토리 되기

하나님나라를 위한 기독교교육은 결국 학습자가 성경에 나타나는 하나님나라 이야기의 플롯을 삶에 연결하여 삶으로써, 하나님나라 이야기를 이어가도록 하는 것에 궁극적인 목적이 있다. 앞에서 서술한대로 하나님나라 이야기는 끝난 이야기가 아니라, 지속적으로 우리의 삶을 통해서 이어지는 이야기이고, 궁극적으로는 "새 하늘과 새 땅"의 하나님나라 완성을 향해서 진행되는 이야기이다. 그런 의미에서 학습자가 스스로 그 이야기의 일부분이 되도록 하는 것, 즉 "하나님나라 스토리 되기"는 하나님나라를 꿈꾸는 기독교교육의 핵심적 과제이다. 학습자가 하나님나라 이야기가 되는 일은 무엇보다 자신의 삶과 행동을 하나님나라 이야기에 비추어 보고, 하나님나라 플롯이 자신의 삶에 관통할 수 있도록 삶과 행동을 성찰하는 것으로부터 시작되어야 한다.

그런 의미에서 **"교수-학습"**단계로서의 "하나님나라 스토리 되기"는 학습자가 삶과 행동으로서 하나님나라 이야기의 일부분이 될 수 있도록, 행동을 성찰하는 단계이다. 앞의 "하나님나라 스토리 안에 머물기"가 거시적인 차원에서 하나님나라의 세계관을 발견하고 그를 수용하도록 하는 단계라면, 이 단계에서는 미시적 차원에서 그 이야기 안에 나타나는 인물의 행동들을 분석하고, 그 행동에 비추어 학습자의 행동을 성찰하는 단계이다. 특별히 이 단계에서는 하나님나라 이야기 안의 동일시 인물에 주목하고, 앞에 살펴보았던 버크의 "펜타드", 즉 '행위자', '행동', '상황', '행동의 수단', '행동의 목적'을 중심으로 그 인물의 행동을 분석하도록 한다. 더 나아가 그 요소들 사이의 갈등이나 문제해결의 과정을 집중해 볼 수 있도록 한다. 또한 동일시 인물과 관련된 펜타드의 구조와 갈등상황을 학습자의 상황과 연결해 보고, 학습자 자신의 갈등상황, 그리고 문제해결의 방향을 구상해 보도록 한다. 이 단계에서 학습자들은 다음과 같은 질문들에 집중하게 된다.

— 이야기의 인물들 중 동일시하게 되는 인물은 누구인가.
— 동일시하는 '인물', '행동', '상황', '행동의 수단', '행동의 목적'을 진술해 보자.
— 위의 각 요소들 간의 관계 및 갈등상황과 갈등해결의 과정을 살펴보자.
— 동일시 인물과 자신의 펜타드(인물, 행동, 상황, 행동수단, 목적)를 비교해 보자.
— 자신의 갈등상황을 동일시 인물의 그것과 비교해 보자.
— 이야기로부터 나의 갈등상황 해결을 위한 행동의 방향을 생각해 보

자.

　— 선택된 행동의 방향이 하나님나라 이야기 플롯에 연결될 수 있는지
　　를 생각해 보자.

4단계: 하나님나라 스토리 리텔링

앞에서 살펴본 대로 하나님나라의 이야기는 그 이야기를 하는 순간이 곧 하나님나라의 사건이 일어나는 순간이다. 그 이야기가 스토리텔링 되는 순간 그것은 "있음직함"과 "삶의 유사성"으로 청자에게 의미 있는 이야기가 되고, 청자를 그 나라로 초대하는 이야기가 되기 때문이다. 그래서 하나님나라 이야기의 스토리텔링은 단순한 이야기 구연이 아니라, 그 자체로 하나님나라 사건이 일어나는 것을 의미한다. 하나님나라를 꿈꾸는 기독교교육은 따라서 학습자들이 하나님나라 이야기를 스토리텔링을 통해서 경험하는 것뿐만 아니라, 궁극적으로 그 스토리를 리텔링 retelling함으로써, 이세상과 온 누리에 하나님나라 사건이 가득 차도록 하는 교육이 되어야 한다. 즉 학습자들은 하나님나라 이야기의 일부가 되는 것에서 그치지 않고, 궁극적으로 이 세상과 온 누리에 하나님나라 이야기가 가득 차도록 하나님나라 이야기를 리텔링해야 하는데, 이것이야말로, 이 세상과 온 누리를 향한 하나님의 통치에 참여하는 것이라고 할 수 있다.

하나님나라 이야기를 리텔링하는 것은 물론 언어만으로써가 아니라, 행동으로, 삶으로 하는 모든 이야기를 포함한다. 학습자들이 언어적 이야기, 몸으로 쓰는 이야기, 삶으로 쓰는 이야기로 하나님나라 이야기를 리텔링함으로서, 하나님나라를 확장해 가는 것, 이것이야말로 하나님나라를 꿈꾸는 기독교교육이 추구할 궁극적 지향점이라고 할 수 있다.

그렇게 보았을 때, **"교수-학습"**의 과정으로서 이 단계는 학습자가 하나

님나라 이야기를 언어로, 몸으로, 그리고 삶으로 리텔링할 수 있도록 돕는 단계이다. 학습자들은 무엇보다 어떻게 '가정'과, '교회'와, '공적 영역'과, '자연'과, '온 누리'에서 하나님나라 이야기를 리텔링할 수 있는지 성찰하는 것에로 초대되고, 또한 실천을 위한 결단에로 초대된다. 따라서 이 단계에서 학습자들은 다음과 같은 질문에 집중하게 된다.

— 나는 하나님나라 이야기를 가정, 교회, 공적 영역, 자연에서 어떻게 리텔링할 수 있는가?
— 나는 각 영역에서 어떻게 언어로 하나님나라 이야기를 리텔링할 수 있을까?
— 나는 각 영역에서 어떻게 몸으로 하나님나라 이야기를 리텔링할 수 있을까?
— 나는 각각의 영역에서 어떻게 삶으로 하나님나라 이야기를 리텔링할 수 있을까?

V. 맺는 말

우리는 위에서 이야기의 인식론적 특징을 살펴보았고, 그것이 얼마나 하나님나라와 뗄 수 없이 연결되어 있는지를 살펴보았다. 즉 하나님나라는 스토리텔링을 통해 있음직함과 삶의 유사성이라는 이야기적 상상력을 불러일으킴으로써, 우리를 그 나라와 그 나라의 '세계관', 그리고 그 나라 백성의 '행동'에로 초대하기 때문이다. 또한 우리는 하나님나라가 이야기를 통해서 스스로를 표현하고 확장하고 있는 것과 마찬가지로, 오늘도 지속적으로 그 이야기를 말로, 몸으로, 삶으로 리텔링하는 사람들을 통해서 더욱 확장되고 새로운 생명력이 더하여진다는 것을 살펴보았는데, 이것은 하나님나라가 이야기를 본질적인 존재방식이요 생명력을 이어가는 통로로 삼고 있다는 것을 분명하게 보여준다.

그렇게 볼 때에 위에서 제시한 '하나님나라 스토리텔링', '하나님나라 스토리 안에 머물기', '하나님나라 스토리 되기', '하나님나라 스토리 리텔링'은 단순히 하나님나라를 꿈꾸는 기독교교육의 과정과 방법으로서 만이 아니라, 그 자체로 하나님나라가 스스로 확장해가도록 하는 통로요 공간이 되도록 해야 할 것이다. 또한 동시에 이 단계들은 하나님나라 구현을 궁극적 목표로 삼아야 할 모든 기독교교육이 주목하고 실현해야 할 단계들이라고 할 수 있다.

5
장

예전적 인식론과

기독교교육

───────────

* 이 글은 「기독교교육 논총」 58집에 실렸던 "예전적 인식론을 통해서 보는 기독교교육의 새 지평"을 수정·보완한 글임.

I. 들어가는 말

예전은 기독교교육의 중요한 영역 중 하나이다. 기독교교육을 교회학교식 교육에만 국한하지 않고, 교회의 모든 삶의 영역에서 "하나님백성을 형성하는 과정"이라고 보았을 때, 예전은 그 결정적 부분을 차지하기 때문이다. 따라서 예전에 관한 연구는 예배학자들만의 전유물이 아니라, 기독교교육학의 중요한 연구영역의 하나라고 할 수 있는바, 단순히 예배의 순서들이나 예배관련 프로그램을 교육적으로 기획하는 차원뿐만 아니라, 예전 자체가 갖고 있는 형성적(교육적) 의미, 예전과 교육의 관계와 같은 주제들이야말로 기독교교육학의 영역에서 심도 있게 다루어져야 할 연구의 주제들이라고 할 수 있다.

본 장은 바로 그러한 관심에서 예전에 접근하고자 하는 시도인바, 특별히 예전이 어떻게 인간 형성^{formation}에 영향을 미치는지를 밝히는 것에 초점을 맞추고자 한다. 이를 위해서 본 장은 먼저 예전 안에서 작동하고 있는 인식론적 요소와 특징들을 살펴보고, 그것으로부터 예전이 어떻게, 왜, 그리고 어떤 범위에서 형성적 힘을 갖는지를 고찰해 보고자 한다. 이에 덧붙여 본 장은 그간 기독교교육 영역에서 이루어진 예전적 접근들과 그것에 나타나는 인식론을 살펴본 후, 예전과 기독교교육의 관계를 전망해 보고자 한다.

Ⅱ. 예전의 인식적 차원

예전이 인간의 형성에 관여한다는 것은 어떤 형태로든 예전 안에서 일어나는 인식적 작동과 관련이 있다. 인식에는 직접적인 정보를 습득하는 앎 뿐만 아니라, 인간 내면 깊숙이 깨달음을 가져오는 앎, 하나님을 인격적으로 만남으로써 생기는 앎, 공동체적 차원의 관계를 형성하는 앎 등 다양한 앎의 현상들이 있고, 이러한 앎들은 모두 인간의 형성과 관계한다. 따라서 예전이 인간의 형성에 영향을 미치는 요인들을 살펴보고자 할 때, 무엇보다 먼저 주목해야 할 것은 예전 안에 일어나는 인식적 현상이라 할 수 있다.

바로 그러한 예전의 인식적 특징에 대해서 이미 20세기 후반, 특별히 포스트모던 인식론의 관점에서 연구가 활발히 진행되었고,[1] 또한 최근 들어서 사라 코클리Sarah Coakley, 제페 니콜라이센Jeppe Nikolajsen, 드루 존슨Dru Johnson, 니콜라우스 월터스토르프Nicholas Wolterstorf, 죠수아 코케인Joshua Cockayne, 테렌스 쿠네오Terence Cuneo 등 일련의 학자들에 의한 연구가 활발히 진행되고 있다.[2]

---

1   Alexander Schmemann, *For the Life of the World: Sacraments and Orthodoxy* (Crestwood: St. Vladimir's Seminary Press, 1973); Theodore W. Jennings, "On Ritual Knowledge," *The Journal of Religion* 62-2 (1982), 111-127; Don Saliers, "Liturgy and Ethics: Some New Beginnings," in *Liturgy and the Moral Self: Humanity at Full Stretch before God*, ed. E. Byron Anderson and Bruce T. Morrill (Collegeville: Liturgical Press, 1998), 15-35; Gordon Lathrop, *Holy Things: A Liturgical Theology* (Minneapolis: Fortress, 1997); Gordon Lathrop, *Holy Ground: A Liturgical Cosmology* (Minneapolis: Fortress, 2002); Gordon Lathrop, *Holy People: A Liturgical Ecclesiology* (Minneapolis: Fortress, 2006).

2   Sarah Coakley, "Beyond Belief: Liturgy and the Cognitive Apprehension of God," in *The Vocation of Theology Today: A Festschrift for David Ford.* ed. Tom Greggs, Rachel Muers, and Simeon Zahl (Eugene: Cascade Books, 2013), 130-145; Jeppe Nikolajsen, "The Formative Power of Liturgy. The Church as a Liturgical Community in a Post-Christendom Society," *EJT* 23-2 (2014), 161-168; Dru Johnson, "Knowledge by Ritual: A Biblical Prolegomenon to Sacramental Theology," *Journal of Theological Interpretation Supplements* 13 (2016); Nicholas Wolterstorff, "Knowing God Liturgically," *Journal of Analytic Theology* 4 (May 2016), 1-16; Joshua Cockayne, Philosophy and liturgy part 2: Liturgy and epistemology, *Philosophy Compass* (2018), 1-10; Terence Cuneo, "Ritual Knowledge," *Ritualized Faith: Essays on the Philosophy of Liturgy* (Oxford: Oxford University Press, 2016), 145-166.

본 장은 그와 같은 연구들 및 의례이론[ritual theory], 그리고 포스트모던적 인식론 등을 기반으로 하여 예전에 작동하는 인식론적 특징들을 '참여적 인식', '행동적 인식', '관계적 인식(하나님인식)' 그리고 '공동체적 인식'을 중심으로 정리해 본다.

1. 참여적 인식

예전 안에서 참가자들이 무엇인가를 알게 되는[coming to know] 인식적 현상이 일어난다고 했을 때, 가장 먼저 주목해야 할 것 중의 하나는 예전이 가지고 있는 '참여적 인식'의 차원이라고 할 수 있다. 예전은 모이고, 기도하고, 찬양하고, 설교를 경청하고, 헤어지는 과정에 이르기까지 모든 과정이 일련의 행동으로 구성되어 있고, 예전적 인식이란 그러한 일련의 행동들에 '참여'할 때에 참가자들에게 일어나는 인식 현상이라 할 수 있다.

제닝스[Theodore W. Jennings]는 예전[ritual]이 예전 참가자들에게 세계를 해석하고 구성하는 지식을 매개하는 통로가 되도록 하는 것은 예전 자체가 가지고 있는 고유한 인식의 방식이 있기 때문인데, 그것이 바로 '참여적 인식'이라고 하였다.[3] 예전의 인식은 어떤 대상을 관찰하거나 탐색하면서 앎에 이르는 방식이 아니라, 예전 활동에 참여함으로써 앎에 이르는 인식이기 때문이다. 예를 들어 우리가 성찬에 참여한다고 했을 때, 우리는 성찬잔을 관찰하거나 성찬의 의미를 생각하는 것을 통해서가 아니라, 공동체 안에서 실제로 잔을 나누고 떡을 떼는 것에 참여함을 통해서 앎에 이르게 된다. 마치 자전거를 배우는 사람이 자전거 타는 방법을 이론적으로 배움으로써 아는 것과, 실제

---

3   Theodore W. Jennings, "On Ritual Knowledge," *The Journal of Religion* 62-2 (1982), 115.

로 자전거를 타면서 자전거와 자신의 발과 팔과 시선과 온 몸의 움직임을 통해서 배우는 것이 다른 것과 같이, 예전을 통한 인식은 객관적 '거리두기'를 통해서가 아니라 '참여'를 통해서 얻게 된다. 성찬잔을 그대로 놔둔 상태에서 그것에 대해 성찰하는 것이 아니라, 그 안의 것을 마심으로써, 떡을 그대로 두는 것이 아니라 내 입과 몸 안에 집어넣는 행위를 통해서, 즉 그 대상을 변화시키고 변형시키는 것에 참여함을 통해서 인식에 이르게 되는 것이다.[4]

그렇게 볼 때 예전적 인식은 우리의 몸이 참여하는 인식이요, 또한 몸을 통해서 오는 인식이라고 할 수 있다. 제닝스는 우리가 빠지기 쉬운 오류는 몸을 단순히 정신을 담는 용기이고, 예전적 인식이란 그 몸에 담겨 있는 정신을 알게 되는 행동이라고 생각하는 것이라고 하였다. 그는 그렇게 생각하는 것은 몸을 정신과 분리하는 생각으로서, 예전이 갖는 참여적 인식과 거리가 멀다고 하였다. 참여적 인식은 예전에 참여하는 순간에 비로소 작동하는 인식으로서, 예전 이전에 예전과 무관하게 이미 존재 했던 정신을 알게 되는 것이 아니라고 하였다. 그는 만약 예전적 인식이 예전적 행동 앞에 이미 있는 것이었다면 그것은 몸을 통한 인식이 아니고, 만약 인식이 예전 이후에 오는 것이라면, 그 또한 참여적 인식이기 보다는 숙고적-비판적 reflec-tive-critical 인식이라고 하였다.[5] 예전적 인식은 '참여'라고 하는 행동을 통해서 오는 인식, 몸의 인식이다. 그렇게 보았을 때, 예전적 지식은 예전에 첨부되는 관찰이나 묵상을 통해서 얻어지는 지식이 아니라, 예전적 행동 그 자체를 통하여 오는 지식으로서, 그 이전에 주어지거나, 혹은 그 이후에 오는 지식이 아니다.

그렇다면 우리는 이러한 참여적 인식이 실제로 어떻게 우리로 하여금

---

4   위의 글, 116.
5   위의 글, 116.

앎에로 이르게 되는 통로가 되는지를 묻지 않을 수 없다. 왜냐하면 앎이라고 하는 것은 일반적으로 어떤 명시적 지식을 알게 되는 과정이라고 알려져 있기 때문이다. 일찍이 마이클 폴라니 Michael Polanyi 는 우리의 앎이 명백하고 분명한 지식으로 구체화되기 이전에 이미 암묵적 지식의 형태로 형성되며, 그것을 기반으로 하여 명백한 앎이 발전하는 것이라고 하였다. 그래서 그는 지식에는 '명시적 지식 explicit knowledge'과 '암묵적 지식 tacit knowledge'의 두 형태가 있다고 하면서, 심지어 엄격한 과학적 지식을 형성하는 과정조차도 먼저 암묵적 지식의 기반 위에서 시작하는 것이라고 하였다.[6]

폴라니는 한 사람의 과학자가 과학적 발견을 하는 과정은 그가 먼저 과학공동체에 "참여함 participation"을 통해서 시작되는바, 그 공동체에 참여함으로써 그에게는 과학공동체에로의 사회화와 문화화가 일어나는 것인데, 그를 통해 그 공동체가 공유하는 믿음, 전통, 도덕 및 가치, 실천의 양식들이 암묵적인 형태로 과학자의 지식을 형성하는 것이라고 하였다.[7] 그러한 실천공동체에로의 참여를 통해서 형성된 '암묵적 지식'이 그에게 과학적 발견과 과학적 상상력의 기반이 되고, 그로부터 명시적 지식이 출현하게 되는 것이라고 하였다.

폴라니의 이 암묵적 지식이 "참여"를 통해서 온다는 것은 그의 "내주하는 indwelling 지식"이라는 단어에서 보다 분명히 드러난다.[8] 그는 내주하는 지식이란 지식의 대상이 우리의 신체적-정신적 자아 안으로 들어오게 되는 지식이고, 따라서 이 내주하는 지식은 그것이 우리 안에 있고, 우리가 그 안에 있는 지식이기에, 의도적으로 생각하는 것을 통해 오는 지식이 아니라, 의식하

6   Michael, Polanyi, *Personal Knowledge: Towards a Post-Critical Philosophy* (London: Routledge & Kegan Paul, 1958).

7   Michael, Polanyi, *Personal Knowledge*, 171.

8   Michael Polanyi, "Tacit Knowing: Its Bearing on Some Problems in Philosophy," *Reviews of Modern Physics* 34-4 (1962), 601-615.

지 않으면서 우리가 동화하게 되는 지식이라고 하였다. 즉 내주하는 지식은 지식의 대상을 거리를 두고 의식적으로 사고함으로써 형성되는 것이 아니지만, 그렇지 않기 때문에 오히려 우리에게 인격적으로 내면화되는 지식이고, 우리의 모든 생각과 행동이 발현되는 기반이 된다는 것이다.

'내주적 지식'을 이해할 수 있는 가장 결정적인 예로서 우리는 우리의 몸신체과 관련하여 일어나는 인식을 생각해 볼 수 있다. 예를 들어 우리가 음식을 먹을 때에 우리는 손과 손가락을 집중적으로 의식하지 않고서도 숫가락을 잡거나, 입으로 음식을 가져오는 행위를 한다. 우리는 깨어 있는 동안 의도적으로 생각을 기울임이 없이 우리의 몸을 우리 주변의 것들을 감지하기 위하여 사용하고, 그 감지의 결과 발생하는 새로운 지식을 받아들인다. 우리는 아주 어렸을 때부터 그러한 방식으로 우리 몸을 사용하는데 매우 숙련되어 있다. 그것은 우리가 우리 몸에 참여하여 몸속에 머물기 때문이다.[9] 우리의 몸과 우리의 의식 관계처럼, 내주하는 지식은 우리가 의식하지 않아도 형성되는 지식이며, 이것이 우리의 모든 이해의 기초가 될 뿐만 아니라, 우리의 생각과 행동에 방향을 제시하는 기초적 인식이 된다.

이러한 폴라니의 관점을 바탕으로 해서 보았을 때, 몸을 통한 참여적 활동으로 일어나는 예전적 인식이야말로, 그 어느 것보다 "내주적 지식 indwelling knowledge"이 형성되는 과정과 유사한 인식의 과정이라 할 수 있다. 예전은 어떤 분명한 교리나 정보를 알게 하는 것을 일차적 목적으로 하는 자리가 아니고, 참가자들이 그 안에 참여하고 머묾indwelling으로써 암묵적으로 지식이 형성되는 자리인데, 그렇게 형성된 내주적 지식이 참가자의 생각과 가치 등을 형성하는데 결정적인 기여를 하는 것이다. 예전은 '명시적 지식'이 집중적

---

9   Richard Gelwick, *The Way of Discovery: An Introduction to the Thought of Michael Polanyi* (Oxford: Oxford University Press, 1977), 70.

으로 일어나는 자리가 아닐지라도, 참여를 통한 '암묵적', '내주적' 지식이 형성되는 자리로서, 그 자체로 참가자들의 가치를 형성하고 세계관을 형성하고 행동의 기반을 형성하는 통로가 된다.[10]

2. 행동적 인식

예전적 인식이 예전행동에 참여함을 통해서 생겨나는 '참여적 인식'이라는 것은, 역으로 그 예전이 참여자의 행동에 영향을 미치는 '행동적 인식'을 불러일으키는 통로가 된다는 것을 의미한다. 즉 참여자가 예전적 행동이라는 패턴화된 행동에 참여할 때, 예전은 참여자의 행동을 패턴화 하게 하는 인식적 작용을 일으킨다는 것이다. 그런 의미에서 예전적 인식은 '행동적 인식'이라 할 수 있다.

예전이 행동적 인식이라고 하는 것은 무엇보다 예전이 가지고 있는 "상징성"으로부터 설명될 수 있다. 상징이란 마치 기호처럼 구체적인 것을 통해서 그것을 넘어서는 다른 것을 지시하는 것을 의미한다. 따라서 상징은 그 자체로 의미를 열어주는 통로이고, 닫혀졌던 실체를 열어 보여주는 역할을 한다. 폴 틸리히 Paul Tillich 는 특별히 '종교적 상징'을 정의하였는바, 종교적 상징은 상징이라는 유한한 형태를 빌어서 무한하고 궁극적 존재를 현재화함으로써, 그 상징이 아니었으면 닫혀졌을 궁극적 실재에 대한 차원을 인간에게 열어 보여주는 역할을 한다고 하였다.[11] 그런데 그는 상징의 특별함은, 상징 인식의 과정이 앎의 주체와 객체 간의 객관적 거리두기를 통해서가 아니라,

10   Michael, Polanyi, *Personal Knowledge*, 279.
11   Paul Tillich, "Theology and Symbolism," in *From Religious Symbolism*, ed. Ernest Johnson (New York: Harper & Bros, 1955), 110.

앎의 주체가 상징에 참여함으로써만 일어나는 것에 있다고 하였다. 즉 상징적 인식의 작동방식은, 앎의 주체와 객체가 관찰자와 관찰대상으로 분리되는 상태가 아니라, 앎의 주체가 그 대상에 "참여함"을 통해서 일어난다는 것이다. 따라서 그는 상징적 인식은 앎의 주체가 상징 앞에서 자신을 방어하는 것을 통해서가 아니라, 자신을 포기하고, 심지어 자신을 넘어서고, 초월하여 상징이 가리키는 존재와 연합하게 될 때 일어나는 것이라고 하였다.[12] 그렇게 볼 때 상징적 인식의 사건은 앎의 주체의 "변형 transformation"을 가져오는 사건이라 할 수 있다. 같은 맥락에서 폴 리꾀르 Paul Ricoeur 또한 상징의 인식은 궁극적으로 인식하는 자의 자기이해가 변형되는 것이라고 하였다. 즉 상징적 인식이란, 해석자가 상징에게 자신을 맡김을 통하여 상징을 자기 것으로 '전유 appropriation'함으로써 '자기 이해'가 새롭게 되는 것, 즉 '존재의 변형'이 일어나는 과정이라고 하였다.[13]

그러한 맥락에서 보았을 때 예전은 그 자체로 상징이라고 할 수 있다. 상징이 구체적인 것을 통해서 그 너머에 있는 것을 가리키는 것이라면, 그것은 언어에만 국한되는 것이 아니다. 떡과 잔이 예수 그리스도의 살과 피를 가리키는 것처럼, 상징은 구체적 형태를 취하는 모든 피조물이 될 수 있다. 또한 상징은 단순히 언어나 사물을 넘어서서 행동도 포함한다. 우리가 누구에게 고개를 숙여 인사하거나 악수를 나누는 행동은 "나는 당신과 적이 아니다"고 하는 우리의 태도를 상징하는 행동이다. 그렇게 우리의 모든 행동과 행위는 상징이 된다. 예전에서 일어나는 모든 행위, 즉 모이고, 무릎 꿇고, 눈을 감고, 앉았다가 일어서고, 경청하고, 먹고 마시고, 평화의 인사를 나누고, 떠나가는 모든 행위, 그리고 그 모든 것이 진행되는 과정 자체가 상징이다.

---

12   Paul Tillich, *Systematic Theology II* (Chicago: The University of Chicago Press, 1957), 53.
13   Paul Ricoeur, *Le Conflit des Interpretations*, 양명수 역, 『해석의 갈등』 (서울: 아카넷, 2000), 28, 328, 329

예전이 이처럼 일련의 패턴화 된 행동을 아우르는 종합적 상징이라면, 예전은 일련의 행동으로 구성된 세계 자체를 구성하는 상징작용이라 할 수 있다. 즉 예전은 그 자체로 현실을 드러내고 창조함으로써 참가자들을 특정한 삶의 세계 안으로 초대하는 상징작용을 한다고 할 수 있다. 따라서 엔젤하르트 H. Tristram Engelhardt Jr. 는 예전은 곧 구조화된 예전적 행동을 바탕으로 창조된 특정한 삶의 세계에로의 초대라고 하였다:

> 의례는 움직임, 상황, 단어들, 그리고 의상들을 결합하여, 행동들이 이미지, 아이디어 및 느낌의 방식을 담은 진한 메시지를 운반할 수 있게한다. 의례화된 행동은 형이상학적이고 도덕적이며 사회적으로 약속된압축된 의미의 웹을 간결하게 전달, 유지 및 육성하는 문제에 대한 해결책을 제시한다. 의례 활동은 참가자들에게 현실의 의미, 가치의 본질, 사회 구조의 성격에 대한 방향을 제시한다. 그를 통해 예전은 현실을드러내고, 현실을 창조할 뿐만 아니라, 구조화된 의례를 통해 참가자들을 특정한 삶의 세계로 초대한다.[14]

그렇게 보았을 때, 기독교 예배는 그 자체로 이미 기독교 예배공동체가 추구하는 세계인 '하나님나라'에로 초대하는 것이고, 예배에 참여한다는 것은 그 세계에 들어가 그 안에 머물면서 그의 일부분, 즉 "하나님나라 백성의 역할"을 수행하는 것이다. 예배는 그 자체로 참가자들을 '하나님 백성'으로서 이해하도록 하는 '자기 이해의 변형'과 '존재의 변형'을 가져오는 것이라고 할 수 있다. 틸리히와 리꾀르가 상징을 궁극적으로 자기이해와 존재의 변

---

14 Tristram Jr., H. Engelhardt, "Sin and Bioethics: Why a Liturgical Anthropology is Foundational," *Christian Bioethics* 11 (2005), 229.

형을 가져오는 통로라고 한 것이 '예전'의 상징적 구조에서 보다 분명하게 이해된다.

그런데 예전이 자기이해와 존재의 변형을 일으킨다는 것은, 예전의 상징적 인식작용이 예전에만 머무는 것이 아니라, 참가자가 속한 삶의 세계와의 연속성에서도 일어난다는 것을 의미한다. 제닝스는 예전에의 참가를 통해서 몸으로 획득된 지식은 예전에서 그치는 것이 아니라, 예전적 공간 밖, 즉 세상에서의 행동을 위한 일종의 패러다임이 된다고 하였다.[15] 즉 패턴화된 행동으로서의 예전의 상징적 기능은 일상 속에서의 행동에 일종의 패러다임을 제시함으로써 계속된다는 것이다. 그렇게 하여 그는 예전적 지식이 결국은 세상을 변화시키는 것에로 확대된다고 하였다: "예전은 단순히 모방 mirror 하는 것이 아니라, 행위 속에서 세상을 변형하려 한다."[16]

이 같은 맥락에서 볼 때에 예전적 지식은 일련의 패턴화된 행동을 바탕으로 참가자들의 행동을 패턴화 함으로써 그들의 행동에 영향을 미칠뿐만 아니라, 결국은 그를 통해서 세상을 변형하는 지식이 된다.

3. 관계적 인식(하나님을 아는 지식)

예전이 예전행위에의 참여라고 하는 독특한 문맥을 통해서 참여적이고, 행동적 인식을 불러일으킨다면, 그것과 나란히 예전은 "하나님 앞 coram Deo"이라고 하는 또 하나의 독특한 문맥을 통해서 예전 나름대로의 '하나님을 아는 지식 knowing God'을 형성하는 자리가 된다. 예전은 하나님을 2인칭으로

---

15   Theodore W. Jennings, "On Ritual Knowledge," 118-119.
16   위의 글, 120.

마주하는 자리이다. 그곳에서 참가자들은 하나님의 존전으로 모이고, 하나님께 기도하고, 찬양하고, 신앙을 고백하고 하나님의 말씀을 경청한다. 예전의 그와 같은 문맥은 참가자들에게 하나님을 3인칭으로서 그에 관하여 about 알게 되는 것이 아니라, 하나님을 '당신'이라고 부르면서 알게 되는 독특한 인식작용이 작동하는 자리가 된다.

그동안 예전은 하나님에 대해서 알게 되는 자리이기 보다는 이미 알고 있는 하나님에 관한 지식을 표현하거나 실천하는 자리로서 더욱 알려져 왔다. 그것은 일반적으로 '하나님 알기 knowing God'가 주로 명제적으로 아는 앎을 통해서 온다는 생각이 지배적이었기 때문이다. 그러나 최근 들어서 하나님을 2인칭으로서 만나고 경험하는 예전의 이 특별한 문맥이 오히려 하나님을 관계적으로 알게 하는 통로가 된다는 연구들이 나타나고 있다.[17] 그 중 한 사람인 월터스토르프 Nicholas Wolterstorff 는 하나님을 아는 지식은 '교리적 doxastic knowledge' 지식과 '대상-지식 object knowledge' 이라는 두 가지의 형태로 나타나는데, '하나님에 관하여 about 말하는 것'이 전자인 교리적 지식이라면, '하나님께 말하기 addressing God'는 후자인 '대상-지식'이라 할 수 있다고 하였다.[18] 그렇게 보았을 때에 그는 예전은 바로 하나님을 2인칭 대상으로 마주하면서 '하나님께 말하기'가 일어나는 자리이고 하나님에 대한 '대상-지식'이 일어나는 자리라고 하였다.

물론 예전에서도 '하나님에 관하여 말하기'가 일어난다. 예를 들어 설교자가 회중에게 말하거나 선포할 때 그는 하나님에 관하여 말하기도 한다. 이때에 일어나는 인식작용은 하나님에 관하여 가르칠 teaching 때 일어나는 인식

---

17 Sarah Coakley, "Beyond Belief: Liturgy and the Cognitive Apprehension of God,"; Terence Cuneo, "Ritual Knowledge," *Ritualized Faith: Essays on the Philosophy of Liturgy* (Oxford: Oxford University Press, 2016), 145-166; Nicholas Wolterstorff, "Knowing God Liturgically," *Journal of Analytic Theology* 4 (May 2016), 1-16; Joshua Cockayne, Philosophy and liturgy part 2: Liturgy and epistemology, Philosophy Compass (2018), 1-10.

18 Nicholas Wolterstorff, "Knowing God Liturgically," 3-4.

작용과 비슷하다. 그러나 예전 안에는 예전만이 가지고 있는 독특한 문맥, 즉 '하나님께 말하기' 상황이 나타난다. 이미 회중들이 하나님 앞으로 나온다는 상황 자체가 예전을 '하나님께 말하기'의 상황, 하나님을 '당신'으로서 직면하게 하는 결정적 요인이라 할 수 있다. 그리고 예전 안에서 우리가 하나님께 기도하고, 하나님을 찬양함으로써 직접 하나님과의 관계에 참여하게 되는 것 또한 '하나님께 말하기'의 구체적 문맥을 만든다.

그러면 '하나님께 말하기'가 어떻게 '하나님 알기'라는 인식적 작용이 일어나도록 하는가? 월터스토르프는 우리가 하나님을 '당신you'이라고 부르는 것, 그리고 하나님을 '당신'이라 부르면서 하나님과 관계하는 것에 참여하는 것 자체가 이미 하나님을 '말 걸 수 있는 존재'로 이해하게 하는 통로가 된다고 하였다.[19] 물론 예전에서 하나님은 말 걸 수 있는 대상이라고 가르쳐지지는 않는다. 그리고 물론 모든 예전 참여자들이 하나님은 우리가 말 걸 수 있는 대상이라고 하는 지식을 미리 가지고 있지 않을 수도 있다. 그러나 예전에 참여하는 사람은 하나님을 '당신'이라 부르고, 또한 그것을 반복함을 통해서, 하나님을 말 걸 수 있는 존재라고 하는 것을 '당연한 것으로 받아들이게 되고take for granted', 그것은 결국 하나님은 인격적인 분, 우리가 관계할 수 있는 분, 말 할 수 있는 대상이라고 하는 하나님 알기를 가져온다고 하였다.[20] 즉 예전은 하나님에게 말을 거는 행위를 통해서, 하나님을 말 걸 수 있는 분으로서 알게 되는 통로가 된다는 것이다.

그 같은 현상은 우리가 하나님을 당신으로 부르는 상황뿐만 아니라, 하나님께 찬양과 경배를 드리고, 또한 죄의 용서를 빌고, 간구하는 기도를 하는 것에서도 나타난다. 예전은 반드시 하나님이 찬양받으셔야 하는 분이라거나,

---

19   위의 글.
20   Nicholas Wolterstorff, "Knowing God Liturgically," 10.

우리의 죄를 용서해주시는 분, 그리고 우리의 기도를 들어주시고 응답해 주시는 분이라고 가르치지는 않는다. 또한 참가자들이 그러한 지식이 선행되어야만 예전에 참가할 수 있는 것도 아니다. 그럼에도 불구하고 참가자들은 찬양에 참여하고, 기도와 간구에 참여하며, 죄의 고백에 참여하거나 그것을 반복하게 되는데, 그것을 통해 참가자들은 하나님이 찬양받으실 수 있는 분, 우리의 죄를 용서하실 수 있는 분, 우리의 기도를 들어주시고 응답하실 수 있는 분이라고 하는 것을 '당연한 것'으로 받아들이게 되고, 그것은 결국 직접 표현되지 않는다 하더라도 우리의 '하나님 알기'를 형성한다고 할 수 있다. 그렇게 보면, 우리가 하나님을 부를 때, '전능하신 하나님', '하나님 아버지', '사랑의 주님'과 같은 이름으로 부르는 것 또한 그런 하나님의 속성을 당연한 것으로 여기게 되면서 결국은 우리의 하나님 인식을 가져오는 것이라 할 수 있다. 이렇게 획득된 하나님 인식은 단순히 하나님에 관한about 지식, 혹은 객관적 지식과는 다른 것으로서, 위에서 서술한 바 있는 폴라니의 '암묵적 지식 tacit knowledge'과 같은 차원의 지식이라 할 수 있다.

테렌스 쿠네오 Terence Cuneo 는 예전이 단순히 하나님이 어떤 분인지에 대한 지식을 형성할 뿐만 아니라, 더 나아가서 우리가 어떻게 하나님과 관계할 수 있는지의 방법을 가르치기도 한다고 하였다.[21] 그는 예전이 우리로 하여금 하나님과 관계할 수 있는 방법을 가르치는 자료들을 제시할 뿐만 아니라, 그것을 연습하고 실천하는 환경을 제공한다고 하였다:

> 예전은 하나님과 관계하기 뿐만 아니라, 우리가 어떻게 하나님과 관계
> 할 수 있는지의 방법을 알 수 있는 자료 또한 제공한다. 혹은 좀 더 자
> 세하게 말해서: 예전은 한 사람이 그러한 지식을 획득할 수 있게 하는

---

21   Terence Cuneo, "Ritual Knowledge," 163.

자료와 그가 그것을 실제로 행하고 연습할 수 있는 환경을 제공한다.[22]

쿠네오는 예전에서 우리는 하나님을 아는 지식뿐만 아니라, '감사하기', '찬양하기', '머리 숙여 기도하기' 등의 행위에 참여함으로써 하나님과 관계하기 및 하나님과 관계하는 방법을 획득하게 된다고 하면서, 그렇게 획득된 하나님과 관련된 지식을 "예전적 지식 ritual knowledge"이라 칭하였다.[23] 그는 이러한 예전적 지식은 결코 명제적 지식으로는 환원할 수 없는 차원의 지식으로서, 예전 행위에 직접 참여하고 실천함으로써 이인칭으로서의 하나님과의 교감을 통해 형성되는 지식이라 하였다.

앞에서 말한 월터스토르프의 '대상-지식 object-knowledge'으로서의 하나님 지식이나, 쿠네오가 말하는 '예전적 지식'은 모두 예전에서 하나님을 이인칭으로서 만났을 때 형성되는 지식이라 할 수 있다. 탈버트 Bonnie Talbert는 최근의 연구를 통해서, 누군가를 "2인칭 second person"으로서 알게 되는 과정은 3인칭이나 1인칭으로 아는 것과 본질적으로 다르다고 하였다. 3인칭으로 아는 것이 객관적이고, 1인칭으로 아는 것이 주관적 인식론이라면, 2인칭으로 아는 것은 인식의 대상과 '상호작용'을 통해서 공유되는 경험을 기반으로 하는 것이라고 하였다:

> 2인칭 인식론이 다른 것과 다른 것은 그 대상이 전통적 의미에서 객관적도 아니고, 주관적도 아니라는 것에 분명한 차이가 있다. 객관적 인식론은 주관적 생각과 독립적으로 존재하는 세계에 대한 인식이고, 주관적 인식론은 일인칭적 존재의 경험에 기초한 인식론이다. 그러나 이인

---

22 위의 글, 163.

23 위의 글, 162-166.

칭 지식은 공유하는 세계에 기초하며, 또한 우리에게 이인칭 인물과 상호작용으로 특징지어지는 공유된 경험을 요청한다.[24]

2인칭으로 상대를 아는 것은 따라서 '상호작용'으로 특징지어지는 공유된 경험을 통해 형성되는 것으로서, 이것은 수동적으로 인식하는 것이 아니며, 또한 주관도 객관도 아닌 '상호주관성inter-subjectivity'의 특징을 갖는다고 할 수 있겠다. 탈버트는 2인칭 지식이 갖는 앎의 주체와 대상 사이의 이러한 상호주관성으로 인해서 2인칭 지식은 실시간으로 상호적 변화modification와 조정alignment을 동반하는 지식이 된다고 하였다. 즉 2인칭 지식은 그것이 지속되는 한, 지속적으로 서로를 다양한 방법을 통해서 다양성 속에서 변화시킨다는 것이다.

따라서 예전을 통해서 형성되는 '대상지식'과 '예전적 지식'은 단순히 하나님을 2인칭으로서 아는 앎의 차원을 여는 것을 넘어서서, 참여자들로 하여금 2인칭 대상인 하나님께 자신을 맞추고 변화시키는 지식에로까지 확대된다.

4. 공동체적 인식

앞에서 살펴본 대로 예전적 인식은 하나님 앞coram Deo이라는 문맥에서 일어나지만, 동시에 그것은 "공동체"라고 하는 상황 안에서 일어난다는 독특성을 가진다. 왜냐하면 예전은 공동체 안에서 행해지는 행동이고, 또한 공동체가 동시에 함께 하는 행동이기 때문이다. 앎이라는 현상은 엄격히 말해서

---

24   Bonnie M. Talbert, "Knowing other people: A second-person framework," *Ratio*, XXVIII 2 (2015), 191.

개인 안에서 일어나는 현상이지만, 예전적 인식은 그 개인적 인식이 공동체 안에서, 공동체를 통해서 일어난다는 특징이 있는 것이다. 그래서 예전은 공동체적 인식이 일어나는 자리이다.

예전이 가지고 있는 공동체적 차원의 인식에 대해서는 '의례이론ritual theory'으로부터 빚진 바가 크다. 특별히 뒤르껭E.Durkheim, 반게넵Arnold van Genepp, 터너Victor Turner와 같은 사회학자나 인류학자들은 의례를 특정 종교를 뛰어 넘어 모든 문화와 사회 가운데 나타나는 하나의 사회적 현상으로 보면서 의례의 사회적 차원을 연구하였다.[25] 뒤르껭은 의례가 '집단적으로 신앙이 형성되고, 또한 주기적으로 강화되는 통로'라고 하면서, 특별히 의례는 감정적 과정의 구심점을 제공함으로써 집단적으로 공유되는 '희열' 및 집단적 '초월의 경험'이 불러일으켜지는 자리가 된다고 하였다.[26] 뿐만 아니라 그는 의례가 집단의 공통 신념 및 전통이 형성되거나 재생되는 자리라고 하였는데, 의례는 반복적으로 수행됨으로써 집단이 가지고 있는 전통에 대한 '기억'을 불러일으키고, 집단의 '이상' 및 '신적 존재'를 나타내는 표상들이 기억되고 재생되는 자리이기 때문이라는 것이다.[27] 이와 같은 형식으로 의례는 집단 공통의 신념과 공통의 전통이 형성되거나 재생되는데, 의례의 과정에 참여하는 개인들은 그것을 통해서 그 집단에의 '소속감'이 형성되고, 또한 거기에 소속된 존재로서의 '정체성'을 지속적으로 확인하게 된다고 하였다.

죠슈아 코케인Joshua Cockayne은 개인이 예배공동체의 일원이 되는 것은 예

---

25 Emile Durkheim, *The Elementary Forms of the Religions Life* (1915/1965), 노치준, 민혜숙 역, 『종교 생활의 원초적 형태』 (서울: 민영사, 1992); Victor Turner, *The Forest of Symbols: Aspects of Ndembu Ritual* (New York: Cornell University Press, Ithaca, 1967); *The Ritual Process: Structure and Anti-Structure* (New York: Cornell University Press, Ithaca, 1969), 박근원 역, 『의례의 과정』 (서울: 한국심리치료연구소, 2005); Victor Turner, Dramas, *Fields and Metaphors* (New York: Cornell University Press, 1974); Victor Turner, *From Ritual to Theater: The Human Seriousness of Play* (New York: Performing Arts Journal Publication, 1982); 이기우, 김익두 역, 『제의에서 연극으로』 (서울: 현대미학사, 1996); Anold Van Gennep, *The Rites of Passage*, trans. M. B. Vizedom and G. L. Caffee (Chicago: University of Chicago Press, 1960)

26 Emile Durkheim, *The Elementary Forms of the Religions Life*, 464.

27 위의 책, 481.

전에의 지속적 참여와 반복적 실천을 통해서 이루어지는데, 그 과정에서 개인은 예배공동체의 규범과 그 공동체가 하나님과 관계하는 방법을 습득하고 결국은 그 안에서 개인의 몫을 담당하는 하나의 "주체agent"가 되어가는 것이라고 하였다.[28] 따라서 그는 개인이 예배에 참여하면, 단순히 예전의 순서를 따라서 똑같이 낭송하는 것 같지만, 그들은 마치 오케스트라의 모든 악기가 각각 자기의 몫을 담당하는 것과 같이 개인으로서도 반응하는 것이라고 하였다.[29] 예전은 이렇게 개인이 집단에 자신을 맞추고 또한 집단과 상호작용함으로써 예배공동체에의 소속감과 거기에 소속된 존재로서의 정체성을 형성하게 하는 인식의 작용이 나타나는 자리가 되는 것이다.

반게넵과 터너와 같은 의례학자들은 다양한 집단의 의례에 대한 관찰을 통해서 의례가 집단의 정체성과 체제를 유지할 뿐만 아니라, 집단 자체를 새롭게 변형하는 역할을 한다는 것을 발견하였다. 즉 의례는 한 집단이 가지고 있는 이상을 기억함으로써 일상적 사회구조의 한계를 보게 하고, 대안적 관계를 표상할 수 있게 하는 역할을 함으로써 공동체 자체를 변형하는 통로가 된다는 것이다.

터너는 그것을 의례가 가지는 "리미널리티liminality"에 있다고 보았다.[30] 리미널리티는 '문지방'을 의미하는 '리멘limen'이라는 말에서 파생한 것으로, 문지방에 서 있는 것과 같이 금기로 여겨지는 공간에 처해 있거나 그러한 행위 중에 처해 있는 상태를 가리킨다. 터너는 의례를 '리미날리티'로 표현함으로써 의례가 한 공동체의 구조와 반구조의 '중간적 공간'으로서 그 자체로 한 공동체의 일상적 구조와 반구조적 혹은 대안적 관계를 표상하고 표출할 수 있는 자리가 된다고 하였다. 따라서 의례는 공동체의 현재를 공동체의

28 Joshua Cockayne, "Common ritual knowledge," *Faith and Philosophy*, 53.
29 위의 글, 42.
30 Victor Turner, *Dramas, Fields and Metaphors*, 13-14, 50.

'이상'과 함께 봄으로써 공동체가 가야하는 가능성의 영역으로 도약하는 자리가 된다고 하였다. 이와의 관계에서 터너는 '코뮤니타스communitas'라는 단어로도 의례를 표현하였는데, '코뮤니타스'란 구조와 대립하는 '반구조적' 가치를 표현함으로써 '탈구조공동체'로도 칭해질 수 있다고 하였다. 그는 의례가 탈구조공동체, 즉 코뮤니타스의 역할을 하지만, '탈구조공동체'와 '구조공동체'는 서로 순환적 관계를 맺는다고 보았다. 코뮤니타스는 우발성과 즉각성 때문에 오랜 시간 동안 지속될 수 없고, 곧 구조를 발생시키기 때문이다. 따라서 탈구조공동체는 구조공동체가 되고, 구조공동체는 의례를 통해 다시금 탈구조공동체가 되어가는 순환적 구조 안에 있게 된다는 것이다.[31] 그렇게 보았을 때에 의례는 공동체의 이상을 기억하고 대안적 관계를 표출함으로써, 공동체를 구조로부터 탈구조공동체에로, 그리고 다시금 구조공동체에로 지속적으로 변화하게 하는 '중간적 공간'이라고 할 수 있다.

이처럼 의례이론은 우리에게 예전을 개인으로 하여금 공동체에로의 소속감과 정체성을 형성하는 공동체적 인식이 작동하는 자리로서 뿐만 아니라, 공동체 자체가 변형되는 집단적 인식이 작동되는 자리로서 이해하게 하는 안목을 열어주었다. 그와 같은 안목에서 기독교 예전들을 보았을 때에 예전의 순서들 하나하나가 기독교인으로 하여금 공동체에로의 소속감과 정체성 형성 및 공동체 자체의 변화를 가져오는 통로가 된다는 것을 발견할 수 있다.

예를 들어 예배를 위한 **'모이기'**부터 우리는 이 같은 요소들을 분명히 확인할 수 있다. 모인다는 일은 이미 하나의 예배공동체 안으로 들어온다는 것이고, 이것은 참가자들로 하여금 자신을 예배공동체의 일부분으로 스스로를 이해할 수 있도록 하는 구체적 육화embodiment의 사건이다. 곧 모인다는 사

---

31   Victor Turner, 『의례의 과정』, 192.

실 자체가 참가자들로 하여금 자신들이 세상 속에 살고 있지만 또 다른 예배 공동체, 더 나아가 '하나님의 백성공동체'에 속한다고 하는 것을 인식하게 하는 상징적 통로가 된다는 말이다. 또한 '모이기'는 교회가 그리스도를 머리로 하는 공동체인 것과 같이, 그 공동체의 일부로서 개인 또한 그리스도에게 속했다는 것과 그리스도를 따라야 한다는 것을 기억하고 확인하는 자리가 되며, 동시에 공동체로 하여금 그리스도의 몸된 공동체라는 공동체의 '이상'에로 스스로를 변형해 가는 통로가 된다.

　　'**기도와 찬양**'은 공동체가 함께 "하나님 앞에" 서게 되는 통로이다. 즉 기도와 찬양은 공동체를 '하나님 앞에 선 공동체 community coram Deo', 그리고 '송영적 공동체 community of doxology'로서의 정체성을 형성하게 한다. 더 나아가 기도와 찬양은 개인을 공동체와, 공동체를 개인과 결합하는 아주 특별한 자리가 된다. 왜냐하면 기도와 찬양은 공동체가 대본에 따라 모두 함께, 그리고 동시에 하는 공동체적 행위이지만, 동시에 그 안에 개인적 반응 및 조율이 함께 있기 때문이다. 마치 연극이나 오케스트라에서처럼 기도와 찬양은 공동체로 하여금 개인의 합으로서 작용하게 하고, 또한 개인은 공동체에게 자신을 조율하게 하면서 상호작용하게 한다.[32] 그래서 기도와 찬양은 개인을 공동체와 공동체를 개인과 결합시키는 통로가 되며, 또한 공동체로 하여금 '하나님 앞에서의 공동체', '송영적 공동체'로서의 이상에로 가까이 가게 한다.

　　'**설교**'는 공동체의 전통이 '재생'되고, '기억'되는 대표적인 통로 중 하나이다. 설교는 따라서 공동체가 함께 그 전통에 접목하는 순간이고 자신들 또한 전통의 일부라고 하는 정체성을 형성하게 하는 자리이다. 설교는 또한 개인과 공동체로 하여금 전통을 현재의 삶과 연결하고, 더 나아가 전통을 재창조함으로써 전통 자체가 생명력 있게 지속되도록 하는 통로가 된다. 그 과

32　Joshua Cockayne, "Common ritual knowledge," 42.

정에서 설교는 공동체의 이상을 표상함으로써 공동체 자체가 변형되는 통로가 되기도 한다.

'성만찬'은 그것이 최초로 시작될 때부터 이미 사회적 관습이요, 공동체적 행위였다. 니콜라이센[Nikolajsen]은 성만찬은 초대교회 안에서 공동의 식사였고[고전11:17-34], 그들 사이의 경제적 공유의 표현이었다고 하였다.[33] 성찬은 예배공동체가 함께 먹음으로써 그들이 하나의 공동체로 연결되어 있음을 구체적으로 육화하는 통로가 된다. 또한 성만찬은 그리스도의 살과 피로 상징되는 떡과 잔을 자신들의 몸 안으로 먹고 마실 때마다, 성찬공동체로 하여금 그리스도와의 관계를 다시 새롭게 할 뿐만 아니라, 거기에 참여하는 다양한 사람들, 남녀노소 빈부의 차이에도 불구하고 그들이 하나의 공동체라고 하는 공동체의 이상에로 나아가게 하는 통로가 된다.

"파송하기"는 기독교인들을 일상의 삶 속에서 예전을 실천하기 위해서 세상으로 보내는 단계이다. 예전을 통해 변형된 사람들은 '파송하기'를 통해서 세상을 변형하기 위하여 보냄을 받는다. 따라서 파송하기 또한 개인에게는 세상 안으로 가서 세상을 섬기고 변화시키는 존재로서의 정체성을 형성하고, 예배공동체로서는 사람들을 세상으로 파송하고 그들과의 연대 속에서 세상을 변화시키는 공동체로서의 정체성 및 이상을 확인하게 한다.

이처럼 '모이기', '기도와 찬양', '설교', '성찬', '파송하기'와 같은 기독교 예전의 순서들은 모두 한 결 같이 예전이 그 자체로 개인과 공동체에게 정체성과 소속감을 형성하며, 더 나아가 예배공동체와 세상을 변형하는 중간적 공간이 된다는 것을 예로서 보여준다. 예전은 그 자체로 공동체적 인식이 일어나는 자리인 것이다.

---

33 Jeppe Nikolajsen, "The Formative Power of Liturgy. The Church as a Liturgical Community in a Post-Christendom Society," *EJT* 23-2 (2014), 164.

5. 예전적 인식론의 형성적 차원

앞에서 우리는 예전이 갖는 특별한 인식적 차원을 '참여적 인식', '행동적 인식', '관계적 인식' 그리고 '공동체적 인식'을 중심으로 살펴보았다. 이 네 가지의 인식적 차원들은 모두 예전이 사람을 형성하는 힘이 있음을 분명하게 드러내어 준다.

먼저 예전의 '참여적 인식'은 예전을 인간에게 가치와 태도 세계관을 형성하게 해 주는 통로가 된다. '참여적 지식'은 폴라니의 표현에 의하면 '암묵적 지식'과 '내주적 지식'으로 분류될 수 있는바, 그것은 객관적 지식과 달리 직접 대상에 참여하고 대상과 관계함을 통해서 형성되는 지식으로서, 인격적으로 영향을 미치며 인간 내면의 가치와 태도 세계관 형성의 기반을 형성하는데 결정적 통로가 된다.

또한 예전은 그 자체로 일련의 '행위로 구성된 상징'으로 참여자들에게 그 상징을 자신의 것으로 '전유'하고, 그로 인한 존재의 변형을 일으키는 상징성을 나타낸다. 이 같은 관점에서 보았을 때에, 기독교 예배는 예배공동체의 참가자들로 하여금 '하나님의 백성'이라고 하는 하나의 상징적 세계 안으로 들어와 하나님 나라 백성의 역할을 수행하게 함으로써 하나님 나라 백성의 상징적 의미를 전유하는 통로가 된다. 그것은 또한 예전적 공간 밖, 즉 참가자들의 삶의 세계와도 연속성을 가지면서 행동과 삶을 패턴화 함으로써 '행동'을 형성하는 통로가 된다.

예전은 또한 그 무엇보다 하나님을 2인칭으로서 만남을 통해서 하나님을 알아가는 통로가 된다. "하나님 앞 coram Deo"이라고 하는 문맥을 통해서 예전은 '하나님에 관하여 about God' 아는 교리적 지식이 아니라, 하나님과 직접 관계를 형성함으로써 그를 아는 관계적 지식, 즉 '대상-지식'을 형성하게 한다.

예전은 더 나아가 공동체적 인식을 형성하는 자리이다. 그것은 개인으로 하여금 신앙공동체에의 소속감과 정체성을 형성하게 할 뿐만 아니라, 예배공동체 자체를 '리미날리티'와 '코뮤니타스'라고 하는 '중간 공간'이 되게 함으로써 공동체가 변형되고, 그것으로 또한 세상을 변화시키는 출발점이 되도록 한다.

〈예전적 인식론의 형성적 차원〉

예전적 인식론을 바탕으로 해서 보았을 때, 예전은 그 자체로 인간을 통전적으로 형성하는 인간형성의 자리라고 하는 것을 알 수 있다. 예전은 참가자들로 하여금 기독교인으로서 가치와 세계관을 형성하고, 행동을 변화시키고, 하나님과의 인격적 관계를 형성하며, 또한 개인에게 공동체적 정체성을 형성할 뿐만 아니라, 공동체 자체를 변형시킴으로써 거기에 속한 사람을 변형시키는 통전적 형성의 자리이다.

Ⅲ. 예전적 인식론을 바탕으로 한 기독교교육의 재개념화

앞 장에서 우리는 예전의 인식적 특징들, 즉 '참여적 인식', '행동적 인식', '관계적 인식(하나님 알기)' 그리고 '공동체적 인식'은 예전으로 하여금 그 자체로 통전적 인간형성의 자리가 되도록 한다는 것을 살펴보았다. 예전이 그처럼 통전적 인간형성의 자리가 된다면, 그것은 기독교교육에게 시사하는 바가 크다. 그것은 무엇보다 우리를 예전의 형성적 차원들을 어떻게 기독교교육적으로 이해해야 할 것인지, 예전과 기독교교육과의 관계는 어떠해야 하는지 등에 대한 질문들에 직면하게 한다.

실제로 기독교교육의 영역에서는 그와 같은 물음을 바탕으로 예전과 기독교교육과의 관계에 대해 접근하고, 그것을 바탕으로 기독교교육을 재개념화 한 학자들이 있다. 본 서에서는 웨스터호프 John Westerhoff III 와 머피 Debra Murphy, 그리고 무어 Mary Elizabeth Moore 의 시도들을 살펴보도록 하겠다.[34]

1. '형성'으로서의 기독교교육(웨스터호프)

예전의 형성적 기능에 주목하면서 예전과 기독교교육과의 관계에 주목한 대표적 기독교교육학자 중의 하나로 우리는 웨스터호프를 주목할 필요가 있

---

[34] 참조, Dean Blevins, "Worship: Formation and Discernment A Wesleyan Dialogue Between Worship and Christian Education," *Wesleyan Theological Journal* 33 (1998), 111-127; David F. White, "Tending the Fire: Investigating Relationships between Worship and Christian Education," *Religious Studies Review* 35-1 (2009), 25-28; 김은주, 『예전적 기독교교육 연구: 예전적 상상력을 중심으로』 장로회신학대학교 박사학위논문, 2017.

다. 그는 소위 '신앙공동체 이론'의 대표주자로서, 기독교교육을 소위 지식전달 중심의 '학교식'으로 접근하는 것의 한계를 지적하면서, 교육을 '사회화'와 '문화화 enculturation'의 차원에서 보았는데, 그러한 맥락에서는 예전이야말로 '사회화'와 '문화화'로서의 교육이 이루어지는 결정적인 자리가 된다. 따라서 그는 "예전이야말로 우리를 아주 근본적인 방법으로 형성하고 form 만든다 shape"고 하면서, 예전과 교육은 뗄 수 없이 서로 연결되어 있다고 하였다.[35]

그는 '카테케시스'라는 단어를 교육을 지칭하는 단어로 주로 사용하면서, 카테케시스와 예전의 관계를 다음과 같이 표현하였다:

> 예전이 행동 action 이라면, 교육 catechesis 은 신앙공동체의 반성 reflection 이다. 그 둘은 함께 실천 praxis 를 형성한다. … 예전은 신앙의 축하하는 celebrative 상징적 행위를 통해서 신앙공동체를 양육한다면, 교육은 이러한 신앙의 행동들 저변에 있는 이야기를 숙고하고, 소통하는 사려깊은 시도를 통해서 신앙공동체를 양육한다. 전자와 후자는 다르다. 그러나 신앙과 신앙공동체의 삶은 그 둘 없이 존재할 수 없다. 신앙적 삶이란 그 둘의 통합을 암시한다.[36]

위의 인용구에 나타난 대로 웨스터호프는 예전과 교육은 둘 다 신앙공동체를 양육하는 핵심적인 통로이지만, 동시에 예전은 "행동"으로, 교육은 "반성"이라 칭하면서 둘을 구별하고 있는 것을 볼 수 있다. 웨스터호프는 윌리몬 William Willimon 과 함께 쓴 책에서도 그 둘의 관계를 좀 더 구체적으로 표현하는데, 거기에서 그는 예전과 교육은 모두 학습의 형태이지만, '행동'이 '반

---

35 John Westerhoff III, & Gwen Kennedy, Neville, *Learning Through Liturgy* (New York: The Seabury Press, 1978), 91.

36 위의 책, 92

성'보다 선행하기 때문에 예전이 우선적인 학습의 형태라고 하였다.[37] 그는 행동을 통해서 나타나는 학습이 '반응적 responsive'이며, '직관적 intuitive'이라면, 반성을 통해서 나타나는 학습은 '능동적 active'이고, '지적 intellectual'인 모드를 가지고 있는데, 전자의 카테고리에 '예전', '의례', '상징'들이 속한다면, 후자에는 '신학적 사고', '도덕적 의사결정'과 같은 것이 속한다고 하였다. 여기에서 우리는 웨스터호프가 예전에서 나타나는 학습의 모드를 거기에 나타나는 인지적 특성과 연결시키고 있는 것을 볼 수 있다. 그는 예전에서 나타나는 '반응적', '직관적'인 모드가 고전적 교육개념에서 나타나는 '능동적', '지적' 모드와는 차이가 있음으로 해서 오랫동안 교육으로부터 주목받지 못했지만, 이것이야말로 우리가 새롭게 주목해야 할 중요한 학습의 현상이라고 하였다.

웨스터호프는 후에 교육의 행동적이고 예전적 측면을 표현하기 위하여 카테케시스를 좀 더 세분화하면서 "형성 formation"이라는 단어를 사용한다. 그는 '카테케시스'는 세 개의 움직임 무브먼트을 아우르는 단어인데, 거기에는 '형성 formation', '교육 education', '교수 instruction'가 속한다고 하였다.[38] '교수'는 기독교적 신앙과 삶에 필요하다고 여겨지는 '지식과 기술의 습득'에 초점이 있다면, '교육'은 '기독교 신앙'과 삶의 빛 안에서의 경험에 대한 '숙고 reflection'이고, '형성'은 기독교 신앙과 삶 안으로 '문화화'하거나 '경험'하는 것 자체에 초점이 있고 특별히 그것은 예전을 통해서 이루어진다고 하였다. 그는 이 세 가지는 카테키시스를 구성하는 요소로서 반드시 함께 있어야 한다고 하였지만, '형성'의 중요성을 좀 더 강조한다. 그는 '형성'은 직접적으로 지식을 매개하는 통로가 아니지만, 오히려 '문화화' 과정으로서 "기독교 신앙과 삶의

37　John Westerhoff III, & Willam Willimon, *Liturgy and Learning Through the Life Cycle* (Harper and Row, 1985).

38　John Westerhoff III, "Formation Education Instruction," *Religious Education* 82-4 (1987), 578-591.

실천과 경험에 가장 기초적인 것"으로 기능한다고 하였다.[39] 왜냐하면 '형성'은 우리의 정체성과 세계관을 구성하는 통로이기 때문이라는 것이다. 따라서 그는 형성이 없으면 기독교인을 만드는 것 자체가 불가능하고, 그렇기 때문에 카테키시스는 '형성'에 좀 더 관심을 기울여야 할 것이라고 하였다.[40]

웨스터호프에게 있어서 예전과 교육의 관계는 상호순환적 관계라고 할 수 있다. 그가 예전의 형성적 개념에 주목한 것은, 그의 교육에 대한 관점, 즉 교육을 단순히 '학교식'의 교육으로서만이 아니라, 보다 근본적으로 '문화화'로부터 보려는 입장으로부터 출발하였다고 할 수 있다. 이러한 그의 교육적 관점이 예전의 형성적 기능을 보게 하였고, 또한 역으로 예전의 '형성'적 개념이 그의 교육개념을 확대 혹은 재개념화 하게 하는 통로가 되었음을 발견할 수 있다. 웨스터호프에게 있어서 예전과 교육은 서로가 서로에게 영향을 미치는 '상호순환관계' 안에 있다고 할 수 있다.

2. '송영'으로서의 기독교교육(머피)

예전을 기독교교육의 핵심으로 보면서 그것으로부터 기독교교육을 재개념화 하고 있는 또 하나의 시도로 우리는 데브라 딘 머피 Debra Dean Murphy의 『변형하는 가르침 Teaching that transforms 』을 주목해 볼 필요가 있다. 그녀가 2004년에 출판한 이 책은 그 제목이 이미 시사하고 있는 것처럼, 사람을 내면으로부터 변형시키는 교육을 추구하는데, 그 교육의 중심에는 바로 예배가 있

---

39 John Westerhoff III, "Fashioning Christians in Our Day," in *Schooling Christians*, ed. Stanley Hauerwas and John Westerhoff (Grand Rapids: Eerdmans, 1992), 271.

40 Dean Blevins, "Worship: Formation and Discernment A Wesleyan Dialogue Between Worship and Christian Education," *Wesleyan Theological Journal* 33 (1998), 114.

어야 한다는 전제로부터 출발한다.

머피는 그렇기 때문에 예배와 교육은 분리될 수 없는 동일한 개념인데, 현대의 기독교교육은 그 둘을 분리하는 길을 걸어왔다고 하였다.[41] 그러면서 그녀는 예배와 교육을 분리하여 보는 '기독교교육Christian education'이라는 단어 보다는 카테키시스라는 단어를 사용하기 원한다고 선언하였다:

> 기독교인으로서 우리의 형성은 물론 예전 밖의 상황에서도 일어난다, 그러나 기독교인을 형성하고 훈련하려는 모든 노력은 예배의 중심성을 반영하여야 한다. 이 책은 기독교인의 형성은 통전적으로 예배, 찬양, 송영doxology에 연결되어 있다는 전제에서 출발하기 때문에, 나는 '기독 교교육'이라는 친숙한 단어보다 카테키시스라는 단어를 선호한다.[42]

머피는 '카테키시스'는 통전적 교회교육 형태로서 '교육'과 '예배' 그리 고 '제자화discipleship'와 '송영doxology'을 분리시키지 않으나, '기독교교육'은 현 대 교육학의 '스쿨링schooling'에 뿌리를 내린 개념으로서, 주로 교실에서의 가 르침이나 가르치는 기술 등에 강조를 두어 왔다고 하였다. 그러한 현대적 교 육개념과는 반대로 머피는 기독교인을 변형하고 형성하는 지식은 '하나님' 과 '자아'에 대한 인격적인 지식이어야 한다고 하면서, 이 지식을 "송영적dox-ological 지식"이라 칭하였다. 그녀는 이 송영적 지식은 기독교인이 진정 갈망 해야 하는 지식으로서, 현대 기독교교육이 매개해 왔던 객관적 지식을 통해 서가 아니라, 오직 '송영적' 문맥 속에서만 형성되는 지식이라 하였다. 송영 적 문맥에서 사람들은 하나님을 찬양하고 경배하는데, 하나님과 자신에 대

---

41 Debra Dean Murphy, *Teaching that transforms, Worship as the Heart of Christian Education* (Grand Rapids: Brazos Press, 2004), 10, 103.

42 위의 책, 10

한 진정한 지식은 바로 이러한 콘텍스트에서만 열린다는 것이다. 그녀는 이 것이 바로 예배가 기독교적 형성의 중심이어야 하는 이유이기도 한데, 그것 은 예배가 바로 그러한 송영적 지식이 일어날 수 있는 콘텍스트이기 때문이 라고 하였다.[43]

머피는 예배가 하나님과 자아에 대한 진정한 실존적 앎을 불러일으키 는 통로가 된다는 것의 근거를 예배의 인식론적 특징으로부터 설명하고 있 다:

> 예배 안에서 생겨나는 지식은 단순히 인지적인 것이 아니다 - 그것은 단순히 지능에 의한 데이터의 습득이 아니다 -. 그것은 물질적이고 육 체적이다. 그것은 그것을 행함으로써만 알게 될 수 있는 지식이다. 그것 은 마음으로, 몸으로, 그리고 실제로 행하는performative 지식이다. 우리는 예전적 행동(예배)으로 인해서 기독교 신앙의 지식과 친숙해지고, 그 안으로 들어감으로써, 교리(독트린)와 실천 사이의 깊은 연합이 당연하 게 되는 것이다(다시 말해서 '교육'과 '예배'는 근본적으로 구별되는 영 역이라고 하는 개념이 거부되는 것이다).[44]

이 같은 머피의 개념들은 자세히 들여다보면, 이것들은 우리가 앞에서 살펴보았던 예전적 인식론과 일치하는 개념이라는 것을 발견할 수 있다. 그 녀의 예전적 지식은 '참여적 인식', '행동적 인식'으로서 그것은 참가자들의 삶과 가치와 행동을 형성하는 통로가 된다. 또한 그녀의 예전적 인식은 '관 계적 인식'으로서 하나님에 대한 인격적이고 실존적 지식이 형성되는 통로

---

43 위의 책, 100.
44 위의 책, 104.

이다. 심지어 그녀는 예전의 '공동체적 인식' 또한 언급하였는데, '송영적'으로 형성되는 카테키시스의 신학은 결코 '개인'을 출발점으로 삼지 않는다고 하면서, 어떠한 개인도 송영적 행동이 일어나는 공동체에 선행될 수 없고 되어서도 안 된다고 하였다. 그녀에게서 교육은 철저히 예배공동체라고 하는 자리로부터 출발하는 공동체적 개념이다: "송영적 행동^{doxological performance}에 선행하는 어떠한 고정된 완전한 자아도 없다."[45]

머피는 이 같은 송영적 교육의 개념으로, 객관적 지식의 매개에 초점을 맞추는 현대적 스쿨링 교육개념을 비판하고 넘어선다. 예배공동체 속에서 하나님을 찬양하고 예배함을 통해서 형성하게 되는 하나님과 자아와 세상에 대한 지식이야말로 진정 사람을 변형시키는 지식이고, 그 지식을 지향할 때, 교육은 사람을 변형시키는 교육이 된다고 함으로써 머피는 스쿨링 형태의 교육 대신 '송영적 교육'이라는 대안을 제시하고 있다. 이 같은 머피의 입장은 예전적 인식론, 특별히 예전의 관계적 인식론의 관점을 중심으로 교육을 재구성한 입장이라고 할 수 있다. 그녀에게서 예전은 그녀의 교육개념을 이끌어가는 중심개념으로서의 역할을 하고 있는 것을 볼 수 있다.

3. '성례전'으로서의 기독교교육(무어)

예전을 기독교교육과 연결시키는 또 하나의 시도로 우리는 메리 엘리자벳 무어의 저서 『성례전적 행위로서의 가르침』^{Teaching as a Sacramental Act}을 주목할 필요가 있다. 무어의 이 책은 앞의 두 시도와는 결이 다른 시도인데, 앞의 두 시도가 예전과 예전적 교육에 초점을 맞추고 있다면, 이 책은 '성례전

---

45 위의 책, 104.

sacrament'을 일종의 사고의 패러다임으로 이해하면서, 그것을 기독교교육 이론 전개의 틀로 삼고 있는데 그것이 바로 '성례전적 교육'이다.[46]

그녀는 이 책의 서두에서 "성례전적 교육은 세상에서 하나님을 중재하는 것 mediating"이라고 정의한다. 마치 성례전이 떡과 포도주라는 물질에 그리스도의 살과 피가 담김으로써 우리를 그리스도와 매개하는 통로가 되는 것과 같이, 성례전적 교육이란 하나님의 모든 피조세계 즉 눈에 보이는 세상에서 하나님을 중재하는 것이라고 하였다. 무어는 성례전적 교육은 따라서 인간과 피조물들의 성화와 안녕 well being을 위한 것이고, 이를 위해서 하나님께서 인간공동체를 부르셔서 하나님의 은혜를 매개하도록 한 교육이라고 하였다.[47]

이러한 그녀의 전제에서 이미 나타나고 있는 것처럼 무어의 성례전적 교육은 위의 두 사람에게서처럼 성례전과 예배 자체를 교육의 핵심으로, 그리고 그것이 일어나는 신앙공동체를 교육의 핵심적 자리로 보는 것이 아니라, '성례전'이라고 하는 단어가 가지고 있는 상징적 의미들을 교육에 적용하고, 또한 그러한 교육이 일어나는 자리를 '세상' 한 가운데에서 찾고 있다. 무어는 예배를 '일상의 삶 한 가운데에서 하나님과 만나는 것'으로 보면서, 성례전적 가르침은 일상적 삶 속에서 세상을 치유하시고 축복하시는 하나님의 활동에 참여하여, 하나님의 은혜를 인간 공동체에 매개하는 것이라고 하였다.[48] 즉 성례전이 하나님의 은혜의 수단인 것처럼, 성례전적 교육은 세상한 가운데에서 하나님의 은혜가 구체화되는 것에 동참하는 일이라는 것이다. 그래서 무어의 성례전적 가르침은 세상과 구별된 교회, 세상의 삶으로부터 구별된 성스러운 행위에만 국한되는 것이 아니다. 성례전적 가르침은 예

---

46 Mary Elizabeth Mullino Moore, *Teaching as a Sacramental Act* (Cleveland: The Pilgrim Press, 2004).

47 위의 책, 5.

48 위의 책, 5.

배와 교육, 성과 속, 믿음과 행위가 서로 만나는 교육이다.

> 성례전적 행위로서의 가르침은 예배와 교육, 성과 속, 믿음과 행위, 영
> 성과 사회적 증인 사이의 이분법을 무너뜨리는 것이다. 그것은 하나님
> 이 피조물과의 성례전적 관계에 기초하고 있고, 인간의 소명은 아픈 세
> 상 안에 현재하시는 하나님을 받아들이고 중재하는 것이라고 하는 것
> 에 근거한다.[49]

무어는 성례전이라는 단어의 뿌리로부터 그것의 의미를, '하나님과의 만남', '기억', '새로운 창조와의 만남', '창조 안에 있는 하나님의 활동의 상징', '공동체', '영향efficacy'이라고 설명하였다. 그리고 그녀는 그와 같은 의미에 기초한 성례전적 가르침으로서 "기대하지 않았던 것 기대하기", "잊혀진 것 기억하기", "반전 추구하기", "감사하기", "공동체 재구성하기와 세상 치유하기" 등을 제시한다.[50]

무어의 이러한 시도는 성례전을 패러다임적으로 이해하면서, 그것을 기독교교육이론 전개의 틀로 삼고 있는 것을 보여준다. 앞의 예전적 인식론에 나타난 "예전의 상징성"이 그녀에게서는 기독교교육 이론형성과 연결되고 있다. 예전의 의미들이 그녀에게는 일종의 상징 및 패러다임이 되어, 그것이 '성례전적 교육'이라는 교육이론이 탄생하게 되는 통로가 되었다. 이것 또한 예전이 교육을 재개념화 하는 하나의 예를 보여주고 있는 것이라 할 수 있다.

---

49 위의 책, 7.
50 위의 책, 21-39.

IV. 맺는 말
— 예전적 인식론으로부터 본 교육의 새로운 차원

앞에서 살펴본 세 사람의 기독교교육학자 즉 즉 웨스터호프, 머피, 무어의 시도들은 모두 예전과 예전적 인식론이 교육을 재개념화 하고 새롭게 상상하게 하는 통로가 됨을 보여준다. 다시 말해서 예전과 예전적 인식론이 그들에게 교육을 '형성'으로, '송영'으로, 그리고 '성례전'으로 이해하게 하는 안목을 열어준 것이라고 할 수 있다. 이 같은 사실은 우리에게 예전이 결코 단순히 교육의 '수단'이나 '방법'으로만 머무는 것이 아니라, 그를 넘어서서 교육을 보는 새로운 안목을 열어주고, 그것으로서 기독교교육의 방향을 모색해가는 관점과 틀을 제시한다는 것을 깨닫게 한다.

무엇보다 먼저 예전의 인식론은 교육의 이해를 새롭게 여는 통로가 되는데, 예전은 예배공동체에로의 참여 그 자체, 예전적 행동 그 자체, 하나님과 2인칭으로서 만남 그 자체, 그리고 공동체 그 자체가 곧 인간을 형성하고 변형하는 자리가 됨을 말해 준다. 이것은 교육으로 하여금 지식을 매개하는 행위 배후를 보도록 도전하며, 그곳에서 교육이 보다 본질적으로 인간의 형성과 변형의 통로가 되어야 함을 도전한다. 그것은 인간에게 가치와 세계관을 형성하고, 행동을 불러일으키는 '인간 안의 근원을 형성하는 것'이야말로 교육이 시작해야 할 출발점이라고 하는 것을 강력하게 시사한다.

그런 의미에서 웨스터호프가 "형성"을 교육의 결정적 측면으로 이해하는 것은 예전의 이와 같은 인식론과 직접적으로 관련이 있다. 머피가 "송영"이 일어나는 예전적 문맥이야말로 사람들에게 하나님 이해, 자기 이해, 세계 이해의 형성 및 변형을 불러일으키는 교육의 핵심적 자리로 이해하고 있는 것 또한 이러한 예전적 인식론와 직접적으로 관련이 있다. 그리고 앞의 두 사람과는 결이 조금 다르지만 무어가 예배를 교육과 분리시키지 않고, 믿음과 행위를 분리하지 않으며, 더 나아가 성과 속을 아우르는 성례전적 교육개념을 전개하는 것은, 교육을 단순히 지식을 매개하는 표면적 행위로서만이 아니라, 보다 근본적으로 인간 안의 근원을 형성하는 것을 아우르는 행위로 이해하고 있다는 표시이다. 이러한 맥락에서 보았을 때, 예전의 인식론은 교육을 객관적 지식과 정보를 매개하는 행동 너머 인간의 내면을 형성하는 것이 되지 않으면 안 된다고 하는 확대된 교육이해를 제시하는 것이라 할 수 있다.

또한 예전이 개인으로 하여금 공동체에로의 소속감과 정체성을 형성하게 할 뿐만 아니라, 일종의 '중간 공간'으로서 개인과 공동체 자체를 변형하는 통로가 된다는 공동체적 인식론은 우리에게 "공동체가 교육한다"는 교육의 이해를 열어준다고 할 수 있다. 사람이 교육하기 이전에 공동체 자체가 먼저 교육한다는 것이다. 그런 의미에서 머피가 교육을 개인으로부터 시작되는 행위가 아니라, 철저히 공동체로부터 출발하는 행위라고 보는 것도, 웨스터호프가 교육을 '문화화'로 보는 것도 공동체 자체를 교육하는 주체로서 보는 것과 다름 아니다. 무어의 경우 공동체의 범위가 예배공동체를 넘어서서 세상 전체로 확대되는 것을 볼 수 있지만, 그녀 또한 세상 자체, 하나님의 피조세계 자체가 하나님의 은혜를 매개하는 공동체가 된다고 봄으로써, '공동체가 교육한다'는 생각을 공유한다고 할 수 있다. 공동체가 교육한다는 관점에서 보았을 때, 우리의 교육활동은 신앙공동체를 진정한 변형의 통로가 되도록 구성하는 것에 촛점을 맞추어야 한다는 것을 깨닫게 된다. 더 나아가 무어적 의미로 보았을 때, 좀 더 거시적으로 세상을 '하나님 나라'가 되도록 하여 그 자체가 모든 인류에게 하나님의 은혜를 매개하는 장소가 되도록 해야 한다는 통찰을 얻게 된다.

예전은 또한 일련의 행동으로 이루어진 '상징'으로서 사람과 공동체를 형성하고 변형하는 힘이 있다. 그런데 예전은 교육이론 형성에 있어서도 패러다임적 역할을 할 수 있다는 것을 무어의 '성례전'으로서의 교육 개념으로부터 발견하게 된다. 성례전이 인간을 그리스도와 연결하는 통로라면, 그것은 '교육'으로 하여금 인간과 모든 피조세계에게 '하나님을 중재하는 행위'가 되어야 한다는 상상과 통찰을 불러일으킨다는 것이다. 또한 성례전에서 떡과 잔이라는 물질이 거룩을 담는 것과 같이, 성례전은 교육을 '일상의 삶 한 복판에서 하나님과 만남을 중재하는 수단이요, 하나님의 은혜의 수단'으로서 보게 하는 상징적 의미를 갖는다는 것을 무어로부터 발견한다. 이 같은 무어의 시도로부터 우리는 예전이 교육을 새롭게 상상하도록 하는 상징성을 가진다는 것을 발견한다.

이상과 같은 점을 바탕으로 해서 보았을 때, 예전적 인식론은 왜 예전이 형성적인지를 밝혀줄 뿐만 아니라, 교육의 이해를 새롭게 하고 확대하는 통로가 된다고 할 수 있다. 교육이 예전의 형성적 기능을 밝혀준다면, 예전은 교육의 개념을 확대하고 새롭게 상상하도록 하는 통로가 됨으로써, 교육과 예전이 상호순환적 관계 안에 있음을 보여 준다.

예전적 인식론의 관점에서 발견한 예전과 교육과의 관계, 그리고 교육의 새로운 차원들은 우리에게 기독교교육이 예전과의 지속적 대화를 통해서 기독교교육의 새로운 지평을 열어가야 한다는 도전을 준다. '형성', '송영', 그리고 '성례전' 뿐만이 아니라, 더 많은 새로운 개념들, 새로운 상징성들이 그 대화를 통해서 출현할 수 있기를 소망해 본다.

6
장

몸의 인식론과

기독교교육

* 이 글은 「기독교교육 논총」 62집에 실렸던 "몸의 인식론과 기독교교육에 관한 연구"를 수정·보완한 글임.

Ⅰ. 들어가는 말

계몽주의 이후의 교육은 몸을 배제하는 disembodied 교육이어 왔다. 몸보다는 정신, 몸 보다는 생각이 교육의 대상이자, 통로였다. 그 배경에는 정신은 우리의 사고의 주체이고, 몸은 대상 object 이라고 하는 데카르트적 Cartesian 이원론이 놓여있다. 이와 같은 현상은 기독교교육에도 영향을 미치면서 '기독교교육은 지식을 매개하는 것'이라는 사고가 지배하게 하였고, 이것은 주일학교 운동 이후 우리 기독교교육 현장에 편만한 '학교식 교육 schooling'을 든든하게 받쳐주는 전제가 되어왔다. 그러나 지식중심의 학교식 교육은 전인적 신앙의 성장을 담보하지 못했고, 앎과 삶, 신앙과 생활의 분리현상을 가져온 대표적 모델로 평가되고 있다.

본 고는 그러한 이분법적 사고, 학교식 교육의 대안의 하나로 '몸'에 초점을 맞추고자 한다. 특별히 몸이 우리의 인식 기관으로서 우리의 앎에 관여하며, 무엇보다 몸이 우리에게 우리가 속한 세상을 직접적으로 인식하는 통로일 뿐 아니라, 또한 우리를 세상과 관계 맺도록 하는 매개의 역할을 한다는 것에 주목해 보려 한다. 그리고 몸의 인식론을 기반으로 기독교교육을 바라볼 때에 비로소 보이는 기독교교육의 새로운 측면들에 주목해 보려 한다.

이를 위해 본 서는 먼저 몸의 인식론에 관한 연구들을 '철학적 연구', '뇌과학적 연구', 그리고 '몸의 신학'을 중심으로 살펴보고, 그것으로부터 나타나는 몸의 인식론적 차원들이 어떻게 대안적 기독교교육에 방향을 제시하는지를 살펴보고자 한다.

Ⅱ. 몸의 인식론

서구사회는 20세기 중반 이후 다양한 영역에서 몸에 대한 관심을 기울여 왔다. 쉬츠-존스톤Maxine Sheets-Johnstone은 그녀의 책『몸으로의 전환』Corporeal Turn에서 20세기에 두 번에 걸친 전환이 있었는데, 하나가 20세기 전반에 있었던 "언어적 전환linguistic turn"이라면 다른 하나는 후반부에 있었던 "몸으로의 전환"이라고 하였다.[1] 전자의 전환이 비트겐슈타인을 비롯하여 두 번에 걸친 세계대전 사이에 시작된 언어적 전환이라면, 후자의 전환, 즉 몸에로의 전환은 메를로-퐁티Maurice Merleau-Ponty를 비롯하여 마르셀Gabriel Marcel, 푸코Michel Foucault와 같은 프랑스 철학자들에 의해서 시작되었고, 그 이후 서구의 상황들, 즉 6,70년대의 반전운동, 히피 등의 사회적 상황, 80년대의 패미니즘, 흑인 인권운동, 해방신학 등등과 맞물리면서 서구사회 전반을 아우르는 전환으로 나타났다고 하였다.

이 같은 몸에 대한 관심은 오늘에 이르기까지 여러 영역에서 이어졌고, 특별히 몸이 인간 인식의 핵심적 자리요 통로라고 하는 연구들이 나타나는 계기가 되었다. 그것은 철학의 영역에서 뿐만 아니라, 심리학과 뇌과학의 영역[2] 신학의 영역[3] 등에 이르기 까지 다양한 영역에서 나타났다.

본 서는 철학과 뇌과학 그리고 신학의 영역에서 이루어진 몸과 인식론의 관계에 초점을 맞추어 보고자 한다. 앞의 두 영역은 몸의 인식적 차원을 집중적으로 연구하였기 때문이고, 신학에서의 연구는 그것이 기독교교육에

---

1 Maxine Sheets-Johnstone, *The Corporeal Turn: An Interdisciplinary Reader* (Charlottesville: Imprint Academic, 1992), 2.

미칠 수 있는 영향을 고려하기 때문이다. 본 서는 특별히 이 세 영역의 몸의 인식론 연구를 대표하는 세 사람 즉 철학의 영역에서는 메를로 퐁티를, 심리학과 뇌과학의 영역에서는 다마지오^{Antonio Damasio}를, 그리고 신학의 영역에서는 존 넬슨^{John Nelson}을 중심으로 살펴보고자 하는바, 그들은 그들이 속한 영역에서 몸의 인식론 연구를 대표할 뿐만 아니라, 그 이후의 지속적 연구에 결정적 영향을 미치고 있기 때문이다.

1. 메를로 퐁티의 몸의 인식론

1) 주지주의와 경험주의의 이원론적 인식

메를로 퐁티는 독일의 현상학자인 후설^{Edmund Husserl}의 영향을 받은 현상학자이면서도 동시에 생애 후반기에는 존재론적 시기를 살기도 하였다. 어느 시기에 있었든 메를로 퐁티의 주 관심사는 언제나 인간 사고의 '주체와 객체', '정신과 신체'의 이분법을 극복하는 것에 있었다. 그리고 그 둘의 이분

---

2 B. M. Ashley, *Theologies of the body: Humanist and Christian*, Braintree (The Pope John Center, 1985); Antonio Damasio, *Descartes' Error, Emotion, Reason, and the Human Brain*, Putnam's Sons (New York: Penguin books, 1994); Antonio Damasio, *The Feeling of What Happens, Body and Emotion in the Making of Consciousness* (Orlando, Florida: Harvest Books, 1999); Antonio Damasio, *Looking for Spinoza, Joy, Sorrow, and the Feeling Brain* (Orlando, Florida: Harvest Books, 2003); E. Gendlin, "Thinking beyond patterns: Body, language and situations," in *The presence of feeling in thought*, ed. B. Ouden & M. Moen (New York: Peter Lang, 1999), 25-151; E. Gendlin, *Focusing-oriented psychotherapy: A manual of the experiencing method* (New York: The Guilford Press, 1996); N. Murphy, *Bodies and souls, or spirited bodies?* (Cambridge: Cambridge University Press, 2006).

3 Arthur A. Vogel, *Body Theology, God's Presence in Man's World* (New York; Harper&Row, 1973); James B. Belson, *Body Theology* (Louisville: Westminster/John Know Press, 1992); D. H. Kelsey, *Eccentric existence: A theological anthropology 1 & 2* (Louisville: Westminster John Knox Press, 2009); James B. Nelson, *Embodiment: An approach to sexuality and Christian theology* (Minneapolis: Augsburg Publishing House, 1978); Body theology (Louisville: John Knox Press, 1992); John Paul, *Man and women He created them: A theology of the body* (Boston: Pauline Books & Media, 2006); John Sanders, *Theology in the Flesh: How Embodiment and Culture Shape the Way We Think about Truth, Morality, and God* (Augsburg: Fortress Press, 2016).

법을 극복하는 길을 그는 '몸' — 후반기에는 '살^la chair' — 에서 찾았다. 여기에서는 그의 대표적인 초반기 저술 『지각의 현상학』을 중심으로 그의 몸의 인식론을 살펴보도록 한다.[4]

『지각의 현상학』에 나타나는 그의 몸의 개념은 주체이면서 동시에 객체이고, 몸이면서 동시에 정신의 자리로서 그 둘이 만나는 지점이다. 메를로 퐁티는 몸을 정신으로부터 분화되기 이전 인간의 인식과 행위가 만나는 가장 기초적이고 근본적인 자리로 보면서, 이를 밝히기 위해서 이 책 전체를 할애한다. 이 책을 통해 그는 무엇보다 먼저 서구사회를 견인해 왔던 이분법적 사고 즉 '주지주의'와 '경험주의'를 동시에 비판하면서, 그들과 '몸의 인식' 혹은 '몸의 지각'을 대비시킨다.

메를로 퐁티는 먼저 주지주의를 비판하고 있는데, 주지주의란 그에게서 데카르트의 관념론으로부터 영향을 받아 칸트, 헤겔, 사르트르에게로 이어지는 사고로서, 인간은 순수의식의 세계 안으로, 그리고 세계는 그러한 의식의 대상으로 축소하는 이분법적 사고를 지향하는 사고이다. 메를로 퐁티는 주지주의에 대하여 데카르트의 "나는 생각한다 고로 나는 존재한다(코기토 에르고숨)"에서처럼 철저히 자아를 사유의 근거로 삼고, 자아의 내면으로 들어가 내 의식 밖의 타인이나 세계를 나의 의식과 정신 안에 새겨진 관념으로 본다고 비판한다:

> 데카르트의 코기토는 나 자신의 코기토에 의해서만 의미를 가진다. 내가 그것을 발견하기 위해 필요로 하는 모든 것을 나 자신 속에 가지지 않았다면 나는 그것에 대해 아무것도 생각하지 못할 것이다. 나의 사고

---

4   Maurice, Merleau- Ponty, *Phénoménologie de la Perception*, 류의근 역, 『지각의 현상학』 (서울: 문학과 지성사, 2019).

에 코기토의 운동을 되찾는 목표를 부여하는 것은 나이며, 나의 사고가

그 목표를 향해 정위함을 부단히 검증하는 것은 나이다.[5]

위의 인용구에서처럼 메를로 퐁티는 주지주의의 관점에서 사유의 시작
은 '나'라고 본다고 하였다. 내 안에서 사유하는 움직임이 시작되어야 코기토
의 사유가 시작되고, 또한 나의 사유가 코기토의 목적을 향하고 검증하기에,
'나'는 철저히 사유의 원천이다. 여기에서 내 의식 밖의 타인이나 세계는 오
직 내 정신에 새겨진 관념들을 바탕으로 부차적으로 존재한다. 따라서 그는
주지주의에게 있어서 세계는 단지 내 의식의 '대상'으로 축소되고, 결국 이
것은 주객의 이분법으로 나타나게 된다고 하였다.

메를로 퐁티는 또한 '경험주의'를 비판한다. 경험주의는 서양철학사에
서 로크에서 흄으로 이어지는 경험론 뿐 아니라, 그로부터 영향을 받은 실증
주의, 과학주의, 행동주의 사고들의 성향을 일컫는다. 메를로 퐁티는 경험주
의에 대해 인간을 단순히 외적 원인과 자극의 결과로 환원시키고, 인간의 경
험을 인위적으로 분해하고 있다고 비판한다. 경험주의자들에게 있어서 모든
사건은 객관적 세계에서 일어나는 것일 뿐이며, 그들에게 지각하는 '주체'는
망각된다는 것이다:

경험주의적 철학자는 주체 X가 지각하는 중이라고 보고 일어나고 있는
것을 기술하려고 노력한다. 즉 주체의 존재 상태나 존재방식인 그리고
그 때문에 진정한 정신적 사물인 감각들이 있다는 것이다. 지각하는 주
체는 이러한 사물들의 장소이며 사람들이 먼 지역의 동물계를 기술하
듯 철학자는 감각들과 그 기층을 기술한다. 자신이 스스로 지각한다는

5   위의 책, 554.

것, 자신이 지각의 주체라는 것, 자신이 체험하는 대로의 지각은 지각 일반에 대하여 그 자신이 말하는 모든 것에 어긋난다는 것을 깨닫지 못한 채로 말이다.[6]

이처럼 메를로 퐁티는 경험주의자는 지각하는 주체가 지각의 주체로서 이미 세상을 감각하는 과정에 영향을 미치고 있음에도 불구하고 이러한 사실을 깨닫지 못한 채, 어떤 절대적 감각이 있는 듯 감각을 객관화하고 있다고 비판한다. 그 결과 경험주의자들은 '나'를 인식의 대상에서 배제하고, 결국은 주지주의자들처럼 주체와 객체를 이원화하고 있다고 하였다.

경험주의가 '나' 밖의 세계가 가지고 있는 물리적, 화학적 소여성들을 우리 안의 어떤 절대적이고 보편적 감각으로서 인식할 뿐이라고 함으로써 그 감각 관여하는 '나'를 보지 못하였다면, 주지주의는 '나'를 절대적 인식의 출발점으로 삼으면서 세계를 객체화하였다.

2) 몸의 인식

주지주의와 경험주의의 이원화를 비판하면서 메를로 퐁티가 주목하는 것은 바로 몸의 지각이다. 그는 먼저 몸을 인식의 대상으로 보는 것이 아니라, 지각하는 주체로 본다. 즉 그는 몸이 인식한다 보았다. 그런데 그가 몸이 인식한다고 했을 때 이 인식은 몸이 주지주의자들에게서의 절대적 자아처럼 세계를 대상으로 한 인식의 주체가 된다는 것이 아니라, 몸이 세계와 만나 세계가 자극하는 지각을 몸 자체가 가진 전역사에 기반하여 인식한다는 것이다. 그래서 그에게서 몸은 순수한 자기의식도, 객관적 세계도 아니고, 사고

---

6 위의 책, 317.

하는 '나'와 객관적 '세계'가 만나는 지점이다. 즉 몸은 사고의 주체로서의 나와 사고의 대상으로서의 객관적 세계가 분화되기 이전에 그 둘이 만나는 지점이라는 것이다. 메를로 퐁티는 『지각의 현상학』에서 그러한 현상을 설명하는 많은 예들을 들고 있는데, 그 중 하나가 '모기에 물린 사람'의 예이다:

모기에 물린 그 환자는 물린 지점을 찾을 필요도 없이 단번에 그곳을 발견한다. 왜냐하면 그는 그 지점을 객관적 공간에서 정돈되어 있는 축선과의 관계에 의해서 위치 짓는 것이 아니라, 자신의 현상적 손으로 현상적 신체의 어떤 아픈 지점에 도달하기 때문이고, 긁는 능력으로서의 손과 긁는 지점으로서의 물린 지점 사이에서 체험된 관계는 고유한 신체의 자연적 체계에서 주어지기 때문이다. 그 활동은 전적으로 현상적인 것의 질서에서 일어나고 객관적 세계를 거치지 않는다[7]

위의 예에서 보는 것처럼 모기에 물린 사람이 물린 지점을 찾는 사고는 객관적 세계를 거치지 않고 일어난다. 몸이 그것을 이미 안다. 연이어 그곳을 긁는 행위 또한 신체의 자연적 체계에 의해서 이루어진다. 모기에 물린 지점을 발견하고 손으로 긁는 행위 사이에는 객관적 세계를 거칠 필요가 없다. 그렇다고 해서 이 경우 몸이 정신의 지시에 따라 움직이는 것 또한 아니다. 몸은 그 자체로 사고에 관여한다. 몸이 인식하고 몸이 판단한다. 몸 안에 정신 활동이 스며들어 있고, 이것이 몸의 활동으로 드러난다. 모기에 물렸다는 사실은 순수한 사고에 의해서 생겨난 일이 아니고, 외부 세계에서 나의 몸으로 침투해 들어온 사건이다. 따라서 그것은 '사고하는 나'로부터 출발한 순수한 인식활동도 아니고, 또한 이것은 '나'를 배재한 객관적 거리두기의 사고

---

[7] 위의 책, 176.

도 아니다. 모기에 물린 나의 '현상적' 몸이 물린 자리를 인식하고, 또한 나의 '현상적'손이 그곳을 긁는다는 것이다.

몸은 메를로 퐁티에게 있어서 세계와 같은 질료로 되어 있어서, 우리가 사유하기 이전에 이미 세계와 몸은 근원적인 공유가 있다고 하였다. 그에게서 몸은 세계의 일부이다. 그는 몸이 사고한다고 보았지만, 그 사고는 몸 혼자만의 독자적 사고가 아니라 "세계가 우리의 감각, 귀와 시선을 취한다"고 하였다. 나의 몸은 대상을 취하기도 하지만 대상이 나의 감각을 취하기도 한다는 것이다. 그렇다고 해서 그에게서 몸이 단순히 세계에 좌지우지되는 단순 감각기관 만은 아니다. 세계가 나의 감각을 취하지만, 몸은 동시에 몸의 '지향성'을 갖는데, 그것은 사고하는 의식의 지향성이 아니라, '신체화된 embodied' 의식의 지향성이다.[8] 몸은 일종의 '육화된 주체성'으로서 자아와 세계의 중간이고, 주체와 객체의 중간이다. 그런 의미에서 몸은 주체와 객체를 매개하는 인식이 일어나는 자리이다.

메를로 퐁티는 또한 몸이 세계와 만나는 인식의 지점이기 때문에 그것은 기존의 '자아'에 갇혀있지 않고 세계와의 새로운 만남으로 언제나 자아를 초월할 수 있는 자리가 된다고 보았다: "지각의 경우는 특수한 경우가 아닌가? 그것은 나에게 세계를 열어준다. 그것은 나를 초월하고 자신을 초월함으로써만 그렇게 할 수 있다."[9] 즉 몸은 어떤 절대적 '자아'에 붙잡혀있지 않고, 세상과 만나 지각하는 순간 언제나 나를 초월하는 자리가 된다. 그는 몸은 "지각하는 주관을 지각된 세계로 폭로함"으로써 지각하는 주관을 드러내고, 또한 그를 초월하게 한다고 하였다. 즉 몸을 통해 지각되는 세계는 끊임없이 지각하는 주관의 모습을 드러내고 그럼으로써 그것을 넘어서게 하는 역할을

---

8   류의근, "메를로 퐁티에게 있어서 신체와 인간," 『철학』 50 (1997), 267.
9   Maurice, Merleau- Ponty, 『지각의 현상학』, 563.

한다는 것이다.

그렇게 보았을 때 메를로 퐁티는 '나'를 대표하는 것은 사유의 시작으로서의 '자아'가 아니라 '몸'이라고 보았다. "나는 나의 몸이다"라고 하는 퐁티의 유명한 문장은 이러한 맥락에서 이해될 필요가 있다. 몸은 '나'로 하여금 절대적 '자아'에 고정되어 있지 않고, 끊임없이 세계에 대한 지각을 통해서 어떤 '지향성'을 갖게 하는데, 그래서 몸의 인식은 끊임없이 고정된 자아의식을 벗어나 세계와의 관계에서 지속적으로 새로운 '나'를 형성해 가는 통로이다.

메를로 퐁티의 몸의 인식론은 무엇보다 먼저 몸을 인식하는 주체로 봄으로써 몸을 인식의 기관으로 발견하였다. 또한 그것은 주지주의나 경험주의의 그것처럼 주객을 이분법적으로 분리하는 인식론이 아니라, 주관과 객관을 매개하는 인식, 자아와 세계를 연합하는 인식의 특징을 보여줌으로써 몸의 인식만이 가지고 있는 인식론적 독특성을 제시하였고, 바로 그 점으로 인해 몸은 단순히 인식의 기관으로서 그치는 것이 아니라 지속적인 세계와의 만남을 통해 자아를 초월하고 새로운 자아를 형성해가는 통로가 된다는 통찰을 준다.

2. 다마지오의 "신체화된 마음 embodied mind"

안토니오 다마지오 Antonio Damasio 는 몸이 인식에 참여할 뿐만 아니라, 인식과정에서 결정적 역할을 한다는 것을 뇌과학적으로 연구하였다. 그는 메를로 퐁티처럼 정신과 몸의 이원론적 접근을 하는 데카르트적 사고에 반대하여 우리의 사고가 몸으로부터 비롯되고, 몸과 정신은 서로 상호작용한다는 일원론적으로 사고를 그의 저서 제목, 『데카르트의 오류』Descartes' Error 10 및 『스피노자의 뇌』11에서 분명히 한다. 데카르트가 '코기토 에르고숨'의 정신과 몸의 이원론적 사고로 근대 이후의 서구를 견인해 온 사람이라면, 그와 동시대인인 스피노자는 그에 반해 정신과 물질은 '동일한 실체의 무한한 속성 중 두 양태'라고하면서 '속성이원론', '심신평행론' 등으로 데카르트의 이원론적 사고를 반박하였다. 스피노자에게서 '몸'의 인식은 '감정', '정서', '느낌'을 통해서 나타나는데 다마지오는 바로 그것들이 우리의 마음mind, 혹은 생각의 자료이자 전제라고 본다.

1) 뇌와 몸

다마지오는 우리의 몸이 우리의 사고에 참여하고 있다는 것을 밝히기 위해서 먼저 뇌의 활동에 주목한다. 그는 인간이라는 유기체는 '몸body'과 신경체계nervous system인 '뇌brain'의 조합이라고 하였다.12 그리고 그는 우리의 사고가 뇌와 몸과의 상호작용에 의해서 이루어지는데, 그것은 "뇌와 몸은 상호적으로 생화학적이고 신경적인 회로에 의해서 불가분리로 통합되어 있기" 때문이라고 하였다.13 그리고 그는 뇌와 몸 간의 통합의 경로를 크게 두 방향에서 볼 수 있는 바, 하나는 '몸으로부터 뇌'로, 다른 하나는 '뇌로부터 몸'에로 상호작용의 경로가 일어난다고 하였다. 우리의 모든 몸의 부분들, 즉 근육, 관절, 장기 등은 말초신경을 경유하여 신호를 뇌로 전달하는데, 이 신호는 척수, 혹은 뇌간으로 들어와 궁극적으로 측두엽과 섬insula 부위의 몸의 감

---

10   Antonio Damasio, *Descartes' Error, Emotion, Reason, and the Human Brain* (New York: Penguin books, 1994).

11   Antonio Damasio, *Looking for Spinoza, Joy, Sorrow, and the Feeling Brain* (Orlando: Harvest Books, 2003).

12   Antonio Damasio, *Descartes' Error, Emotion, Reason, and the Human Brain*, 86.

13   위의 책, 86

각 피질로 운반된다. 그와 나란히 몸의 활동으로 발생한 화학적 물질은 혈루를 통해 뇌에 도달하고, 뇌 부위들을 활성화시킴으로서 뇌의 작동에 영향을 준다는 것이다. 또한 역으로 뇌의 작용은 신경을 통해 몸의 모든 부분으로 작용하는데, 특별히 자율신경계와 근육골격신경들이 그것의 행위자로서 활동한다. 뇌는 혈류로 분비되는 모든 화학물질들, 즉 호르몬, 전달물질, 조절물질들을 제조하거나 제조명령을 함으로써 몸에 작용한다.[14] 그는 이와 같은 메카니즘은 우리에게 이미 뇌가 몸과 분리될 수 없는 유기체를 형성함을 보여준다고 하였다. 즉 뇌와 몸의 협력관계는 서로 조화를 이루면서 인간이 환경과 상호작용하는데 결정적 기여를 한다는 것이다.

2) 행동, 마음, 기질적 표상

다마지오는 뇌와 몸의 뗄 수 없는 관계를 정의하고, 그를 바탕으로 행동과 '마음mind'의 관계에 주목한다. 그는 먼저 생명체의 '행동'은 환경의 자극에 반응하면서 나타나는 것이고, '마음mind'은 이미지 형성을 위한 '신경적 표상neural representation' 능력이라고 정의한다. 그에게서 마음은 '사고thought'와 동의어로서 신경적 표상에 의해서 형성된 이미지를 바탕으로 이후에 있을 일을 예측하고 거기에 맞춰 계획을 세우고, 그 다음의 행동 선택을 도움으로써 궁극적으로 행위에 영향을 미치게 되는 모든 사고의 과정을 포함한다고 하였다.[15]

그런데 다마지오가 주목하는 것은 모든 우리의 행동은 뇌의 작용으로 이루어지지만 그것이 반드시 '마음'을 거치는 것은 아니라는 것이다. 마치 반

---

14   위의 책, 87.
15   위의 책, 90.

사작용처럼 많은 행동들은 환경과의 관계에서 순간순간 숙고 없이 취해진 반응인 경우가 많다는 것이다. 물론 뇌의 자극과 반응 사이를 중개하는 회로에는 단순 반사작용보다 많은 중간단계가 있지만, 이것들이 반드시 '마음'의 이미지 형성까지 가는 것은 아니라고 하였다. 그러면서 그는 우리의 몸과 뇌는 마음까지 가지 않아도 표상할 수 있는 능력이 있는데 이것이 바로 "기질적 표상dispositional representation"이라고 하였다:

> 기질적 표상은 지식의 저장고와 같은데, 내적 지식과 경험에 의해서 획득되는 지식을 모두 포함한다. 내적 지식은 시상하부hypothalamus, 뇌간 brain stem, 그리고 변연계limbic system 안에서의 기질적 표상에 근거한다. 그것은 생존에 필요한 생물학적 조절예를 들어 신진대사, 욕구, 본능의 조건에 대한 생리적 규칙으로 이해할 수 있다. 그것은 수많은 과정을 조정하지만 반드시 마음 안의 이미지가 되지는 않는다.[16]

다마지오는 위의 인용구에 나타난 대로, '기질적 표상'은 우리 몸의 선천적 지식 및 후천적 경험을 바탕으로 해서 형성되는 것으로서, 우리 생존에 필요한 생물학적 조절들에 대한 생리적 규칙 및 수많은 과정을 조정하고 명령하지만, 그것이 반드시 마음의 이미지에로까지 가는 것은 아니라고 하였다. 그렇게 보았을 때에 기질적 표상은 일종의 몸과 마음 사이에서 형성되는 뇌의 작용과 같은 것이다. 그는 기질적 표상은 이처럼 마음의 작용까지는 가지 않지만, 이미지로 떠올릴 수 있는 지식과 이미지가 떠오를 수 있는 규칙들에 관한 기록을 담고 있기 때문에 마음의 작용이 일어날 수 있는 기초가 된다고 하였다. 즉 기질적 표상은 마음의 작용이 일어날 수 있는 모든 자료

---

16   위의 책, 104-105.

들의 저장소라 할 수 있다.

다마지오는 이와 같은 맥락에서 "새로운 지식이 습득된다는 것은 결국 그러한 기질적 표상이 계속 변형됨으로써 이루어지는 것"이라고 하였다.[17] 즉 새로운 지식의 습득은 마음의 활동으로부터 오기 보다는 마음의 작용이 나타날 수 있는 기록의 저장소인 기질적 표상이 지속적으로 바뀜으로써 나타나는 것이라는 말이다. 다마지오의 행동과 마음의 관계, 그리고 기질적 표상의 개념은 우리의 인식이 마음의 작용만이 아니라, 그 보다 훨씬 이전에 시작되는 몸의 작용이라는 것을 나타내 줄 뿐 아니라, 몸이 세계와 만나면서 불러일으키는 신경적 활동이 우리의 지식 형성의 통로라는 것을 보여준다.

3) 감정과 느낌

다마지오의 몸의 인식 개념은 그의 '감정'과 '느낌'의 관계에서 보다 분명하게 나타난다. 그는 전통적으로 마음이나 사고, 혹은 이성의 작용은 주로 뇌의 신피질 neocortex 역할이고, 감정과 욕망은 '신피질의 하위영역 subcortical'이 관장한다고 알려져 있지만, 그 둘은 상호작용한다고 하였는데, 감정과 느낌의 형성과정이 그것을 단적으로 보여준다고 하였다.[18] 그는 먼저 '감정 emotion'을 정의하는데 감정이란 "뇌시스템 속의 신경세포 말단에 의해 유도된 몸 상태 변화의 모음"이라고 하였다.[19] 보통 우리는 '감정 emotion'을 몸보다는 마음과 연결되어 있는 것이라 생각하지만, 그는 그것이 신경세포 말단에 의해 유도된 후, 마음으로까지 가지 않고 바로 몸으로 표현되는 것이라 하였다. 따라서 감정은 우리의 몸, 즉 피부의 색깔, 몸짓, 얼굴표정에 나타나고, 외부관찰

---

[17]   위의 책, 105.
[18]   Antonio Damasio, *Descartes' Error, Emotion, Reason, and the Human Brain*, 128.
[19]   위의 책, 139.

자에게 지각될 수 있다고 하였다. 예를 들어 우리가 가까운 사람의 죽음을 들었을 때, 혹은 눈앞에서 교통사고를 목격했을 때 등에 직면하면 우리의 얼굴이 상기되고, 패닉에 빠진 얼굴 표정이 되고, 전신의 근육이 긴장되면서 몸짓 또한 바뀌는데, '감정'이란 이처럼 그러한 사건에 직면하였을 때 신경세포 말단이 마음까지 가지 않고, 바로 몸에로 가서 반응하는 과정에서 일어나는 것이라 하였다.

반면 그는 '느낌 feeling'은 감정이 불러일으킨 몸의 변화에 대한 정신적 이미지의 변화라 고 하였다.[20] 즉 감정이 신경세포 말단에 의해 유도되어 바로 신체의 반응으로 나타나는 것이라면, 느낌은 그 신체의 반응이 불러일으키는 것을 이미지로 느끼는 '인지과정의 변화'라고 할 수 있다는 것이다. 예를 들어 우리는 슬픈 일을 마주할 때 바로 눈물이 나는데, 이것이 감정의 과정이라면, 자신의 흐르는 눈물을 보면서 슬프다고 느껴지는데, 바로 이 과정이 '느낌'의 과정이라는 것이다. 그래서 느낌은 몸의 변화에 의해 유도된 인지과정의 변화라고 할 수 있다. 감정과 느낌의 형성과정은 인지활동이 몸으로부터 시작하여 마음으로 가는 과정이라는 것을 보여준다.

4) 신체표지자 somatic-marker 와 육화된 마음 embodied-mind

다마지오는 몸이 단순히 어떤 감정적 반응에만 관여하는 것이 아니라, 추론이나 결정과 같은 고등 정신적 활동에도 관여한다고 하는 것을 소위 "신체표지자 가설 somatic marker hypothesis"로 표현한다.[21] 그는 신체표지자는 학습에 의해서 형성된 '이차적 감정'으로부터 발원하는 '느낌'의 특별한 예로서, 우

---

20 위의 책, 145.
21 위의 책, 173.

리의 몸이 어떤 것을 결정할 때, 학습에 의해서 예측되는 시나리오의 장래결과에 대해 몸이 먼저 반응하면서 부정적 신호를 보내는 것이라고 하였다. 예를 들어 우리가 어떤 것을 결정할 때에 잘못된 결과를 가져올 결정을 떠올리면, 이와 연관하여 '불쾌한 내장'이나 '위가 쓰린 느낌'을 경험하는 등 즉각적인 몸의 반응을 감지하게 되는데, 이것은 몸이 우리에게 보내는 경고라는 것이다. 그래서 그것이 일종의 '표지자marker' 역할을 한다는 것이다. 이 신호는 물론 반드시 최선의 선택을 가르쳐 주는 논리적인 것은 아닐 수 있고, 그 이후로 추론과 최종 선택이라는 후속과정이 동반되지만, 이 신호는 몸이 이미 우리의 숙고와 평가의 과정 안에 참여하고 있음을 보여준다.

다마지오는 심지어 때때로 신체표지자가 추론의 과정을 뛰어 넘어 판단과 선택에 결정적 영향을 미치는 현상으로 나타나기도 한다고 하였다: "때로는 정서적 신호가 추론 절차를 거의 불필요한 것으로 만드는 경우도 있다. 우리가 재앙을 가져올 만한 선택을 즉각적으로 거부하거나 성공 가능성이 높은 기회에 즉각 달려드는 경우가 그 예이다."[22] 그는 감정이 우리의 판단과 선택에서 결정적 영향을 미칠 뿐만 아니라, 그것의 부재는 비정상적 사고를 가져온다고 하였다. 즉 감정에서 느낌으로 이어지는 몸의 인식이 마음의 활동과 연결되지 못하고 분리되었을 때에, 정상적 인지활동이나 사회적 활동을 할 수 없게 된다는 것이다. 왜냐하면 우리의 대부분의 인지적 활동이나 의사결정은 쾌락, 기쁨, 성취감, 자부심, 부끄러움 같은 감정적 요소들로부터 시작되기 때문이라는 것이다. 특별히 그는 공감, 부끄러움, 죄책감 같은 감정이 감소했거나 사라진 사람들에게서 나타나는 반사회적 행동들을 보고하고 있다Damasio, 2003, 144. 그렇게 보았을 때 그는 몸이 단순히 생명보호나 조절효

---

22 Antonio Damasio, *Looking for Spinoza, Joy, Sorrow, and the Feeling Brain* (Orlando, Florida: Harvest Books, 2003), 174.

과와 같은 기초적 기능을 훨씬 뛰어 넘으면서 뇌에 기여하고 마음에 관여한다고 하였다: "몸은 정상적 마음의 작용에서 본질적 부분인 내용content에 기여하고 있다"[23] 그는 "몸 없이 마음도 없다no body, never mind"고 하였다. 그런 의미에서 우리의 마음은 몸 안으로 "육화된 마음embodied mind"일 때에 가장 건강한 마음의 상태일 수 있고, 반면 몸으로부터 분리된 '탈신체화된 마음disembodied mind'일 때는 비정상적이 된다고 하였다. 그런 의미에서 데카르트의 심신이원론은 바로 '탈신체화된 마음'이고, 다마지오는 이것이 바로 데카르트 이원론의 오류라고 하였다.

그는 그런 의미에서 우리의 '자아self'도 세계와의 관계 속에서 끊임없이 일어나는 몸신경생물학적 체계과 마음의 상호작용 자체로 이해해야 한다고 하였다. 즉 우리의 자아는 절대적이거나 고정된 개념이 아니라는 것이다. 우리의 '자아'는 오래된 "뇌 안의 작은 사람"이론에서처럼 뇌 안에서 모든 것을 결정하는 한 사람과 같은 존재가 아니라, 우리의 몸이 세계와 만나면서 지속적으로 재창조되는 '신경생물학적 상태'라는 것이다.[24] 그렇게 볼 때 몸은 '자아'를 형성하는 자료일 뿐만 아니라, 자아로 하여금 세계를 향하여 지속적으로 개방하게 하며 변형할 수 있게 하는 통로라고 할 수 있다. 이와 같은 다마지오의 '자아'이해는 메를로 퐁티가 '나는 나의 몸이다'라고 하면서 내가 사유를 시작하는 어떤 절대적 자아에 의해 결정되는 존재가 아니라, 세계와의 지속적 만남을 통해서 자아를 초월하고 지속적으로 새롭게 되는 몸의 존재라고 한 것과 일맥상통한다.

다마지오는 '뇌'와 '몸'의 관계, '감정'과 '느낌', '신체표지자'나 '육화된 마음'과 같은 뇌과학적 개념으로 몸이 인간 사고의 근원이 되고, '마음'을 형

---

23 위의 책, 226.
24 Antonio Damasio, *Descartes' Error, Emotion, Reason, and the Human Brain*, 99, 227.

성하는 자료가 됨을 설명한다. 그에게서 몸은 단순히 인식에 참여하는 것에서 그치는 것이 아니라, 건강한 인식 및 자아형성의 통로이다.

3. 넬슨의 "몸의 신학 Body Theology"에 나타나는 몸의 인식론

신학적으로 몸이 인식론적 통로가 된다는 것, 특별히 하나님 인식의 통로가 된다는 것에 대해서는 신학자들도 이미 오래전부터 주목해 왔다.[25] 여기에서는 1978년부터 지속적으로 몸의 신학에 대한 저서를 발표하면서 몸의 신학과 인식론적 관계에 대해 통찰을 주고 있는 넬슨의 몸의 신학과 인식론을 살펴보고자 한다.[26]

1) 하나님 인식의 통로로서의 몸

넬슨은 그의 저서 『몸의 신학』 Body Theology의 서문에서 몸의 신학을 이렇게 정의한다:

> 몸의 신학은 일차적으로 몸에 관한 신학적 기술이 아니다. 또한 어떻게
> 우리 자신을 신체적으로 표현해야 하는지에 대한 윤리적 기술도 아니

---

25 Arthur A. Vogel, *Body Theology, God's Presence in Man's World* (New York; Harper&Row, 1973); James B. Belson, *Body Theology* (Louisville: Westminster/John Know Press, 1992); D. H. Kelsey, *Eccentric existence: A theological anthropology 1 & 2* (Louisville: Westminster John Knox Press, 2009); John Paul, *Man and women He created them: A theology of the body* (Boston: Pauline Books & Media, 2006); John Sanders, *Theology in the Flesh: How Embodiment and Culture Shape the Way We Think about Truth, Morality, and God* (Augsburg: Fortress Press, 2016).

26 James B. Nelson, *Embodiment: An approach to sexuality and Christian theology* (Minneapolis: Augsburg Publishing House, 1978); *Body theology* (Louisville: John Knox Press, 1992); *Thirst: God and the alcoholic experience* (Louisville: Westminster John Knox Press, 2004).

다. 오히려 그것은 우리의 몸의 경험을 계시의 통로로 이해하는 일종의 행동신학 doing theology 이다.[27]

즉 넬슨은 '몸의 신학'이란 몸에 관한 추상적 숙고가 아니라, 우리의 실제적이고 구체적인 몸의 경험을 하나님을 경험하고 이해할 수 있는 통로로 보면서 실제적인 몸의 경험으로부터 신학적 성찰을 시작하는 신학이라고 하였다. 그래서 그는 몸의 신학은 전통적으로 내려오는 교리나 신조로부터 시작하여 우리가 몸을 가지고 어떻게 살 것인지에 대한 지침을 주는 신학이 아니라, 몸으로 하는 구체적인 삶의 경험으로부터 시작하여 신학적 성찰에로 가는 신학이라고 하였다. 몸이 하는 '실제적 경험 lived experience'이 일차적 순간이라면, 신학은 그에 대한 성찰과 숙고로서 '이차적인 순간'이기 때문이라고 하였다. 그런 의미에서 신학은 일차적 순간인 삶을 이해하고 섬기기 위한 시도여야 한다고 하였다.[28]

그렇기 때문에 그는 몸의 신학이 일차적으로 관심을 가지는 것은 '몸의 경험' 그 자체라고 하였다: "몸의 신학은 하나님을 드러내는 몸의 경험들에 대해 성찰하는 신학이다."[29] 그래서 그는 몸의 신학은 우리의 몸의 경험을 하나님 경험의 통로로서 구체화하는 것으로부터 시작하는 신학으로서, 우리의 통증과 아픔, 우리의 열정, 사랑, 성, 죽음 등등의 실제적 몸의 경험들을 우리가 세상을 느끼는 통로이고 또한 하나님을 느끼는 통로로서 주목한다고 하였다. 그에게서 우리의 몸의 경험들은 우리의 기본적 신학적 관점을 형성하는 렌즈가 된다는 것이다.[30]

27 James B. Nelson, *Body theology* (Louisville: John Knox Press, 1992), 9.

28 James B. Nelson, *Thirst: God and the alcoholic experience* (Louisville: Westminster John Knox Press, 2004), 12.

29 James B. Nelson, *Body theology*, 50.

30 위의 책, 45.

그런 의미에서 몸의 신학은 전통적, 남성중심적, 추상적, 연역적 신학에 대한 하나의 대안적 모델이라 할 수 있다. 넬슨은 전통적 남성중심 신학은 소위 '열등하고 불경스러운 몸'을 멀리하고 '영'과 '정신'만을 신학의 핵심적인 장으로 삼아왔고, 구체적이고 실제적인 것에서 추상적인 것으로 나아가는 귀납적 신학이기 보다는, 명제적이고 추상적인 것으로부터 구체적인 것에로 나아가는 연역적 신학이었다고 비판한다.[31] 그러한 신학에서는 몸이 가지고 있는 "의미의 실제적 원천"으로서의 본질이 망각되어 왔고, 몸은 마치 카메라처럼 그 안에 들어오는 상을 찍고 신경체계의 법칙에 따라서 기계적으로 저장하는 곳이라고 하는 이해가 강했다고 하였다.

그러나 몸의 신학은 몸이 그 자체로 의미를 형성하는 통로요, 나름대로의 앎의 방식을 가지고 있는 주체적 존재라고 본다. 넬슨은 "몸은 그 나름의 앎의 방식을 가지고 있고, 몸은 몸의 생각을 말한다"고 하였다.[32] 몸은 우리가 세상을 만나면서 가장 우선적이고 직접적으로 감각하는 통로인바, 몸이 세상에서 존재하는 방식들, 시간적, 공간적, 관계적 방식들은 그대로 그것을 해석하는 것과 관련되면서 몸 나름의 방식으로 의미형성과 인식에 관계하기 때문이다. 몸은 몸만이 할 수 있는 방식으로 그의 생각을 말한다는 것이다. 몸이 세상 속에서 몸만의 방식으로 의미형성에 관여한다면, 그것은 하나님 인식에도 마찬가지라고 할 수 있다. 몸이 우리와 세상의 연결통로라면, 그것은 세상과 관계하시는 하나님과의 연결 통로가 되기도 하기 때문이다. 넬슨에게 있어서 몸은 우리가 세상에 대해 느끼는 방식이요, 하나님 인식의 근원이다.

이 같은 것은 특별히 하나님에 대한 몸의 이미지나 메타퍼를 볼 때 분

---

31   위의 책, 42.
32   위의 책, 42.

명해 진다. 예를 들어 성경에는 하나님을 생명을 낳으시고, 젖을 먹이시고, 먹여 키우시고, 쉬시고, 눈물 흘리시고, 숨으시고, 나타나시고, 말씀하시는 분 등으로 표현되는데, 이것은 모두 몸과 관련한 이미지요 메타퍼이다. 이와 같은 이미지와 메타퍼는 실제로 그와 같은 우리의 몸의 작용을 바탕으로 해서만 이해될 수 있다. 예를 들어 하나님이 우리를 '먹이시는 분'이라고 할 때, 이것은 우리의 먹는 경험, 음식에 대한 몸의 경험, 먹여줌을 받았던 뿌리 깊은 경험을 바탕으로 해서만 이해될 수 있다. 그러한 몸의 경험들은 모두 하나님을 이해하는 인식적 통로가 되는 것이다. 몸의 신학은 바로 그러한 몸의 인식을 바탕으로 하나님을 인식하는 것에 초점을 맞춘다.

넬슨은 그래서 몸을 대상body-object이 아니라, '주체body-subject'로 이해해야 한다고 하였다.[33] 그는 일반적으로 표현되는 "I habe a body"에는 몸을 대상으로 보는 입장이 드러나 있고, "I am a body"가 몸을 정신과 이분법적으로 보지 않는 태도이며, 이것은 히브리적 이해와 일치하는 표현이라고 하였다.[34] 넬슨도 메를로 퐁티나 다마지오처럼 "나는 몸이다"라고 함으로써 몸을 인식의 주체로 보았을 뿐 아니라, 나와 세상, 나와 하나님을 연결하는 통로요, 신학적 성찰이 시작되는 근원이라고 본다.

2) 성육신과 삶

넬슨은 또한 몸의 신학은 몸을 하나님의 계시의 통로로 보는 것에서 넘어서서, 몸 자체가 세상을 향한 하나님의 계시가 되어야 하는 과제를 가지고 있다고 하였다. 그리고 이 점에서 '성육신incarnation' 신학이 결정적 의미를 갖

---

33 위의 책, 42.
34 위의 책, 44.

는다고 하였는바, 성육신 개념은 몸의 신학을 행동신학doing theology이 되게 하는 핵심적 개념이기 때문이라고 하였다.

그는 이를 설명하기 위해 먼저 '성육신'에 대한 잘못된 이해에 주목한다. 즉 만약 성육신 사건이 하나님의 주도적인 행위, 즉 하나님이 신적 에센스를 예수 안에 넣어준 행위로써만 이해한다면 그러한 해석은 예수님의 인간성을 제한하는 것이 된다고 하였다. 성육신 사건에는 예수님 또한 자신을 비워 '종인간의 몸'의 형체를 띠고 오는 주체적 참여가 함께 있었고, 그를 통해서 실제로 인간이 '된' 사건이었다는 것이다. 따라서 성육신을 단순히 예수의 신적존재만을 중시하고, 몸으로서의 인간 예수를 간과한다면 그것은 영지주의자들이 빠졌던 도세티즘docetism과 다름 아니라고 하였다.[35] 만약 성육신을 그렇게 이해하면, 그것은 인간의 몸을 하나님 나라의 실제로부터 제외하는 것과 마찬가지라고 하였다. 왜냐하면 성육신 사건은 단순히 예수님의 신성과 인성을 말해주는 것에서 그치는 것이 아니라, 인간인 우리의 몸도 '하나님의 육화embodiment of God'가 일어나는 자리, 즉 '신적 존재와 연합communion'이 일어날 수 있는 자리라고 하는 것을 알려 주기 때문이라고 하였다.[36] 즉 그는 예수님이 육체가 된 사건은 그대로 우리 몸 또한 하나님의 육화가 일어날 수 있다는 희망과 우리의 몸에서 신적 존재와의 연합이 일어날 수 있다는 희망을 주는 사건이고, 따라서 그것은 우리가 누구여야 하는지의 정체성의 방향을 제시하는 것이라고 하였다.

그는 또한 '말씀'이 육신이 되신 성육신의 개념은 그대로 인간의 몸이 그 자체로 의사소통의 수단이 되고 언어가 된다는 것을 의미하는 것이라고 하였다. 그리스도가 육화된 말씀인 것처럼, 우리 또한 말씀이 되어서, 우리의

---

35 위의 책, 51.
36 위의 책, 52.

몸을 세상 속에서 사랑의 언어, 생명의 언어, 평화의 언어, 섬김의 언어가 되도록 해야 한다는 것이다. 따라서 하나님의 성육신은 과거에 한 번 일어난 것이 아니라, 오늘도 세계 가운데 우리의 몸을 통해서 지속적으로 일어나고 일어나야할 사건이 된다. 그렇게 볼 때 '성육신'은 하나님, 우리, 세상과 관련하여 방향을 제시하는 개념이 된다. 하나님은 그리스도를 통해서 성육신하셨을 뿐 아니라 오늘도 몸으로서의 우리의 삶 안으로 육화되시는 분이고, 또한 우리의 육화된 삶을 통해서 세상을 향해 자신을 드러내시는 분이다. 우리는 우리의 몸 안에서 하나님과 연합하면서, 세상을 향해 하나님의 말씀을 구체적으로 살아감으로써 세상을 변화시키는 존재이다. 이것은 결국 궁극적으로 "변형된 transfigured 세상"에 대한 비전을 보여주는 것으로서, 우리의 육화된 삶을 통해 하나님이 세상을 향해 자신을 드러내시고, 결국 세상도 하나님을 육화하는 자리가 되도록 하기 위함인 것이다.[37]

이 같은 맥락에서 우리는 넬슨이 이 책의 서문에서 몸의 신학을 '행동신학'이라고 정의한 것을 다시 기억하게 된다. 몸의 신학은 몸으로 행동함으로써, 우리 몸을 세상 속에서 사랑과 생명과 평화와 섬김의 언어가 되도록 하는 신학이며, 그것으로서 세계를 하나님의 육화가 일어나는 자리로 변형하는 신학이다. 넬슨의 몸의 신학의 핵심개념은 몸이 인식론적 통로요, 하나님을 인식하는 통로일 뿐만 아니라, 우리에게 하나님을 육화하는 자리로서의 자기 정체성을 형성하게 하며, 그것을 통해 궁극적으로는 세상을 하나님 육화의 자리가 되도록 하는 행동의 신학인 것이다.

이상에서 우리는 메를로 퐁티, 다마지오, 그리고 넬슨에게 나타나는 몸의 인식론을 살펴보았다. 세 사람은 각각 다른 영역, 즉 철학, 뇌과학, 신학의

---

37 위의 책, 53.

영역에서 몸의 인식론적 특징을 고찰하였고, 따라서 접근 방법은 상이하지만, 모두 몸을 인식의 대상이 아니라 인식의 주체로 본다는 것, 그리고 몸을 감각적인 방법으로 세계를 직접 인식하며, 그것으로서 인간과 세계를 매개하는 통로가 된다고 보는 것에서 공통점을 가진다. 또한 그들은 모두 몸의 인식론이 그 자체로 인간의 자아형성에 결정적 역할을 한다고 본다. 몸은 어떤 불변의 선행하는 자아의 결정에 따르는 존재가 아니라, 몸 스스로 세계와 언제나 새롭게 만나면서 일어나는 인식을 통해서 자아를 뛰어넘게 하는 통로가 된다. 자아는 어떤 고정된 형태로 우리에게 있는 것이 아니라, 오히려 몸이 자아를 끊임없이 새롭게 하는 통로가 되기에, 그들 모두는 "나는 몸이다"라고 하는 정의를 공유한다. '나는 몸이다'는 그런 의미에서 우리는 절대적이고 고정된 자아에 의해 움직이는 존재가 아니라, 언제나 세상과의 만남, 세상과의 새로운 경험에 개방된 존재, 늘 자아를 뛰어넘는 존재라고 하는 자아이해의 다른 이름이다. 몸의 인식은 그럼으로써 자아이해, 인간이해와 뗄 수 없이 연결되어 있다.

몸의 신학은 다른 두 학자들과 몸이 자아이해, 인간이해와 관련한다는 것을 공유하면서도 그에서 더 나아가 몸이 '하나님 이해'의 통로가 됨을 밝힌다. 몸이 몸 나름의 방식으로 세상을 인식하는 것은 곧 그것과 마찬가지로 하나님을 인식하는 자리가 된다는 것을 뜻한다는 것이다. 따라서 몸의 경험은 '품어주는 하나님', '먹여주시는 하나님', '말씀하시는 하나님', '인간을 빚으신 하나님', '우리를 눈동자와 같이 지켜주시는 하나님' 등 하나님을 이해하는 다양한 메타퍼가 출현하는 보고가 될 뿐 아니라, 그와 같은 하나님 메타퍼를 이해할 수 있는 앎의 근거가 된다. 몸의 신학은 더 나아가 몸을 '하나님의 육화embodiment of God'의 자리로 보고 또한 그를 바탕으로 세상을 '하나님의 육화'의 자리로 변형되는 통로로 봄으로써, 몸의 인식이 결국은 몸과 하나님의 관계, 몸과 세상의 관계에 관여함을 밝힌다.

Ⅲ. 몸의 인식과 기독교교육

위에서 살펴본 바와 같이 몸의 인식이 자아와 하나님, 그리고 세계와의 관계를 형성하는 핵심적 통로라고 한다면, 그것은 기독교교육에게도 결정적 의미를 갖는다고 할 수 있다. 기독교교육 또한 자아와 세계와 하나님과의 관계를 핵심적인 관심으로 하기 때문이다. 따라서 이 장에서는 몸의 인식론이 기독교교육에 어떠한 통찰을 주는지, 그리고 그러한 통찰을 기반으로 했을 때 기독교교육은 인간과 세계와 하나님과의 관계를 어떻게 형성해 가야 하는지에 대해 살펴보도록 한다.

1. 감각으로부터 시작하는 기독교교육

몸이 우리와 세계, 우리와 하나님의 관계를 형성하는 핵심적인 자리라면, 이것은 기독교교육으로 하여금 그 무엇보다 감각이 기독교교육의 시작점이 되어야 한다는 통찰을 준다. 왜냐하면 몸의 감각에서 인식이 일어나고, 거기로부터 독특한 방식으로 나와 세계와 하나님에 대한 인식이 일어나기에, 감각은 수단이 아니라 목적이고, 대상이 아니라 주체가 되어야 하기 때문이다. 이것은 기독교교육이 몸을 배재하고 대상에 대한 거리두기를 통한 이론화의 과정이 되는 것이 아니라, 감각, 즉 시각적, 청각적, 촉각적, 근육운동적, 후각적, 미각적 감각 등이야말로 기독교교육을 결정하는 자리가 되게 하는 것이요, 다감각적 몸의 경험을 교육의 출발점이 삼는 것이다.

여기에서 우리가 주목하여야 할 것은 감각을 기독교교육의 시작점으로 본다는 것은 단순히 교육방법적 차원에서 다감각적 요소를 많이 사용한다는 것을 넘어서는 개념이라는 것이다. 우리는 기독교교육의 전통에서 지속적으로 감각적 경험을 교육의 수단으로 사용해 왔던 것을 알고 있다. 그러나 거기에서 먼저 '개념', '정신', '사고' 등이 있고, 감각은 주로 개념형성을 위한 수단으로 사용되어 왔다면, 그것은 감각을 기독교교육의 출발점으로 삼는 교육과는 구별된다. 감각이 보조적 수단이 되는 곳에서 감각은 있으면 좋겠지만 없어도 무방한 것이 된다. 반면 '감각으로부터 시작하는 교육'은 먼저 몸의 활동과 감각이 있고, 몸이 불러일으키는 인식에로 학습자가 이끌리도록 하는 교육이다. 이 경우 몸 자체가 깨달음과 형성의 장이 된다. 몸의 경험 자체가 곧 메시지다. 그런 의미에서 몸과 감각을 출발점으로 하는 기독교교육은 기독교교육의 하나의 '패러다임'이라고 할 수 있다. 그것은 '교리중심', '추상화'와 '이론화', '객관적 지식의 매개', '언어 중심'의 패러다임을 벗어나, '경험중심', '감각중심', '비언어적 경험 중심'으로 가는 것이다. 따라서 그것은 학교식교육 schooling 이나 지식중심교육에 대한 하나의 대안적 패러다임이라 할 수 있다.

감각적 경험을 교육의 출발점으로 보는 대표적 교육의 모델로 "예술적 교육"의 모델을 들 수 있다. 예술적 교육이란 우리의 감각적 경험이 세상을 표상하는 방식을 형성하기 때문에 다감각적 경험을 교육의 근간으로 삼아야 한다고 보는 교육의 모델이다. 대표적 학자인 아이즈너 Eliot Eisner 는 인간의 사고는 인간이 세상을 "표상하는 방식 form of representation"에 의해 결정된다고 보았다. 왜냐하면 "표상형식은 세계를 파악하는 방식이며, 또한 세계를 표현할 수 있는 방식"이기 때문이라는 것이다.[38] 그런데 그는 표상형식은 근본적으

---

38 Eliot Eisner, *Cognition and curriculum: A Basis for deciding what to teach*, 김대현, 이영만 역,『표상형식의 개발과 교육과정』(서울: 교육과학사, 1994), 83이하.

로 우리의 감각적 경험에 기초한다고 하였다. 시각적, 청각적, 촉각적, 근육운동적, 후각적, 미각적인 것들은 그 자체로 세상을 파악하는 방식인데, 세상을 파악하는 데에는 대상에 따라서 다양한 표상형식이 필요하다고 하였다. 즉 어떤 경우에는 청각적 형식이, 또 다른 경우에는 근육운동적 형식이 더 적절하다는 것이다. 예를 들어 레몬을 표상하는 것은 미각적, 혹은 후각적 형식이 적합하고, 자전거타기는 근육운동적 형식이 적합하다. 따라서 아이즈너는 학습자들이 편협한 인지관을 극복하고 "인지의 균형"을 이루기 위해서는 다양한 형태의 표상형식을 광범위하게 형성할 수 있는 교육이 필요하다고 보았다.[39] 그는 이를 위해서 예술의 필요성을 강력하게 주장하였는바, 예술은 학습자들에게 다양한 형태의 표상형식을 형성하게 하는 통로가 되기 때문이라고 하였다. 즉 그는 감각들이 단순히 감각으로 그치는 것이 아니라, 세상을 표상하는 방식이요, 사고를 형성하는 기초이기에, 학습자들이 예술을 통한 다양한 감각적 경험을 통해서 세상에 폭넓은 세계관을 형성하게 해야 한다고 보았다.

이와 같은 생각을 공유하면서 기독교교육을 '미학적 경험'이 되게 해야 한다고 주창하는 유스덴과 웨스터호프 John D. Eusden & John H. Westerhoff III 는 그들의 책 『아름다움 느끼기』 Sensing Beauty 에서 다음과 같이 말했다:

> 우리의 가장 깊은 진리들은 비인지적 noncognitive 이고, 상상력의 영역에 뿌리를 두고 있다. 그것은 교리 안에 있지 않고, 사람들이 하나님을 만나는 경험 안에 있다. 교리가 우리의 경험에 영향을 미칠 수 있다면, 그 교리가 출현하게 되는 것은 우리의 경험으로부터이다. 시각예술 visual arts 들은 신앙과 마찬가지로 우리에게 우리 자신의 삶을 바라보는 방식

---

39 위의 책, 57.

을 제공해 준다.[40]

위의 인용구에서처럼 유스덴과 웨스터호프는 '진리'는 인지적인 것, 교리적인 것으로부터 오는 것이 아니라, 실제적 경험에 있다고 한다. 특별히 그들은 시각 예술, 즉 우리가 눈으로 보는 것들은 단순히 보는 것에서 그치는 것이 아니라 그 자체로 우리 자신의 삶을 바라보는 방식을 제공해 준다고 하였다. 신앙이 우리의 삶에 대한 관점을 주는 것과 같이, 우리가 '보는 것' 또한 우리에게 삶에 대한 관점을 준다는 말이다. 우리가 보는 것은 우리에게 경험을 가져오고, 그 경험은 우리로 하여금 다시금 세상을 보는 눈을 형성하기 때문이다. 그리고 그들은 그러한 경험이 바로 '미학적 경험'이라고 하였다. 따라서 그들에게서는 어떻게 볼 것인지를 가르치는 것보다, 보는 경험 자체, 미학적 경험 자체가 중요하다.

같은 맥락에서 이들은 기독교적 '행동'을 하는 것은, 그 행동을 선택할 수 있는 능력으로부터 오는 것이 아니라, 하나님의 임재와 활동에 대한 '비전(봄)'을 획득하는 것에서 오는 것이라고 함으로써, 보는 것과 행동 간의 연결성을 강조한다.[41] 즉 보는 것(비전)에서 우리의 삶에 대한 안목이 생기고, 그 안목으로부터 우리의 행동이 온다는 것이다. 이들은 계속해서 사람들이 어떤 상황에 대해 다른 결정을 내리는 것은 그들이 상황을 다르게 이해하기 때문이 아니라, 그들이 세상과 마주친 다른 경험들이 이미 상황에 대한 다른 인식을 하게하기 때문이라 하면서, 결국 세상을 보는 것, 경험하는 것 자체가 신앙적, 윤리적 결정과 행동에 결정적인 역할을 함을 강조한다.

감각으로부터 시작하는 교육은 이처럼 감각을 세계관 형성, 신앙적 행

---

40 John Dykstra Eusden & John H. Westerhoff III, *Sensing Beauty* (Cleveland, Ohio: United Church Press, 1989) 31.

41 위의 책, 42-43.

동의 형성을 결정하는 자리로 보는 교육이고, 그런 의미에서 그것은 앎과 삶, 인식과 행동을 분리하는 교육이 아니라 그들을 통전적으로 아우르게 되는 교육의 모델이라 할 수 있다. 그것은 이론과 교리중심, 객관적 지식의 매개, 언어중심성의 고정되고 폐쇄적 패러다임을 벗어나서, 감각과 경험, 비언어적 non-verbal 경험을 교육의 출발점이자 목적으로 삼으며, 감각과 경험이 이끌어 가는 미지의 인식에로 문을 활짝 여는 개방적 기독교교육 패러다임이라 할 수 있다.

2. "참여"로서의 기독교교육

몸의 인식은 일종의 "과정적 앎knowledge of process"이다. 몸의 인식은 완성된 지식이나 정보를 습득하는 앎의 형태가 아니라, 몸으로 감각하고 그 감각이 이끌어가는 인식의 과정에 참여하는 과정에서 일어나는 앎이다. 그래서 쉬츠-존스톤Maxine Sheets-Johnston은 "움직임이 곧 사고이다"라고 하면서, 몸의 움직임은 그 자체로 "몸의 로고스kinetic bodily logos"를 갖는 것이라고 하였다.[42] 몸의 로고스, 즉 몸의 사고는 몸의 움직임을 통해서만 획득될 수 있다는 것이다.

그렇게 보았을 때 몸의 인식은 기독교교육을 "참여"로 이해하도록 하는 통찰을 제공한다. 기독교교육은 주객도식을 바탕으로 하여 학습자를 앎의 주체로서 앎의 대상을 거리를 두고 탐색하도록 하는 과정이 아니라, 직접 몸을 던져 참여하게 함을 통해서 몸의 로고스를 획득하는 과정이 되도록 해

---

42 Maxine Sheets-Johnstone, *The Corporeal Turn: An Interdisciplinary Reader* (Charlottesville: Imprint Academic, 2009), 33-34; 53-59.

야 한다는 것이다. 그렇게 보았을 때 교육을 '참여'로 보는 관점은 우리에게 교육이 이루어지는 "교육의 장"의 중요성을 보게 한다. 교육을 '지식전달 행위'로 보면 '교육의 내용'이 중요하지만, 교육을 '참여'로 보는 순간, 학습자가 처하게 될 환경인 교육의 장과 그와의 상호작용이 중요해진다. 교육을 참여로 보는 순간, 교육의 장은 교육하고자 하는 내용이 '육화된 embodied' 장소가 되어야 한다. 그곳은 학습자가 몸으로 습득하여 그것으로부터 그들의 신앙적 가치관과 태도와 세계관을 형성하는 자리가 되어야 하는 것이다.

그런 의미에서 참여로서의 교육은 우리에게 익숙한 '신앙공동체' 이론과 동일한 관심을 가진다. 신앙공동체 이론은 신앙이 신앙의 내용에 대한 객관적 가르침 instruction 을 통해 형성되는 것이 아니라, 신앙공동체 자체의 삶에 참여함으로써 형성된다는 것을 바탕으로 하는 기독교교육의 이론이다. 이들은 신앙공동체의 문화와 삶 자체가 신앙형성력을 가진다고 보면서, 신앙 공동체의 삶에 참여하여 그곳에서 상호작용을 함으로써 신앙이 형성되도록 하는 것에 초점을 맞춘다. 특별히 그들은 예배, 의식, 절기, 통과의례와 같은 신앙공동체의 문화에 참여하여 거기에로 사회화되어가는 과정을 교육의 중요한 과정이라고 보는데, 웨스터호프는 특별히 "문화화 enculturation"라고 하는 이름으로 기독교교육을 설명한 바 있다.

> 문화화는 단순히 환경, 경험, 다른 사람들의 행동이 사람들에게 영향을 미친다는 것을 뜻하는 개념이 아니다. 그것은 오히려 모든 연령의 사람들 사이에서 일어나는 '상호작용'에 강조점을 둔다. … 문화화 속에서 사람은 행위자나 혹은 피행위자로 이해되는 것이 아니라, 행동하는 동시에 반응하는 존재로 이해된다. 그것(문화화)은 모든 사람들이 신앙공동체 안에서 하는 상호작용적 경험의 성격이자 본질이고, 또한 기독교교육의 의미이기도 하다.[43]

인용구에 나와 있는 대로 웨스터호프는 신앙공동체 안에 참여하여 상호작용하면서 일어나는 "문화화"야말로 그 자체로 기독교교육의 수단이자 의미라고 하였다. 문화화의 개념이 보여주는 바와 같이 우리는 기독교교육을 참여로 보는 순간, 신앙공동체는 그 자체로 신앙형성력을 가지는 핵심적 자리가 되고, 그 자체로서 신앙교육의 주체가 된다는 것을 발견한다.

무엇보다 '참여'로서의 기독교교육이 가장 극명하게 나타나는 공동체적 상황은 "예전"의 상황이라 할 수 있다. 참여적 기독교교육이 교육의 내용이 아닌 교육의 장을 중시하고, 또한 교육의 장 자체를 교육의 내용이 '육화된 장소'가 되도록 하는 것에 초점을 맞추는 교육이라면, '예전'은 그 어떤 곳보다 촘촘하게 기독교 전통이 육화된 자리이고, 학습자가 몸으로 참여함으로써 신앙적 가치관과 태도와 세계관을 형성하게 되는 자리라고 할 수 있다. 예배는 예배공동체가 추구하는 '하나님 나라'를 예전의 순서와 공간과 관계 속에 육화하고 있고, 거기에 '참여'하는 사람들에게 그 안에 들어가 머물면서 스스로를 하나님 나라 백성으로서의 정체성을 형성하게 하는 자리이다. 이 같은 맥락에서 제닝스는 예배는 예배 나름의 인식적 작동이 있는데, 그것이 바로 "참여적 인식"이라고 하였다. 왜냐하면 예전에 참여하는 사람들은 예전을 멀리 떨어져서 관찰하거나 탐색하는 것이 아니라, 예전활동에 참여함으로써 앎에 이르게 되기 때문이라고 하였다. 예를 들어 우리가 성찬에 참여할 때 우리는 성찬 잔을 대상으로 관찰하거나 성찬의 의미를 성찰하는 것이 아니라, 그 안의 것을 마시고, 떡을 내 몸 안으로 삼킴으로써 인식하게 된다는 것이다.[44] 그렇게 보았을 때 예전은 단순한 예배행위나 퍼포먼스에서 그치는 것이 아니라 거기에 참여함을 통해서 그 안에 육화된 전통을 몸으로

43   John H. Westerhoff III, *Will our children have faith?* revised ed (Toronto: Morehouse, 2000), 80.
44   Theodore W. Jennings, "On Ritual Knowledge," *The Journal of Religion* 62-2 (1982), 116.

인식하고 거기에서 자신이 누구인지에 대한 정체성을 형성하는 자리라고 할 수 있다.

위와 같은 고찰들을 바탕으로 해서 보았을 때, 몸의 인식론을 바탕으로 하는 '참여'로서의 기독교교육은 지식중심의 고전적 기독교교육에서는 주변적이었던 것, 즉 교육의 내용보다는 교육의 장을, 지식전달 중심의 가르침ⁱⁿ⁻struction 보다는 예전을 기독교교육의 중심에 놓고 보는 안목을 열어준다.

3. 성육신적 교육

몸의 인식론은 몸이 우리에게 하나님의 계시의 통로가 되지만, 동시에 세상을 향하여서는 그 자체로 하나님의 계시가 되어야 한다는 통찰을 주었다. 앞에서 살펴본 몸의 신학은 우리의 몸이 세상을 향해서 하나님의 계시, 즉 사랑의 언어, 생명의 언어, 섬김의 언어가 되어, 결국은 세상이 하나님의 육화가 이루어지는 자리, 하나님의 성육신이 이루어지는 자리가 되도록 해야 한다는 통찰을 주었다. 그러한 이해는 우리에게 기독교교육이 "성육신적 incarnational 교육"이 되지 않으면 안 된다고 하는 것을 시사한다. '성육신적 교육'이란, 우리의 몸을 단순히 감각의 기관이요, 참여의 수단으로 보는 것을 넘어서서, '세상을 향하여 하나님을 드러내고 구체화하는 몸이 되도록 하는 교육'이다. 우리의 몸이 하나님의 육화의 자리가 되게 함으로써 세상 또한 하나님의 육화가 일어나는 자리로 변형되도록 하는 교육이다.

이런 맥락에서 마리아 해리스^{Maria Harris}가 가르침을 "소재의 육화^{incarna-}^{tion}"라고 칭하고 있는 것은 몸의 인식론을 바탕으로 하는 성육신적 교육과 맥락을 같이한다고 할 수 있다. 그녀는 '육화'라는 개념은 그리스도의 성육신에서 온 개념으로서 이것으로부터 파생한 의미가 교육에 적용되어, "보이지 않는 성질이나 원리들을 살아있는 유형으로 표현하거나 구체화하는 것"을 의미한다고 하였다.[45] 즉 '소재의 육화'로서의 가르침이란 보이지 않는 성질과 원리에 구체적 형태를 부여하는 것인데, 그녀는 소재가 육화하는 순간은 소재가 '계시'되는 순간과 같다고 하였다. 그녀에게서 '소재'는 그것이 어떠한 형태이든지 단순한 개념이나 지식이 아니라 궁극적으로는 신성한 이미지, 혹은 거룩한 존재를 품고 있는 개념이라고 할 수 있다. 그래서 그녀는 소재가 계시되는 순간은 '권능의 은혜'가 나타난다고 하였다.[46] 그리고 연이여 이 권능의 은혜는 그 무엇보다 우리를 "세상의 재창조"에로 이끈다고 하였다:

> 권능의 은혜는 세상의 재창조 recreation of the world 를 목적으로 한다. 가르침을 종교적 상상력의 한 활동으로 보았을 때, 그것은 소재 subject matter 를 구체화하는 행위가 된다. 즉 소재를 드러내어 주체들이 subjects 서로 하나가 되어 권능을 행사할 수 있게 하는 행위, 즉 세상을 변형하는 것에 있어서, 수용적이고, 지혜롭고, 인간적이고, 책임적이고, 종교적으로 행동할 수 있는 권능을 행사할 수 있게 하는 행위이다.[47]

인용구에 나타나는 대로 마리아 해리스는 가르침이란 '소재의 육화'를 통해서 '권능의 은혜'가 임하게 되는 자리이고, 이것은 궁극적으로 세계를 재창조하는 행위라고 본다. 이와 같은 마리아 해리스의 가르침 개념은 위에서 언급한 성육신적 교육과 다름 아니다. 성육신적 교육은 결국 우리의 몸을 세상을 향하여 신성한 존재를 드러내고 구체화하는 통로가 되게 하는 교육

---

45   Maria Harris, *Teaching and Religious Imagination* (New York: Harper Collins, 1998), 42.

46   위의 책, 122.

47   위의 책, 88.

이고, 결국은 세상 또한 하나님의 육화가 이루어지는 자리로 만들어가는 교육인 것이다. 마리아 해리스의 교육개념에서 나타나는 바와 같이 '성육신적교육'은 몸 자체가 신적 존재의 육화가 되어야 하는 것과 마찬가지로, 거대한 몸인 이 세상, 지구공동체 또한 신적존재의 육화의 자리가 되어야 함을 교육의 궁극적 목적으로 삼는 교육이다.

'성육신적 교육'은 '육화 incarnation'라고 하는 몸의 은유(메타퍼)가 기독교교육에 방향성을 제시하는 역할을 한다는 것을 보여준다. 마리아 해리스의 가르침 개념 안에는 '육화' 뿐만 아니라, 형태부여 form-giving 나 권능 power 같은 개념들이 포함되어 있는데, 이들은 모두 몸과 관련된 은유라고 할 수 있다. 이와 같은 사실은 우리가 몸의 관점으로부터 기독교교육의 방향에 의미를 주는 새로운 은유들을 발견할 수 있고, 그것으로부터 기독교교육을 재고하는 기반으로 삼을 수 있음을 시사한다. 몸의 인식은 우리에게 교육을 기계적 교수학습과정이나 정보처리과정, 혹은 도식과 같은 개념으로 보지 않고, '양육 nurture', '형성 formation', '변형 transformation', '먹여키움 feeding' 등등의 은유로서 보게 하는 안목을 열어준다.[48] 그렇게 보았을 때, 몸은 기독교교육에게 지속적으로 새로운 메타퍼들을 제공함으로써 기독교교육의 새로운 방향과 가능성을 모색하게 할 수 있는 보고와 같다.

---

48 Christopher K. Richardson, "God in our flesh: body theology and religious education," *Religious Education* 98-1 (2003), 78.

Ⅳ. 맺는 말

위에서 우리는 몸은 인식의 대상이 아니라 인식이 시작되는 자리이자 인식의 주체라고 하는 것을 철학, 뇌과학, 그리고 몸의 신학적 고찰을 통해서 살펴보았다. 메를로 퐁티, 다마지오, 그리고 넬슨은 상이한 영역에서 연구하였지만 모두 몸은 감각적이고 직접적 방법으로 세계를 인식하는 주체이며, 인간과 세계를 매개하는 통로가 되고, 인간의 자아형성에 결정적 역할을 한다고 보는 것에서 공통점을 가진다. 그들에게서 몸은 언제나 세상과의 새로운 만남과 경험에 의해서 인간으로 하여금 현재의 자아를 뛰어넘어 새로운 자아형성에로 나아가게 할 수 있는 통로가 된다. 특별히 몸의 신학적 관점은 몸이 세상을 이해하는 통로가 되는 것과 마찬가지로 하나님을 이해하는 통로가 되며, 무엇보다 몸을 '하나님의 육화embodiment of God'의 자리로 봄으로써, 결국은 육화된 우리의 몸이 참여하는 세상 또한 '하나님의 육화'의 자리가 되어야 함을 밝혔다.

우리는 또한 이와 같은 몸의 인식을 기반으로 하는 기독교교육을 '감각으로부터 시작하는 교육', '참여로서의 교육', 그리고 '성육신적 교육'을 중심으로 살펴보았다. 이러한 세 개념으로부터 우리는 몸의 인식이 단순히 감각이나 몸의 활동을 통한 교육에 대한 통찰을 주는 것에서 넘어서서, 전통적 지식중심의 교육이나 학교식schooling교육의 대안적 관점을 제시한다는 것을 발견하였다. 몸의 인식은 교리중심, 객관적 지식의 매개, 언어중심성의 고정되고 패쇄적 패러다임을 넘어서서, 감각과 경험, 인격적 참여, 비언어적 경험이 이끌어가는 미지의 인식에로 학습자를 여는 개방적 기독교교육 패러다임의 가능성을 제시한다. 또한 몸의 인식은 지식중심 교육에서 중시하는 '교육의 내용'보다는, '교육의 장'과 '신앙공동체', '예전' 등을 핵심적인 신앙교육의 자리요 요소로서 보는 안목을 제시하고, 몸으로부터 출발한 메타퍼인 '육화incarnation'가 교육을 재개념화하는 은유가 되는 것과 마찬가지로, 몸은 몸에서 출발하는 새로운 은유들로 기독교교육을 재개념화 할 수 있는 잠재적 가능성을 가진 개념이라는 것 또한 살펴보았다.

이와 같은 고찰은 몸과 몸의 인식론이 기독교교육의 방법뿐만 아니라, 기독교교육의 방향 및 기독교교육 자체를 재개념화하는 기초적 은유가 됨을 깨닫게 하면서, 몸과 몸의 인식이 열어주는 기독교교육의 새로운 세계에 우리를 개방할 것을 도전한다.

7
장

예술적 인식론과

기독교교육

I. 들어가는 말

오늘날 우리는 영화의 한 장면, 음악, 그림, 사진 등의 예술작품 없이 진행되는 수업이나 설교를 거의 상상할 수 없을 정도로 예술은 우리의 기독교교육 현장 깊숙이 들어와 있다. 그리고 우리는 그 같은 경험을 통해서 예술이 얼마나 기독교교육에 효과적이고 또한 우리를 즐겁게 해 주는지를 알고 있다. 본 장에서는 예술의 어떤 측면이 기독교교육을 효과적이게 하고 우리를 즐겁게 해 주는지를 예술의 인식론적 특징을 바탕으로 살펴보고자 한다. 예술이 가지고 있는 독특한 인식적 특성들을 통해서 예술과 종교, 그리고 기독교교육의 접점들을 살펴보고, 또한 이미 그 접점들을 중심으로 기독교교육을 전개하고 있는 기독교교교육 학자들의 이론들을 살펴봄으로써 예술적 기독교교육의 세계를 들여다보도록 한다.

II. 예술의 인식론적 특징

우리는 '예술' 하면 주로 음악이나 시 영화 그림 등의 예술작품을 떠올리게 되고, 그것을 좋아하지만, 예술 배후에는 우리로 하여금 예술을 좋아하도록 잡아끄는 예술적 인식론이 있다. 넬슨 굿맨 Nelson Goodman 은 현존하는 모든 예술은 본질적으로 인지적 cognitive 기능을 담당해 왔고, 그 기능은 과학의 그것에 비하여 결코 떨어지는 것이 아니라고 하였다.[1] 그는 과학이 나름대로의 상징체계를 가지고 세계를 구성하고 있다면 예술도 일종의 상징체계를 가지고서 의사소통하고 있다고 하였다. 예를 들어 음악은 음이라는 매체에 기초한 상징체계를 가지고 있다. 우리는 빠르고 경쾌한 음악을 들으면 기분이 밝아지고, 또 느리고 천천히 흐르는 음악을 들을 때 마음이 차분해 지거나 때때로 우울해 지는 것을 경험하곤 한다. 이것은 음악이 가지고 있는 음이 일종의 상징체계가 되어 우리와 정서적 의사소통을 하고 있기 때문이다. 음악 뿐만 아니라 그림, 춤, 동작들 등 모든 예술은 나름의 상징체계를 가지고 우리와 의사소통을 하고 있고, 이 말은 예술도 나름대로 인식적인 작용을 불러일으키고 있다는 뜻이다. 그렇다면 예술은 어떠한 인식적 작용을 하는지 아래에서 살펴보도록 하자.

1. 담화적 진술과 예술적 언어

예술을 통해서 일어나는 인지적 방식은 과학의 그것과 다르다. 과학은 논리적이거나 실증적인 방법을 통해서 우리의 인식 작용을 불러일으킨다면, 예술은 이미지, 리듬이나 운율, 동작 등을 통해서 우리의 인식작용을 불러일으킨다. 즉 예술의 다양한 음, 색깔, 움직임 등등이 모두 그 자체로 의미를 창조하고 의사를 소통하는 통로가 된다. 언어를 사용하는 것에서 조차 예술적 언어는 과학적 언어와는 다르다. 루이스 레이드 Louis Arnaud Reid 는 과학적 언어와 예술적 언어를 담화적 discursive 진술과 예술적 의사소통, 혹은 "명제적 propositional 진술"과 "비명제적 nonpropositional 진술"의 차이라고 정의한바 있다.[2] 그는

---

1   Nelson Goodman, *Language of Art* (Indianapolis: Hackett Pub. Co., 1978), 244.
2   Louis Arnaud Reid, *Ways of Understanding and Education* (London Edinburg: Institute of Education, 1986), 39.

명제적 문장에서 언어가 의미를 담아서 운반하는 역할을 한다면 예술에서 언어는 의미를 창조한다고 하였다. 즉 전자의 경우 언어가 그 언어가 가리키는 뜻을 화자와 청자 사이에서 명확하게 전달하는 기능을 한다면, 후자, 즉 예술적 언어는 청자에게 상상력을 불러일으키고 새로운 의미를 창조하는 역할을 한다는 것이다. 예를 들어서 정현종시인의 "섬"이라고 하는 시를 보자.

> "섬"
> 사람들 사이에 섬이 있다.
> 그 섬에 가고 싶다.

이 시에서 '섬'이라는 단어는 청자들에게 다양한 의미를 불러일으킨다. 필자는 학생들에게 이 시를 들려주고 섬이 의미하는 것을 말해보도록 한 적이 있다. 대화, 관계, 비밀, 이면의 아픔, 꿈, 공감대, 마음, 도피장소, 썸 … 등 같은 단어들이 거의 학생의 수만큼 다양하게 표현되는 것을 보았다. 반면 필자는 그에 연이어 '섬'에 대한 위키피디아의 설명을 들려 주었다:

> 섬은 물로 완전히 둘러싸인 땅으로 대륙보다 작고 암초보다 큰 것을 말한다. 특히 사람이 살 수 없거나 살지 않는 섬은 무인도라고 한다. 적당히 큰 섬은 도島, island라 하고 작은 섬은 서嶼, islet라 하여 이 둘을 통칭 도서島嶼라 한다.[3]

이와 같은 명제적 문장에서 '섬'은 그것이 지시하는 단 하나의 대상을 명료하게 떠오르게 하는 것을 볼 수 있었다. 이와 같은 예에서 보는 것처럼 담화

---

3   위키피디아. https://ko.wikipedia.org/wiki/섬, 2020년 10월 11일.

적 진술에서 언어는 그것이 지시하는 의미를 담아 전달하여 화자와 청자 사이에서 그 의미가 명확하게 전달되도록 하는 역할을 한다. 그래서 레이드는 담화적 진술에서 언어는 의미를 운반하는 '도구적기능'을 한다고 하였다.[4] 여기에서 언어는 그것이 운반하는 의미를 분명하게 합규칙적으로 전달하는 도구의 기능을 하게 되면 거기에서 끝이라고 하였다.

반면 예술적 언어, 혹은 시적 언어는 하나의 의미나 지시체reference에 고정되어 있는 것이 아니라 열려져 있고open-ended, '모호성'을 갖는데, 이 모호성과 다의성은 오히려 시를 읽는 사람에게 의미를 창조하게 하는 역할을 한다. 앞의 '섬'에 관한 시에 대해 보인 학생들의 다양한 반응처럼, 시어는 감상자가 그것과 마주치게 되면 감상자의 상황에 따라서 다양한 의미를 생성하게 한다는 것이다. 그렇게 보았을 때 시어의 모호성과 다의미성은 오히려 의미창조와 의미전달의 수단이 된다고 할 수 있다.[5]

리꾀르는 인간에게 '모호성polysemy'을 해결하려고 하는 두 가지 언어의 형태가 있는데, 하나는 '과학적 언어'이고, 다른 하나는 '시적 언어'라고 하였다. 그는 과학적 언어는 모호성 앞에서 당황하며 언어의 일반적 의미를 활용하여 '정의'하고 '한계'지으면서 모호성을 제거하려고 한다면, 시적 언어는 오히려 그 모호성을 즐기고 모호성 안에서 기뻐 뛰 놀면서 새로운 의미창조의 향연을 베푼다고 하였다.[6] 연이어서 리꾀르는 과학적 언어가 '실재성'에 관심을 가진다면, 시적 언어는 '가능성'에 관심을 갖는다고 하였다. 그는 과학적 언어는 단지 "what is"와 "what must be"에 관한 것은 말할 수 있지만, "what might be"에 관한 것은 말하지 않는다고 하면서, 시적 언어는 상상을 자극하여 새로운 의미를 창조하면서 가능성에 대한 우리의 열정을 불러일으

4   Louis Arnaud Reid, *Ways of Understanding and Education*, 39.
5   Harold Osborne, "The language metaphor in art," *Journal of Aesthetic Education* 18-1 (Spring 1984).
6   Paul Ricoeur, *History and Truth* (Evanston: Northwestern University Press, 1965), 156.

킨다고 하였다.

이 같은 차이는 예술적 언어의 의미를 창조하는 독특한 방법에 기인하는데, 그것은 무엇보다 예술적 언어가 언어 안에 "육화된 의미embodying meaning"를 "상상적으로 재구성함"을 통해서 일어나기 때문이라고 할 수 있다. 예를 들어 안도현의 "연탄 한 장"이라고 하는 시에 "삶이란 나 아닌 그 누구에게 기꺼이 연탄 한 장이 되는 것"이라는 구절이 있다. "누구에게 연탄 한 장이 되는 것"이라는 구절을 이해하는 일은 연탄 자체가 육화하고 있는 의미, 즉 자신을 태워 열을 내어 다른 이를 따뜻하게 하고 자신은 재로 남는다는 의미를 상상적으로 재구성할 때만 이해된다. 따라서 예술의 언어를 상상적으로 재구성하는 일은 과학적 언어를 읽을 때처럼 일정한 거리두기를 통해서가 아니라 우리가 그 작품 안으로 상상적으로 들어가서 육화된 의미를 재현함으로써만 가능한 일이다. 즉 우리가 육화된 의미에 참여할 때에만 그것이 상상력을 불러일으키며 의미를 창조한다는 말이다.

예술적 언어는 또한 더 나아가 육화된 의미에 참여함을 통해서 그 의미를 나의 것으로 전유하게 하는 힘이 있다. "삶이란 나 아닌 누구에게 연탄 한 장이 되는 것"이라는 싯귀는 단순히 시인의 바램만이 아니라, 독자들 또한 그 바램을 공유하도록 호소하는 힘이 있는 것이다. 육화된 의미에 상상적으로 참여하는 것 자체가 그 의미를 나의 것으로 전유하게 하는 데로 이끌어 간다. 그래서 말콤 로스Malcom Ross는 예술적 읽기와 과학적 읽기는 근본적으로 다르다고 하였다:

예술이 가지고 있는 상상적 구조는 과학에 의해서 만들어진 구조와 다른 질서를 갖는다. 예술은 감상자의 상상을 자극하거나 생성시켜서 감상자가 작품 안에 상상적으로 들어가 거하도록 한다. 이것이 바로 예술적 읽기가 과학적 읽기와 다른 근본적인 차이점이다. 예술은 우리를 그

안으로 끌어들임을 통하여서 우리 자신의 감정적 삶 안에서의 반응을 끌어낸다.[7]

그런 의미에서 예술은 육화된 의미의 세계에 참여하여 그 안에서 육화된 의미를 재현하는 것이기에, 세계와 직접적으로 만나게 하는 통로가 된다. 즉 예술은 감상자에게 세계를 간접적으로 설명하는 것이 아니라, 육화된 의미의 재현을 통해서 세계를 직접 경험하게 하는 통로가 된다는 말이다. 예술적 경험은 따라서 예술이라는 매개를 통하여 세상을 만나지만, 육화된 의미의 재현이라는 독특한 인식의 방식을 통해서 세상과 직접적으로 만나는 것과 같은 경험을 불러일으키는 힘을 가진다.

2. 감정적 사고

예술적 인식의 가장 큰 특징의 하나는 감정과 관계하는 인식이라는 것이다. 모든 예술작품은 이미 작가의 감정의 산물이다. 예술작품이 표현하는 선, 색, 리듬 자체가 이미 작가의 감정의 육화이고, 이 육화된 감정은 직접적으로 감상자의 감정의 차원에서 의사소통이 일어나도록 한다. 공포 영화의 배경으로 쓰이는 음악을 통해 우리가 더욱 공포를 느끼고, 느린 음악을 들을 때 우리가 애잔함과 슬픔을 느끼는 것은 이미 음악 자체 안에 육화된 감정이 소통되는 것이라고 할 수 있다. 노란색의 따뜻함, 파란색의 시원함, 초록색으로부터 안정감을 느끼는 것은 예술이 표현하는 색으로부터 우리에게 감정적 의사소통이 일어나고 있다는 뜻이다. 그래서 말콤 로스는 예술적 경험이란

---

7   Malcom Ross, *The Aesthetic Impulse* (Oxford: Pergamon Press, 1984), 22-23.

"감정의 기반" 위에서 일어나는 인식활동이라고 하였다.[8] 즉 예술을 통해서 오는 감정적 의사소통도 감정이라는 상징체계를 통해서 일어나는 일종의 인식활동이라는 것이다.

예술이 감정을 기반으로 해서 일어나는 인식의 활동이라고 하는 것은 일찍이 '아름다움에 관한 학문', 혹은 '예술에 관한 학문'인 "미학"을 근대적 의미에서 최초로 체계화하였던 18세기 독일의 철학자 바움가르텐Alexander Gottlieb Baumgarten에게서 찾아볼 수 있다. 그는 그의 시론에서 최초로 미학Ästhetik 이라는 단어를 사용하였는데, 이 말은 본래 "지각하다"라는 뜻의 그리스어 "아이스타네스타이αισθανεσται", 또는 지각적 대상이라는 뜻의 "아이스테티카αισθετικα"를 어원으로 하는 단어이다. 바움가르텐은 그러한 어원으로부터 "감성적 인식에 관한 학문"이라고 하는 의미에서 미학이라는 학문을 제창하였다.[9]

그가 예술에 관한 학문을 '감성적 인식에 관한 학문'으로 이름 지은 것은 그의 시대에 예술은 이성을 통한 인식이 아니라 감성적 인식과 관련된다는 이해가 공유되었다는 것을 시사한다.[10] 바움가르텐이 미학을 썼던 시기는 객관주의적 인식론의 시조인 데카르트 이후 철학적 관심사로부터 배제되어 왔던 인간의 주관적 심리현상들, 즉 감각이나 상상, 감정 등이 서서히 강조되면서 새로운 철학적 의미를 부여받고 있었던 시기였다. 이와 관련하여 예술은 이성에 의해서가 아니라 상상에 의해서 수행되는 활동이요, 미는 규칙에 의해서가 아니라 감정에 의해 평가되어야 한다는 자각적 논의가 서서히 대두되기 시작하였다. 그와 같은 상황 가운데에서 바움가르텐은 시를 논하면

---

8   위의 책, 13.
9   Alexander Gottlieb Baumgarten, *Meditationes philosophicae de nonnullis ad poema pertinentibus* (1735) hrsg. K. Aschenbrenner/W.B.Holther, 115.
10   오병남, 『미학강의』 (서울: 서울대학교출판부, 2004), 115.

서, 시는 이성이 아니라 감성에서부터 출현하며, 시와 관련된 인간 능력에 관한 연구가 있어야 한다고 생각하고, 이것을 미학이라고 이름 붙이게 되었다.

바움가르텐이 이처럼 미학을 인간의 '감성적 인식'에 관한 학으로 정의한 것은 한편으로는 이성적 인식과는 구별되는 감성적 인식의 독자성을 강조하였다는 의미를 갖는 것이지만, 실제로 바움가르텐은 역설적이게도 '감성적 인식'이 '이성적 인식'에 비해 "열등한 능력"이라고 칭하고 있는 것을 볼 수 있다. 실제로 그는 미학을 인식론의 "예비적인", 혹은 "열등한" 학문이라고 칭하였다.[11] 이것으로 우리는 바움가르텐도 여전히 계몽주의적 흐름 속에서 이성중심적 인식론의 틀 안에 있으면서 동시에 과도기적으로 감성적 인식의 필요성과 독립적 연구의 필요성을 인식한 학자였다고 할 수 있다.

그러나 현대에 와서는 감성적 인식은 이성적 인식에 비해 열등한 것이 아니라 서로 다른 것이라고 하는 이해가 일반적이 되었다. 굿맨[N. Goodman]은 예술의 상징체계를 이해하는 통로는 '감정'이라고 하면서, 감정이 예술적 인식을 과학적 인식으로부터 분리하는 지점인데, 그 둘은 다른 것일 뿐 어느 것이 열등하거나 우수하다고 말 할 수 없다고 하였다.[12] 즉 그는 과학은 과학적 상징체계를 예술은 '감정'이라는 상징체계를 통해서 다른 방식으로 의사소통을 하는 것이라고 하였다. 심지어 위트킨[R.W. Witkin]과 로스[M. Ross]는 감정도 일종의 지능이라고 칭하면서 이것을 "감정 지능[intelligence of feeling]"이라고 칭하였고, 골만[Daniel Goleman]은 "정서지능[emotional intelligence]"이라고 칭하였다.[13] 그들은 감정을 단순히 희로애락을 느끼는 것에 그치는 것이 아니라, 인식의 방식으로서 실제로 문제를 발견하고 문제해결의 실마리를 발견하기도 하는 일종의

---

11   A.G.Baumgarten, *Aesthetica* (1750, Nachdruck, 1961), Vorrede, 2.

12   Nelson Goodman, *Language of Art* (Indianapolis: Hackett Pub. Co., 1978), 243이하.

13   R. W. Witkin, *Intelligence of Feeling* (London: Heinemann Educational Institut, 1974); Malcom Ross, *The Aesthetic Impulse* (Oxford: Pergamon Press, 1984), 20.

'감정 지능'이라고 말 할 수 있다고 하였다. 감정지능은 오늘날 자신의 감정을 표현하거나 조절하고, 통제할 수 있는 지능일 뿐만 아니라, 이에서 더 나아가 타인의 감정을 공감하고 그에 대한 공감적적 인식을 가능하게 함으로써 실제 생활에서 문제를 해결할 수 있는 지능으로서 이해된다.[14] 그래서 마이어와 살로베이 Mayer & Salovey 는 감성지능이 "세계와의 관계"를 형성하는 지능이 된다고 하였다.[15] 그들은 감성지능이 소위 '초개인적 자기인식 metapersonal self-construal'의 기반이 됨으로써 자기와의 관계와 타인과의 관계 그리고 세계 전체와의 관계에서 공감 및 관계 형성의 기반이 된다고 하였다. 따라서 이 '초개인적 자기인식'은 더 깊고 넓은 자기 인식과 고도의 예술적 창의성과 영성형성의 기반이 되기도 한다고 하였다.

이 같은 사실은 현대의 '뇌이론'을 바탕으로 해서 보았을 때 더욱 분명해 진다. 뇌이론은 감정을 관장하는 뇌가 실제로 인지에 관여하고, 문제를 해결하거나 행동을 결정하는 데에 관여한다는 것을 강조한다. 우리의 뇌에 감정을 관장하는 부분은 "변연계 limbic system"인데, 이 뇌는 희로애락의 감정과 욕구의 억제나 감정의 분출 등의 기능을 관장한다.[16] 맥린 P. MacLean 에 의하면 변연계는 단순히 감정을 관장할 뿐 아니라 감정과 관련된 인식과 정보처리를 관장하기도 한다. 감정뇌인 변연계 안의 "해마 hippocampus"와 "편도 amygdala"는 감정관련 정보를 처리하는 상호작용을 하며, 무엇보다 우리가 무엇인가를 결정하고 그것을 행동에 옮기게 되는 과정을 관장하는 일을 한다. 왜냐하면 감성뇌인 변연계는 좋아하고 싫어하는 것을 판단하는데, 좋고 싫음의 판

14 M. A. Brackett, J. D. Mayer, & R. M. Warner, "Emotional Intelligence and its relation to everyday behaviour," *Personality and Individual Differences* 36-6 (2004), 1387-1402; J. D. Mayer & P. Salovey, Emotional intelligence and the construction and regulation of feelings. Applied & Preventive Psychology 4 (1995), 197-208.

15 위의 글, 197

16 Paul MacLean, "The Triune Brain, Emotion and Schientific Bias," F. O. Schmitt, *The Neurosciences: Second Study Program* (New York: Rockefeller University Press, 1970), 347.

단이 결국은 인간이 무엇인가를 취사선택하고 결정하며 행동에로 옮기게 하는 역할을 하기 때문이다. 실제로 맥린은 교통사고로 번연계를 다친 한 환자가 그의 신피질은 정상이었기 때문에 무엇이 옳은지 그른지, 사물의 이치와 관계를 잘 알고 있었음에도 불구하고, 아무것도 결정할 수 없는 결정장애를 갖게 된 사례를 제시하면서, 감정뇌인 번연계가 선택과 결정, 문제해결에 결정적 역할을 함을 강조하였다. 이 말은 감정이 우리의 행동에 영향을 미친다는 것을 의미한다. 감정은 좋고 싫음을 불러일으키고, 이것은 결국 마음의 결정과 행동에로까지 영향을 미친다는 것이다.

이와 같은 고찰은 감정적 인식이 일종의 상징체계로서 자아의 이해를 비롯하여 타인과의 관계, 그리고 세계와의 관계를 형성하는 기초가 되며, 더 나아가 우리의 행동에 직접적 영향을 미치는 인식이라는 점을 보여준다. 그렇게 보았을 때에 감정을 상징체계로 해서 이루어지는 예술적 의사소통은 이성적 설득과는 다른 형태로 세계를 이해하고, 세계와 관계를 맺으며, 행동에까지 영향을 미치는 힘이 있다는 것을 알 수 있다.

3. 상상력

예술적 인식에서 가장 핵심적 요소 중 하나는 상상력 imagination 이다. 앞에서 살펴본 시 "섬"을 읽을 때에 우리 안에 다양한 상상이 불러일으켜졌던 것과 같이 예술은 상상력을 기반으로 하는 인식적 작용을 한다고 할 수 있다. 칸트는 그의 저서 『판단력 비판』에서 미학적 경험에 관하여 서술하면서, 미학의 가장 핵심적 요소는 미학적 판단이라고 하였다.[17] 즉 그는 우리가 아름

---

17   Immanuel Kant, Otfried Höffe(hrsg.), *Kritik der Urteilskraft* (Berlin: Akademie Verlag, 2008), 40.

답다고 느끼는 미적 경험은 우리가 아름답다고 느끼는 판단이기에 우리의 인식적 과정이라고 하였다. 그러면서 그는 미적 판단과 관련된 우리의 인식은 "상상력 Einbildungskraft과 오성(감각)의 자유로운 유희 Spiel"의 과정이라고 하였다. 미적 경험은 우리의 인식 안에서 상상력과 감각이 서로 자유롭게 유희함으로써 일어나는 쾌의 감정을 통해서 일어난다는 것이다.

칸트는 그의 『순수이성비판』에서 상상력의 일반적 기능을 '재생적 기능', '생산적 기능', '도식화 기능'의 세 가지로, 그리고 『판단력 비판』에서는 '창조적 기능'을 덧붙여 설명하고 있다. '재생적' 기능은 시간 안에서 '표상'들을 통합하여 경험이 무질서 속에 머물지 않고 일관성이 부여되도록 하는 기능이라면, '생산적 기능'은 시간을 통해 우리의 '의식'을 통합하는 기능이고, 또한 '도식화'의 기능은 추상적 개념과 감각의 내용 사이를 매개하는 기능이라고 하였다. 칸트는 앞의 세 기능들이 규칙과 법칙을 기반으로 하는 상상력의 기능이라면, 마지막 '창조적 상상력'은 '자유롭고 규칙에 지배를 받지 않은 활동이라고 하였다. 이 기능으로 인해 우리는 경험 속에서 새로운 의미 구조를 획득하고, 기존 경험들이 새로운 의미를 생산하도록 재형성할 수도 있다고 하였다. 특별히 그는 창조적 상상력은 주로 '상징'과 '은유'의 기획으로 나타난다고 하였는데, 이것은 창조적 상상력이 예술과 관련된 것임을 시사한다. 이와 같은 칸트의 창조적 상상력의 개념을 바탕으로 해서 보았을 때, 예술은 상상력과 감각의 자유로운 유희를 불러일으키며 또한 경험 속에서 새로운 의미 구조를 획득하고, 기존의 경험들로부터 새로운 의미를 재형성하도록 하는 인식 작용에 관여한다고 할 수 있겠다.

위에서 칸트는 상상력의 4가지 기능에 대해 언급했지만, 상상력의 모든 기능은 기본적으로 사유의 발생적 과정을 불러일으키면서 부재하는 이미지를 '표상'해 내는 역할을 기반으로 한다고 할 수 있다. 즉 모든 상상력은 우리가 직접 경험으로 접근할 수 없는 것을 표상화하고, 이미지화하는 것으로부터 출발한다. 그래서 칸트는 상상력을 "그 자체로서 현존하지 않는 대상을 직관 속에서 표상하는 기능"이라고 정의하였다.[18] 그렇게 보았을 때 상상력은 특별히 기독교교육적으로 결정적 의미를 갖는바, 그것은 초월적 하나님과 인간의 접촉점이 될 수 있기 때문이다. 유한한 인간의 경험과 이해의 바탕에서 초월적 하나님을 이해하기 위해서는 접촉점이 있어야 하는데, 상상력의 표상적 작용이야말로 하나님을 표상화하고 이미지화할 수 있는 통로가 될 수 있다는 것이다.

그래서 게럿 그린 Gerret Green 은 상상력을 "계시가 일어나는 자리이자 계시가 일어나는 방식"이라고 하였다.[19] 그린은 계시의 선행적이고 주도적 성격을 인간의 능력으로 환원하지 않으면서도 동시에 인간이 이해할 수 있는 접촉점을 '상상력'으로부터 찾았다. 그는 먼저 계시는 하나님의 은혜의 행위이고 인간의 능력이나 속성으로서 환원될 수 없다는 것, 그리고 동시에 인간 편에서의 신앙의 행위이지만 인간의 다른 경험과는 다르다고 하였다.[20] 그린은 그러한 전제를 바탕으로 '상상력'이 초월적 하나님의 계시의 "자리 locus"라고 함으로써, 계시자체는 하나님으로부터 오는 것이라는 계시의 선행적 성격을 유지한다. 또한 그는 상상력이 계시가 일어나는 "방식"이라고 함으로써, 상상력을 계시를 일으키는 능력으로서가 아니라, 일종의 '형식'으로 이해하면서, 그것을 초월적 하나님의 계시를 위한 인간학적 접촉점으로서 이해하였다. 즉 그는 상상력을 계시의 내용이 아니라 구조로서 이해하였는데, 이것으로 그는 종교적 상상력을 과학적 상상력과 대비시키면서 종교적 상상력이 갖는 "패러다임적 인식"의 개념으로 제시하였다.

"패러다임적 상상력"이란 예를 들어 우리가 어떤 음악을 들었을 때 다

---

18   Immanuel Kant, *Kritik der reine Vernunft*, B 151.

19   Gerrett Green, *Imagining God*, 장경철 역, 『하나님 상상하기』 (서울: 한국장로교출판사, 2003), 67.

20   위의 책, 68.

양한 소음으로부터 '음악'이라고 하는 속성을 구별해 낼 수 있고, 더 나아가 그 음악을 사랑의 노래, 혹은 찬양의 노래와 같은 다양한 장르 중의 하나로 구별해 내는 것과 같은 인식이다. 이와 같은 인식은 그 소리로부터 어떤 하나의 유형적 특성을 발견하여 그것을 "무엇으로서" 이해하는 능력이다. 이와 같은 상상력의 기능을 그린은 "패러다임적 상상력"이라 칭했는데, 패러다임적 상상력은 접근이 어렵고 보다 복잡한 인식의 대상들을 접근 가능한 표준 예exemplars를 통하여 인식하는 능력이라고 하였다.[21] 패러다임적 상상은 전체의 일부가 될 잠재적인 '부분들'로부터 어떤 유형을 찾아내는 것과 같은 사고인데, 그린은 이 부분들로부터 어떤 '불연속적 도약'을 통하여 유비를 찾아내고 그것을 '무엇과 같은 것으로서' 이해하게 하는 사고라고 하였다.

이러한 패러다임적 상상력은 그 무엇보다 가상적 세계나 초월적 측면들과 관계하는 종교적 사고에서 더욱 요청되는데, 그 무엇보다 "하나님을 무엇과 같은 것what God is like"으로 이해하게 하는데 결정적인 사고이다.[22] 그린은 패러다임적 상상력은 표상 불가능한 하나님을 우리에게 익숙한 삶과 인식의 틀로부터 이해할 수 있는 통로가 될 뿐만 아니라, 그리스도의 삶과 우리의 삶 사이, 성경적 비전과 우리의 삶의 이야기 사이의 패러다임적 유사성을 찾는 인식의 동인이 된다고 하였다. 그러한 동인에 의하여 우리는 우리의 삶을 그리스도의 삶의 유형을 따라서 빚어가고, 성경적 비전을 따라 우리의 이야기를 형성할 수 있는 계기를 얻을 수 있게 된다고 하였다.[23]

상상력은 이와 같은 이유로 인해서 그 어떤 영역에서보다 종교의 영역에서 유한한 인간이 초월적 하나님을 이해하고 그와 관계를 맺는 통로로 이해되어 왔다. 폴 틸리히Paul Tillich는 상상력이야말로 인간의 "불가능의 가능성

---

21 위의 책, 109.
22 위의 책, 141.
23 위의 책, 152.

impossible possibility"의 자리로서 초월적 깨달음에로의 도약이 일어나는 장소라고 하였다.[24] 케이시 E.S.Casey 는 상상력은 인간이 육체적 영역과 이성적 영역을 넘어서서 도약할 수 있는 인식의 가능성으로서, 인간의 유한성을 넘어서서 초월적 하나님과의 일치의 세계로 도약해 들어갈 수 있는 통로가 된다고 하였다.[25] 또한 루미스 D.J.Loomis 상상력은 "하나님과의 인격적 관계를 매개하는 인식적 능력으로 인간 실존의 심적, 감정적, 신체적 차원을 통합하며, 유한한 차원의 인간으로서 거룩한 차원의 하나님과 관계를 가능하게 하고 중재하는 역할을 한다"고 하였다.[26]

그렇기 때문에 상상력은 하나님과의 일치를 추구하는 영성훈련의 통로가 되기도 하였다. 대표적 영성가의 한 사람인 이냐시오는 "상상"을 사용하는 관상기도를 제시하였는데, 그는 그리스도의 탄생부터 시작하여 수난 직전까지의 성육신하신 그리스도의 삶의 여정을 상상력을 통하여 관상할 것을 시도하였다.[27] 이 과정에서 수도자는 성서의 사건에 들어가 그 사건에 나타나는 한 인물과 자신을 동일시하거나 그 사건을 상상 속에서 재현하는 방법으로 사건 자체에 참여할 수 있다고 하였다. 관상기도의 과정에서 처음에는 능동적으로 시작한 상상적 활동이 어느 순간 멈추면서, 수동적으로 응답하게 되는 단계에로 도약하게 되는데, 이 상태에서 수도자에게 영적 감각들이 열리고, 하나님이 베푸시는 은총을 느끼면서 그분과의 일치를 경험하는 관상의 단계가 열리게 된다고 하였다.[28] 관상의 단계는 따라서 일종의 영적 도약의 단계로 이 단계를 지나면서 수도자는 하나님의 뜻에 자신의 뜻을 합하고 변형 transformation 되는 순간을 경험하게 된다는 것이다. 이냐시오의 상상을

24   Paul Tillich, *Dynamics of Faith* (New York: Harper & Row, 1957), 43.
25   E. S. Casey, *Imagining: A Phenomenological Study* (Bloomington: Indiana University Press, 1979), 37.
26   D.J. Loomis, "Imagination and Faith Development," *Religious Education* 83 (Spring, 1988), 251.
27   유해룡, 『하나님 체험과 영성수련』 (서울: 장로회신학대학교 출판부, 1999) 73.
28   위의 책, 267.

사용하는 관상기도는 상상이 영적인 도약과 변형이 일어나는 자리라고 하는 것을 잘 설명해 준다. 상상은 그에게서 유한한 인간 안에서 무한한 하나님과의 역설적 만남이 이루어질 수 있는 자리이고, 성령이 활동하는 장이 되며, 온전한 변형을 이루는 장이 된다.[29]

　　이상과 같은 고찰을 바탕으로 해서 보았을 때 상상력은 그 어떤 영역에서보다 기독교교육의 영역에서 핵심적 요소가 됨을 알 수 있다. 기독교교육이 학습자로 하여금 하나님을 알고 그와의 관계를 형성하며, 성경적 비전과 학습자의 이야기 사이에서 유사성을 찾아 학습자의 이야기를 형성해 갈 수 있도록 돕는 것을 추구한다면, 이것은 패러다임적 상상력을 기반으로 해서 일어나지 않으면 안 된다는 것을 시사한다. 또한 기독교교육의 궁극적 목적이 학습자로 하여금 "하나님과의 일치"에로 도약해가고, 그리스도를 닮은 삶을 살도록 인도하는 것에 있다면, 이것은 '불가능의 가능성'에로 인도하고, 유한한 인간이 거룩한 하나님에로 '도약'하게 하는 상상력의 통로 없이는 불가능하다. 그런 의미에서 '상상력'은 기독교교육이 일어날 수 있는 인식적 자리요 방법이 되지 않으면 안 된다는 것을 알 수 있다.

4. 예술과 종교

　　위에서 우리는 예술적 인식론을 "예술적 언어", "감성적 인식", 그리고 "상상력"을 중심으로 살펴보았다. 먼저 우리는 "예술적 언어" 부분에서 예술적 인식방식은 과학의 그것과 다르다는 것을 살펴보았다. 과학이 논리적이

---

[29]　참조, Antonio T. De Nicolas, *Powers of Imagining, Ignatius De Loyola* (New York: State Universitz of New York, 1986), 31f.

거나 실증적 방법을 통해서 우리의 인식작용을 불러일으킨다면, 예술은 이미지, 리듬, 운율, 동작들을 통해서 우리의 인식방식을 일으키고, 예술의 다양한 음, 색깔, 움직임 등등이 모두 그 자체로 의미를 창조하고 의사를 소통하는 통로가 된다는 것이다. 예술적 인식은 또한 '감정적 인식'이라는 특징을 갖는데, 모든 작품들은 표현되는 선, 색, 리듬 자체가 작가의 감정의 육화일 뿐 아니라, 이 육화된 감정은 직접적으로 감상자의 감정의 차원에서 의사소통을 일으킨다는 것을 살펴보았다. 감정적 인식은 감정이라는 상징체계로 표현되고 이해됨으로써 이것은 자아와 타인과의 관계 세계와의 관계의 기초가 되며 행동에까지 영향을 미치는 인식적 힘이 있다는 것 또한 살펴보았다. 우리는 또한 예술적 인식의 가장 결정적 특징인 "상상력"에 대해 살펴보았는바, 이것은 존재하지 않는 것을 표상화하고 이미지화하는 작용으로 인하여서 유한한 인간이 초월적 존재와의 접촉점이 되고, 또한 "불가능의 가능성"의 자리가 되며, 초월적 깨달음에로의 도약이 일어나는 장소라고 하는 것을 살펴보았다. 상상력의 '패러다임적' 성격은 보이지 않은 하나님을 "무엇으로서" 이해할 수 있는 통로가 되며, 거룩한 분과의 관계를 맺는 통로가 됨을 살펴보았다.

이와 같은 예술적 인식론의 특성들은 모두 우리에게 예술이 종교와 뗄 수 없이 연결되어 있음을 보여준다. 종교는 초월적 존재에 대한 관심의 표현이다. 틸리히는 종교를 "궁극적 존재ultimate being, 혹은 신성한 존재divine being에 대한 관심concern"이라고 정의하였다.[30] 종교는 유한한 인간의 초월적 존재에 대한 관심의 표현으로서, 이 관심은 실증적 방법으로 표현되거나 논리적인 방법으로 표현될 수 없다. 그래서 그것은 예술적 언어, 감정적 인식, 그리고

---

30 Paul Tillich, "Existentialist Aspects of Modern Art," in *Christianity and the Existentialists*, ed. Carl Michelson (New York: Scribner's, 1956), 132.

상상력을 통한 의사소통의 방식으로 표현되고 이해될 수밖에 없다.

종교학자 루돌프 오토는 종교적 체험을 "누미노제 Das Numinose"라고 표현한 바 있다.[31] 오토는 종교적 체험의 순간을 "성스러움에 대한 인간의 반응"으로 칭하면서, 이것을 '누미노제'라고 하였다. 누미노제는 라틴어 "누멘 numens"으로부터 온 용어인데, 로마시대의 종교적 맥락에서 그것은 신 자체 혹은 신들의 특징을 의미하는 것이었는데, 오토가 거기에 형용사형을 붙여 '누미노스 numinos'라는 독일어 단어를 만들었다.[32] 오토는 누미노제를 "성스러움에 대한 인간편의 반응"으로서 이것을 신적 존재에 대해 인간이 느끼는 감정을 지칭하는 것으로 사용하였다. 오토는 신적 존재에 대해서는 인간이 '말'할 수 없고, 단지 그것을 느끼는 감정만으로 표현할 수 있다고 하였다. 따라서 누미노스는 '놀라운 존재신'에 대한 인간의 감정적 반응이라고 할 수 있고, 그렇기 때문에 그것은 '언어로 표현될 수 없는 독특한 성질을 가지고 있다'고 하였다. 그래서 그는 누미노스 를 "누멘적 감각 sensus nominis"라고 칭하면서, 그는 이 감정을 "놀라운 존재(신)" 앞에서의 "두려움"과 "황홀"이라고 특징지었다.

종교적 경험의 순간을 의미하는 '누미노제'의 특징이 이러하다면 종교는 예술적 인식과 본질적으로 서로 연결되어 있다는 것을 알 수 있다. 먼저 오토는 누미노제가 언어나 논리로 표현할 수 있는 것이 아니라 감정으로만 반응할 수 있다고 하였다. 그것은 '말'로 할 수 있는 것이 아니라 단지 느낄 수밖에 없다고 하였다. 그렇다면 그러한 순간은 과학적 상징체계로 설명될 수 있는 것이 아니다. 물론 우리는 종교적 순간을 객관적으로 설명할 수 있다. 그러나 그것이 언어로, 과학적 상징체계로 설명되는 순간 그것은 이미 그

---

31 Rudolf Otto, *Das Heilige, Über das Irrationale in der Idee des Göttlichen und sein Verhältnis zum Rationalen* (München: C. H. Beck), 7.

32 위의 책, 6-7.

종교적 경험의 순간에서 몇 걸음 물러선 설명이다. 그 순간의 생생한 경험은 어떤 언어로도 설명되기 어렵다. 그래서 오토는 누미노제를 언어로 설명할 수 없는 순간이라고 하였고, 또한 감정의 순간 sensus numinis 이라고 하였다. 그렇기 때문에 종교적 순간은 과학적 상징체계보다 예술적 상징체계인 예술의 언어, 즉 감정의 언어로서밖에 표현될 수 없는 것이다. 예를 들어 우리가 하나님의 터치를 경험한 순간, 그 누미노제의 순간 우리는 무엇을 하는가? 우리는 그 순간 조직신학 책을 펴고 공부하지 않는다. 우리는 벅찬 감동으로 울거나, 울다가 찬양을 한다. 그 순간에는 감정의 언어, 예술의 언어가 우리에게 가깝다. 그러한 영적 순간이 다윗에 의해 찬양 시로 표현된 것과 같이 오늘날에도 수많은 젊은이들에 의해 찬양으로 표현되고 있다. 종교적 순간에는 예술의 언어가 우리에게 가깝다.

마리아 해리스 Maria Harris 또한 종교의 핵심적 특징 중의 하나를 "누미노제 numinouse"라 칭하면서 이 순간은 우리 인간이 갑자기 하나님의 현존을 의식하게 되는 때이고, 하나님을 "당신 Thous"로서 직면하는 순간이라고 하였다. 그녀 또한 이러한 순간은 말로 설명하기 어렵고, 그래서 우리는 예술에로 고개를 돌리게 될 수밖에 없다고 하였다.[33] 그녀는 더 나아가 종교의 또 하나의 핵심적 특징을 "불가사의함 mystery"이라고 하였는데, 불가사의함이란 무엇보다 우리가 하나님을 알 수 없다는 것, 즉 하나님의 근본적 불가사의성이라고 하였다. 이 불가사의함이란 우리가 이해할 수 없고, 언어로 설명할 수도 없다는 뜻인데, 이것 또한 우리를 예술에로 고개를 돌리게 하는 원인이 된다고 하였다. 이성적 설명과 언어적 도구로 설명할 수 없는 하나님의 근본적 불가사의성을 경험하였을 때 우리는 예술적이지 않을 수 없다는 것이다.

그녀는 종교가 가진 '불가사의성'에는 "사크라멘툼 sacramentum"이라고 하

---

[33] Maria Harris, "Art and Religious Education: A Conversation," *Religious Education* 83 (1988), 455.

는 또 하나의 차원이 있다고 하였다. 사크라멘툼은 헬라어로 거룩함을 뜻하면서, 이 거룩한 불가사의가 어디에나 편재한다는 개념이 포함된다고 하였다. 우리가 성찬을 사크라멘툼이라고 칭하는 것은, 눈에 보이는 세상적 물질인 떡과 잔에 거룩한 예수 그리스도의 살과 피가 담긴다고 하는 것이 곧 불가사의이기 때문이다.[34] 해리스는 사크라멘툼은 성찬뿐 아니라, 보다 근본적으로 땅, 물, 불, 공기 등등의 물질들에 성스러운 불가사의함이 담길 수 있다는 뜻이라고 하면서, 이것이야말로 종교가 결국은 예술에로 눈을 돌릴 수밖에 없게 하는 요소가 된다고 하였다. 예술이 표현하는 모든 대지의 요소들, 땅, 물, 불, 공기 등이 성스러운 불가사의함을 담을 수 있는 통로가 되기 때문이라는 것이다.

그녀는 또한 예술이 표현하는 모든 대지의 요소들로부터 불가사의함을 경험하고 느끼는 것은 그 자체로 "종교적 상상력"의 형태로 일어나는 것이라고 하였다.[35] 이 상상력은 성찬식만이 아니라, 우리가 일상생활 속에서 만나는 말, 행위, 장소 등 모든 것이 존재의 전체적인 신비를 나타내줄 수 있다는 것을 상상하게 해주는 능력이라고 하였다. 종교와 영성은 우리의 평범한 행위 속에 거룩한 것이 내재해 있다는 것을 발견하는 경험과 다른 것이 아니기 때문이다. 그렇게 볼 때에 '상상력'은 모든 일상생활 속에서, 모든 평범한 것에서 거룩한 것을 경험할 수 있는 통로가 된다고 할 수 있다. 일상적 삶 속에서 보이지 않는 초월적 하나님을 표상하며 그와 관계할 수 있는 통로가 되는 상상력은 모든 일상의 순간을 종교적 순간이 되게 하는 힘이다.

이상과 같은 고찰은 예술이 종교와 뗄 수 없이 연결되어 있다는 것을 보여준다. 종교의 불가사의함[mystery], 신성함[numinose], 그리고 일상적 물질 속에

34　위의 책, 456.

35　Maria Harris, *Teaching and Religious Imagination*, 김도일 역, 『가르침과 종교적 상상력』 (서울, 한국장로교출판사, 2003), 40.

성스러움을 담는다는 '사크라멘툼'의 특징은 모두 종교와 예술 간의 불가분리성을 나타내준다. 종교의 불가사의함과 신성함이 언어로 설명하거나 말로 표현할 수 없는 특성을 가졌다는 것은 종교로 하여금 언어와는 다른 상징체계, 감정적 상징체계를 가진 예술과 불가분리로 연결될 수밖에 없음을 나타내 준다. 또한 물질적 요소들 안에 성스러움이 담긴다고 하는 종교의 사크라멘툼적 속성은 물질적인 것에 보이지 않는 것을 표현하는 예술의 속성과 맞닿아 있다. 예술은 보이지 않는 것에 형태를 부여하고, 일상적이고 물질적인 것에 초월적 존재를 담아낼 수 있다는 점에서 종교의 사크라멘툼과 공통의 요소를 갖는다. 그런 점에서 예술은 종교와 만나는 지점이 된다. 무엇보다 예술이 가진 인식론적 속성, 즉 과학과는 다른 예술적 언어, 감성적 인식, 상상력이 예술로 하여금 종교의 '신성함(누미노제)', '불가사의함', 그리고 사크라멘툼에 접근할 수 있는 통로가 된다.

III. 예술적 인식론과 기독교교육

앞에서 우리는 예술적 인식론의 특징과 그것의 종교와의 관련성을 살펴보았다. 이 장에서는 예술적 인식론과 기독교교육을 살펴보도록 한다. 먼저 앞에서 살펴본 예술적 인식론을 바탕으로 해서 보았을 때 예술과 교육이 어떠한 관계를 갖는지를 살펴본 후, 연이어서 기독교교육에서 예술적 접근을 시도한 대표적 두 학자 웨스터호프와 마리아 해리스의 예술적 기독교교육에 대해 살펴보도록 하자.

1. 예술적 인식과 신앙의 다원성

앞에서 우리는 예술이 단순히 그림과 음악과 춤에서 그치는 것이 아니라, 하나의 인식의 작용이고, 그래서 예술적 인식은 우리에게 과학과는 다른 상징체계로 새로운 세계를 열어주는 통로가 된다는 것을 살펴보았다. 그렇게 보았을 때에 예술적 인식론과 그러한 인식을 불러일으키는 예술은, 단순히 논리와 추리과정에 익숙해 있는 우리의 사고와 세계관을 상상력, 감정, 직관 등을 통하여 더욱 통전적이고 포괄적으로 만들어 준다고 할 수 있다. 그럼에도 불구하고 전통적으로 우리의 교육은 "인지 intelligence"를 논리와 추리를 기반으로 한 과학적 상징체계를 이해하는 것에 국한하여 생각하고, 감정이나 정서적 측면, 그리고 그와 관련된 예술은 비인지적 측면으로 치부하여 왔다. 물론 이와 같은 현상 뒤에는 서구의 이원론적 사고, 즉 정신을 몸으로부터, 인지를 정서로부터, 실제를 상상으로부터, 과학을 예술로부터 분리해서 보는 사고가 자리하고 있다.[36] 이러한 이분법적 사고는 예술을 장식품 정도로 생각하며 인식과 통찰의 중요한 원천으로서는 인정하지 못하게 하는 원인이 되었고, 따라서 예술은 학교의 교육과정에서도 주변에 머물게 되는 결과를 낳았다. 아이즈너 E.W. Eisner는 예술과목은 그동안 학교의 커리큘럼에서 거의 다루지 않는 과목이었다며, 그런 의미에서 '영 교육과정 null curriculum'이었다고 하였다.[37]

아이즈너는 예술과목이 학교에서 가르쳐지지 않은 것은 단순히 예술과목이 소홀히 되는 것에서 그치는 것이 아니라 "인지의 불균형"을 가져온다

---

36 A. D. Efland, *Art and Cognition, Integrating the visual arts in the curriculum* (New York, London: Teachers College, Columbia University, 2002), 112, 156.

37 E. W. Eisner, *Cognition and Curriculum*, 김대현, 이영만 역, 『표상형식의 개발과 교육과정』 (서울: 교육과학사, 1994), 112.

고 하였다. 그는 '인지'와 '감정'의 상호의존성을 강조하면서 그 둘은 서로 떨어져서 작동할 수 없다고 하였다. 무엇보다도 그는 '상상력' 없이 출발하는 과학적 사고가 없다는 점을 강조하였는바, 상상력이라는 정신적 이미지의 창조를 통하여 과학은 지금까지 경험적 세계에서 이루어지지 못한 새로운 발견을 하는 것이라고 하였다.[38] 그는 인간이 사고mind한다는 것은 그 무엇보다 인간이 어떻게 경험을 표상하느냐의 "표상형식 form of representation"에 달린 것이라고 하였다:

> 표상형식의 선택은 세계를 파악하는 방식의 선택이며, 또한 세계를 공
> 적으로 표현할 수 있는 방식의 선택이다.[39]

그는 우리가 세계를 파악하고 세계를 표현하는 방식을 "표상형식"이라고 칭하면서, 표상형식은 논리와 추리만이 아니라 우리의 감각만큼 다양하다고 하였다. 예를 들어 우리가 '레몬'을 머리에 떠올린다고(표상) 해 보자. 레몬을 언어로 표상할 수도 있지만, 많은 사람들은 레몬의 모양, 즉 노란색이고, 타원형인 레몬의 모양으로 표상할 것이다. 또 어떤 사람들은 레몬을 모양만으로가 아니라 미각으로 표상할 것이다. 레몬의 신 맛을 표상하면서 그 순간 입에 침이 고이게 될 수도 있다. 그리고 어떤 사람은 레몬의 냄새를 후각으로 표상할 수도 있다. 물론 이 모든 것을 종합적으로 표상할 수도 있는데, 이 때에 레몬에 대하여 가장 종합적이고 온전한 표상이 이루어진다고 할 수 있다. 레몬을 언어적으로만 표상한다면 그것이 레몬에 대한 한없이 단축되고 제한된 표상인 것처럼, 우리의 세상에 대한 표상도 언어적으로만, 혹은 논

---

38 위의 책, 61.
39 위의 책, 87.

리와 추리의 방식으로만 이루어진다면 그것은 세상을 표상하는 한 없이 축소된 방식이라고 할 수 있다.

아이즈너는 '인지'라고 하는 것은 다양한 표상형식, 즉 모든 감각을 사용하여서 환경을 '표상하는 방식'이라고 정의하면서 우리가 세상을 온전하게 표상하기 위해서는 다양한 표상형식들이 요청되며, 다양한 표상형식을 갖추기 위해서는 다양한 감각적 경험들이 필요하다고 하였다. 또한 그는 무엇보다 학교에서의 교육과정에서 세상을 표상하는 감수성을 배양하고 정교하게 하는 과목이 필요한데, 그러한 효과가 가장 큰 교과가 "예술"이라고 하였다.[40] 시각예술, 음악, 무용, 연극 등의 예술 교과는 여러 다양한 감각기관을 이용해서 세상에 대한 정보를 수집하고 전달하려는 인간의 욕구에서 출발하였기 때문이라고 하였다. 따라서 그는 예술을 접하는 것은 그 자체로 학생들이 표상형식을 다양하게 형성하는 통로가 된다고 하였다. 아이즈너는 학생들이 다양한 표상형식에 접근해야 한다면, 교육과정은 그 접근 기회를 제공해야 하며, 수업은 그런 접근을 통해 의미를 구성할 수 있도록 진행되어야 한다고 강조하였다.[41]

이러한 아이즈너의 생각은 신앙교육에게도 시사점이 크다. 기독교는 전통적으로 신앙이 인지적 측면만을 가진 것이 아니라고 하는 것을 강조해왔다. 고전적 신앙이론에서부터 신앙은 지적인 차원 뿐만 아니라 정의적 요소와 의지적 요소를 포함하는 전인적 차원과 관련되는 것이라고 하는 이해가 공유되었다.[42] 이러한 고전적 신앙이해를 바탕으로 현대의 기독교교육학자 그룸Th.Groome은 신앙의 구성요소들을 지적인 차원believing, 정적인 신뢰관계

---

40 위의 책, 119.

41 위의 책, 119.

42 개혁자 멜랑히톤은 그의 『기독교 개요 Loci Communes』에서 notitia(지식), assensus(인정) 그리고 fiducia(신뢰)라고 하는 세 단계로 설명하였다. Melanchthon, *Loci Communes, Melanchthon's Werke II 2* (hg. Stupperich), 418.

의 차원 trusting 그리고 행동적 차원 doing 으로 제시한바 있다[43] 니버 R. Niebuhr 나 니버의 이론에 영향을 받아 신앙의 구성요소를 설명하고 있는 오스머 R.Osmar 에 의하면 신앙은 신념 belief, 관계 relationship, 헌신 commitment, 신비 mystery, 순종, 하나님 사랑, 하나님 나라를 위한 봉사라고 요소들로 이루어진 입방체와 같다고 하였다.[44] 또한 신앙의 발달이론을 전개한 파울러 J.Fowler 도 신앙의 일곱 가지 구성요소를 "논리의 형태", "관점의 채택", "도덕 판단의 형식", "사회의식의 테두리", "권위의 장소", "세계관의 형태", "상징적 기능"을 들고 있다.[45]

이러한 신앙의 구성요소들에 관한 이해들은 신앙이야말로 단순히 인지적 요소가 아니라 정의적, 사회적, 행동적 측면 등 다측면적 요인을 포함하는 단위이고, 따라서 신앙의 성장은 그 중 어느 한 측면의 성장만이 아니라 통전적인 성장을 요구하는 것임을 시사해 준다. 또한 신앙의 성장이란 신앙을 구성하는 요소들에 대한 관점과 틀 자체가 성장하는 것이라고 할 수 있다. 신앙적으로 아는 것, 느끼는 것, 행동하는 것을 어떻게 이해하는가 하는 관점과 틀 자체가 성장하는 것이다. 그래서 파울러는 신앙이 성장함에 따라 우리의 상징체계 자체가 새롭게 재구성되고, 이에 따라 신앙적 판단에 있어서의 권위의 장소가 달라지며, 우리의 삶의 이야기를 궁극적 환경인 하나님과의 관련성 속에서 재구성해가는 정도와 양식 자체가 달라진다고 보았다. 이것이 의미하는 것은 신앙의 성장이란 우리의 통전적 인지체계 자체가 변화되는 것이라고 할 수 있다.

앞에서 우리는 아이즈너의 개념을 통해서 예술이 단순히 그리기와 만

---

43   Th. Groome, *Christian Religious Education, Sharing our story and vision* (Sanfrancisco: Haper&Row, 1980), 57-66.

44   Richard R. Osmer, *Teaching for Faith A Guide for Teachers of Adult Classes*, 사미자 역, 『신앙교육을 위한 교수방법』 (서울: 한국장로교 출판사, 1995), 227 이하.

45   James Fowler, *Stages of Faith, The Psychology of Human Development and the Quest for Meaning*, 사미자 역, 『신앙의 발달단계』 (서울: 대한예수교장로회 총회출판국, 1987), 466.

들기 같은 기술과만 관련된 것이 아니라 독특한 인지의 방식으로 우리의 세계를 보는 "표상형식"을 확장하고 우리의 세계와 관계하는 방식을 확대한다는 것을 살펴보았다. 예술은 감성의 작용, 상징화 과정, 감성적 문제해결, 육화된 의미체계의 직접적 재구성 등의 인지활동을 자극하고 그를 통하여 세계관을 확대하는 역할을 함으로써 신앙의 다측면에 깊게 관여할 수 있음을 보여준다. 따라서 우리는 예술이 기독교교육에서도 단순히 성경의 내용을 시각과 청각을 통하여 매개하는 것을 넘어서서 인식의 확장을 통한 신앙의 성장에 기여할 수 있다는 점을 생각할 수 있다. 인식의 방법으로서의 예술은 다양한 인식의 요소들이 서로 상호작용하여 이루어지는 신앙성장을 조력하고 자극하며, 세계와 초월적 하나님을 보는 눈을 확장하고, 그와 관계하는 방식을 확대하는 통로의 역할을 할 수 있는 것이다.

2. 웨스터호프의 예술적 인식론과 기독교교육

예술적 인식론을 기독교교육과 본격적으로 연결시켜서 생각을 전개한 대표적 학자로 우리는 웨스터호프 John Westerhoff III를 들 수 있다. 그는 예술적 기독교교육에 대해 지속적으로 관심을 가졌고, 그것을 글로도 발표해왔다. "현대의 영성: 계시, 신화 그리고 예전", "시온이 보헤미아와 무슨 상관이 있는가?", 그리고 유스덴과 공저한 『아름다움 느끼기』는 예술적 기독교교육에 관한 웨스터호프의 대표적인 저술들이라고 할 수 있다.[46]

웨스터호프는 예술적 인식론이 기독교교육에 미치는 영향에 대해서 관

---

46 John Westerhoff III, "Contemporary Spirituality: Revelation, Myth and Ritual," Durka & Smith, *Aesthetic Dimensions of Religious Education* (New York; Paulist Press, 1979) 13-30 ; "What does the Zion have to do with Bohemia?," *Religious Education* 76-1 (Jan-Feb 1981), 5; Westerhoff III & J. D. Eusden, *Sensing Beauty* (Cleveland: United Church Press, 1998).

심을 가졌는데, 특별히 그의 "시온이 보헤미아와 무슨 상관이 있는가?"는 종교교육과 예술과의 관계를 집중적으로 조명하고 있다. 이 글에서 그는 종교와 예술은 인식론적으로 볼 때 서로 불가분리의 관계이고 그런 의미에서 종교교육은 예술에 의존되어 있지 않으면 안 된다고 하는 논지를 전개하였다. 그는 먼저 예술의 인식론적 기능을 다음과 같이 설명하고 있다:

> 예술적 표현의 기능은 우리를 삶의 깊은 곳으로 인도하고 그곳을 보여주는 일이다. 예술은 우리의 신비와 경외와 감탄의 경험을 육화하고, 이를 통하여 우리로 하여금 거룩하고 성스러운 것과 만나도록 조력한다. 예술이 없다면 우리는 삶의 궁극적 의미를 이해할 수 있는 수단으로부터 차단되는 것이다. … 예술은 직관과 감성, 의식의 반응적 양식을 표현하고 키워주는 역할을 한다. 예술은 우리에게 신앙이 신학을 우선하며, 하나님을 아는 것이 하나님에 관하여 개념화하는 것보다 선행한다는 것을 상기시킨다. 예술은 하나님의 현존에 대한 감각이 직관적이며, 감성적 경험이라고 하는 사실을 이해하는데 도움을 준다.[47]

그는 예술이 신비와 경외와 감탄의 경험을 육화하고, 이를 통하여 우리로 하여금 성스러운 것과 만나게 하는 성례전적 역할을 할 뿐만 아니라, 직관과 감성으로 우리에게 하나님의 현존을 느끼게 하는 통로가 된다는 점에서, 종교적 삶과 예술적 삶은 서로 손을 맞잡고 가는 사이라고 하였다.

위와 같은 전제 하에 웨스터호프는 이 글에서 예술적 앎이 과학적 앎보다 종교적 삶과 영적 삶에 훨씬 적합한 방식인 것을 설명한다. 이를 위하여 그는 앎의 두 가지 차원, 즉 "지적이고 객관적 앎"과 "직관적이고 감성적 앎"

---

47   J. Westerhoff III, "What does the Zion have to do with Bohemia?," 5

을 여러 가지 예를 들어 비교한다. 지적인 intellectual 앎은 능동적인 의식의 상태에서, 객관적 의미를 추구하고, 생산적인 내용을 밝히려하며, 주로 언어적으로 표현되고, 구조와 명확성, 질서와 안전을 즐기며, 단선적이고, 논쟁적 스타일을 띠고 있고, 분석과 예측, 논리와 통제에 적합한 사고이다. 반면 "직관적이고 감성적 앎"은 수동적 의식의 상태에서, 주관적이고 경험적 의미를 추구하며, 비-언어적으로 표현되고, 반-구조와 모호성, 카오스와 굴복, 위험들을 즐기며, 전체적이고 감각적 스타일을 추구하고, 상상력과 신비, 놀람과 경험에 적합한 사고이다.[48]

그는 후자의 앎이 종교적 앎에 적합한 사고이며, 그것이 특별히 예배, 영성, 목회 등의 종교적 영역에서 얼마나 중요한지를 설명한다. 그는 특히 상상력의 중요성을 강조하며, 상상력을 불러일으키는 예술 없이는 우리 삶의 신비는 드러낼 수가 없다고 강조한다. 시와 노래 춤과 드라마, 삶에 대한 시적인 비전 없이 우리는 우리의 삶의 신비를 발견할 수 없다는 것이다.

또한 웨스터호프는 『아름다움 느끼기』에서 예술은 앎 knowing 의 방법일 뿐만 아니라, 봄 seeing 의 방법이며, 동시에 행동 doing 의 방법이라고 하는 점을 추가로 강조한다.[49] 예술은 우리를 거리두기를 통한 이론화와 도식화로 데려가는 것이 아니라, 예술 한 가운데로 우리를 참여하게 만들고, 이와 같은 예술의 상상적 힘은 결국 우리를 행동하게 하고, 움직이게 하며, 반응하게 한다는 것이다. 이같은 맥락에서 이들은 예술이 나타내는 미(아름다움)란 단순한 감각적 차원에서 그치는 것이 아니라 진과 선에 참여하게 하고 그것으로 우리를 변형시키는 힘이 있다고 강조한다. 왜냐하면 예술을 통한 미적 경험은 우리에게 세계를 열어 보여주고, 진리와 선의 세계를 들어내며, 이를 통해 우

---

48   위의 글, 7.
49   J. Westerhoff III & J. D. Eusden, *Sensing Beauty*, 11.

리의 존재됨을 새롭게 하는 힘이 있기 때문이라는 것이다. 이런 점에서 이들은 예술이 제사장적 역할(진리와 선을 통한 하나님의 현존을 계시)과 예언자적 역할(진리와 선이 없음을 통한 하나님의 부재를 고발)을 할 수 있다고 하였다.

또한 저자들은 이 책에서 예술(특히 시각적 예술)이 인간을 윤리적 삶에로 인도하는 통로가 됨을 밝힌다. 이들은 기독교 윤리의 핵심적 문제인 "기독교적 삶"이라는 것이 결국 어디에서 오는가를 묻고, 그것은 바른 판단과 결정에서 오는 것이 아니라, 그 보다 이전에 있는 "바른 봄vision"에서 오는 것이라고 하였다. 그들은 기독교인의 삶의 궁극적 목적은 인간의 삶과 역사에 함께 계시는 하나님의 현존에 대한 비전을 획득하는 것이라고 하였다. 따라서 윤리적 삶이란 지속적으로 하나님의 관점에서 현실을 보는 비전을 넓히는 것이고,[50] 따라서 '보기seeing'와 행동하기는 떨어져 생각할 수 없는 것이다. 보는 것과 윤리의 문제, 보는 것과 선의 문제는 본질적으로 불가분리의 문제인 것이다. 그렇게 보았을 때 보여줌을 통해서 예술은 우리를 선에 참여하게 하는 힘이 있는 것이다.

이러한 맥락에서 저자들은 기독교의 예전이나 교회의 건축과 같은 시각적 요소가 단순히 시각적인 것에 그치는 것이 아니라 우리의 하나님만남의 체험과 변형에 관련된 것임을 강조한다. 예를 들어 기도를 생각해 보자. 기도할 때 우리는 눈을 감는다. 보지 않으려고? 아니다. 하나님의 현존을 더 깊이, 더 잘 보기 위해서다. 따라서 기도란 '보기'이다. 우리는 우리가 보는 만큼의 존재가 된다. 교회의 건축과 예전은 하나님의 현존과 임재를 표현해 주는 시각적 환경이다. 이 시각적 환경에서 우리가 보는 만큼 그것은 또한 우리를 형성하는 것이다. 따라서 시각적 요소는 우리의 신앙에서 매우 결정적이다.

이 책의 결론 부분에서 저자들은 "교회를 위한 미학의 적용"이라는 제하에, 교회에서의 미학적 적용의 문제를 다룬다. 여기에서 저자들은 '보기

seeing'과 신앙은 서로 깊은 연관이 있다는 것으로부터 출발하여, 예술이 그 '보기'를 매개하여 신앙의 깊은 차원으로 인도한다는 점을 강조하며, 시각적 예술의 적용가능성에 초점을 맞춘다.[51] 그들은 교회의 건축이나 공간, 장식 등은 모두 신앙의 신비를 경험할 수 있는 환경으로 조성되어야 하고, 예전은 우리가 전인적으로, 즉 몸과 마음, 감각과 상상, 감정과 이성, 기억과 기술 등의 모든 차원이 참여할 수 있도록 시행되어야 한다고 강조한다. 그런 점에서 예전은 전적으로 시각적인 것과 드라마, 음악과 춤이 포함된 예술 작품이 되어야 한다고 하였다.

웨스터호프의 예술관련적 글들은 모두 하나의 분명한 기본 명제를 공유하고 있다. 그것은 예술이 직관과 감성 그리고 상상력을 불러일으키는 인식적 특성을 가지고 있고 이런 인식적 특징은 종교에서 일어나는 신비와 경외, 감탄을 육화하거나 초월적 하나님의 현존을 이해할 수 있는 최적의 통로가 된다는 것이다. 따라서 종교교육, 예배, 영성형성과 목회에서는 시와 노래, 춤과 드라마, 그림과 시각 이미지, 시적인 비전들과 같은 예술적 활동들이 핵심이 되어서 삶의 신비를 드러내고 학습자의 전인적 신앙성장을 조력해야 한다는 것이다. 이 같은 점은 웨스터호프가 예술을 인식의 방식으로 이해하고 있다는 점을 강력하게 뒷받침하는 증거가 된다.

3. 마리아 해리스의 종교적 상상력과 가르침

웨스터호프가 예술의 인식론적 측면에서 기독교교육의 실제에 접근하

---

50 위의 책, 43.
51 위의 책, 87.

였다면, 마리아 해리스^{M. Harris}는 이에서 더 나아가 예술의 관점에서 기독교교육의 이론 자체를 재구성하였다고 할 수 있다. 마리아 해리스는 기독교교육의 영역에서 그 누구보다 뜨겁게 예술에 관한 열정과 관심을 가졌고, 또 그 누구보다 깊이 있는 연구로 기독교교육의 예술적 접근의 폭과 넓이를 확대 심화시켰다. 그녀는 실제로도 교수로 재직했던 기간 동안 '예술과 종교교육'이라는 강의를 를 통해서 예술과 종교교육을 접목했던 실천적 예술교사라고 할 수 있다. 그녀는 박사학위 논문으로 예술과 기독교교육의 테마를 선택하였을 정도로[52] 일찍이 이 테마에 관심을 가졌고, 이 분야에서는 대표적인 저서 『가르침과 종교적 상상력』[53]을 발표하였다. 그 외에도 그녀의 다른 모든 저서들 안에는 그녀의 예술적 관심과 터치들이 엿보인다. 여기에서는 그녀의 대표적 저술 『가르침과 종교적 상상력』을 살펴보고, 이에 나타난 그녀의 예술적 접근을 평가해 보고자 한다.

『가르침과 종교적 상상력』은 이미 이 제목이 시사하고 있는 것처럼 가르침^{teaching}에 관한 책이고,[54] 그 가르침을 다른 어떤 방법으로가 아닌 '종교적 상상력'이라고 하는 눈으로 재조명하고 있는 책이다. 그래서 이 책은 교수방법적 차원, 학습심리적 차원, 제도적 차원을 다루고 있는 가르침에 관한 기존의 교과서들과는 근본적으로 다른 느낌을 주는 가르침에 관한 시 같고, 에세이 같고, 그림 같은 책이다. 해리스는 이 책의 서론에서 숙련된 교사는 어느 시점에서 "일상적 단조로움과 제한된 지루함에 안주할 것인가, 아니면 상상이 넘치는 교육적 세계 안으로 다시 태어날 것인가" 하는 선택의 기로에

---

52 그녀의 박사학위 논문 제목은 "종교교육의 재정의를 위한 미학적 차원(The Aesthetic Dimension in Redefining Religious Education)"이었다. 이 논문은 유니온 신학교의 Mary Tully와 콜롬비아 Teacher's College의 Dwayne Huebner의 지도 아래 쓰여졌다. 마리아 해리스의 생애와 활동에 관하여는 그녀의 친구이자 동역자였던 J. Smith가 2005년 2월 마리아 해리스가 타계한 후 종교교육잡지에 기고한 "Memorial: Maria Harris 1932-2005" Religious Education, Summer 2005를 참조할 수 있다: http://www.findarticles.com/p/articles/mi_qa3783/is_200507/ai_n15327674

53 Maria Harris, *Teaching and Religious Imagination* (New York: Harper & Row, Publishers, 1987).

54 위의 책, Introduction XV.

서게 된다고 하였다.[55] 해리스의 이 책은 그녀의 말대로 상상력의 눈으로 가르침을 그림으로써, 이를 읽는 사람을 상상이 넘치는 교육적 세계 안으로 초대한다.

이 책의 첫 번째 부분 "가르침 teaching"에서 해리스는 가르침에 관한 기존의 연구들이 주로 '내용'과 '방법'에 초점을 맞추고 있음을 지적하면서, 자신은 그에 대한 대안적 비전으로 가르침을 '종교적 상상력'에 의존하여 보겠다는 점을 밝힌다. 따라서 그녀는 이 책의 첫 번째 장을 '종교적 상상력을 고찰하는데 할애하는데, 종교적 상상력은 말하자면 가르침에 대한 이 책의 접근 방법이라고 할 수 있다.

이를 바탕으로 해리스는 2장에서 가르침을 '창조의 작업 work of creation'과 같은 것이라고 정의한다. 그러면서 그녀는 진흙작업의 은유를 사용하여 가르침의 패러다임을 '명상 contemplation', '참여 engagement', '형태부여 formgiving', '출현 emergence' 그리고 '해제 release'의 다섯 단계를 거친다고 하였다.[56] — 명상의 단계에서 우리는 가르침 그 자체와 교사와 학생, 그리고 소재들을 당신으로 Thou 보면서 침묵과 외경 가운데 이들을 명상한다. '참여'는 가르침의 두 번째 움직임으로, 조각가가 진흙을 느끼고, 만지고, 시험하고 알아가는 것처럼, 교사는 이 단계에서 소재에 뛰어들기, 소재와 씨름하기, 소재와 함께 뒹굴기를 하면서 소재에 참여한다. '형태부여'는 조각가가 진흙을 빚어 형태를 만들어내는 단계와 같은 단계로 이 단계에서 교사는 창조적 상상력을 통하여 내용과 소재의 윤곽을 잡고, 통합한다. 이 순간 교사는 예술가가 되어 형태를 만들어 낸다. '출현'은 학습자가 주어진 형태를 소유하게 되는 지점으로 가르침의 마지막에 일어나는 순간이다. 헬렌 켈러가 설리반의 기나긴 가르침 끝에

---

55 위의 책, XIV.
56 위의 책, 2장.

'water'라는 단어를 깨달은 순간처럼 출현의 순간은 신성의 시간에 속한다. 그것은 교사가 만들어 낼 수 있는 순간이 아니라, 신적 영역에 속하는 순간이다. '해제'는 가르침에서 교사가 손을 떼는 순간이다. 그리고 동시에 새로운 명상이 시작되어 창조적 작업이 시작되는 순간이기도 하다. 해리스는 진흙을 가지고 작업하는 예술적 단계들을 은유로 사용하여 가르침의 단계를 설명하면서, 춤의 은유를 가미하여 이 단계들은 춤의 스텝같이 앞뒤로도 움직이고, 회전과 역회전이 일어난다고 하였다. 따라서 이 단계들은 반드시 순서대로 일어나야하는 것은 아니라고 하였다.

　　연이여서 해리스는 가르침을 "성육신", "계시", "권능의 은혜", "재창조"라고 하는 은유를 사용하여 설명하고 있다. 그녀는 먼저 '성육신incarnation' 의 은유를 사용하여 가르침을 "소재의 육화"라고 할 것은 제안하였다. '성육신'개념은 한편으로 교사가 소재에의 실존적 참여를 통해서 스스로 소재 그 자체가 되어야 하는 소명이 있음을 보여주고, 다른 한 편으로는 존재중의 존재이신 하나님이 모든 존재하는 것들을 지탱해준다는 신비에 대한 단서가 되기도 한다고 하였다.[57] 이 말은 이 세상 모든 것이 하나님의 존재를 나타내는 소재가 될 수 있음을 암시하고 따라서 세상의 모든 형태들이 소재의 육화의 통로가 된다는 점을 나타낸다. 따라서 해리스는 가르침에서의 육화의 형태는 '언어적 형태', '대지형태', '육화된embodied 형태', 그리고 '발견을 위한 형태'들이 있다고 하였다.

　　육화된 소재는 해리스에게는 그 자체로 '계시'의 성격을 띤다. 계시는 형태 안에 구현된 진리를 깨닫게 되는 순간과 관계가 있다. 계시revelation란 드러나는 것이다. 덮여있고, 가려져 있고 은폐되어 있던 것이 한 순간에 '알았다!'라고 하며 깨닫게 되는 순간이다. 그렇기 때문에 계시는 세계와 사물의

57　위의 책, 42.

표면 아래 존재하는 더 큰 실재에 대한 자각, 그것을 볼 수 있는 눈을 뜨게 되는 것이다. 따라서 계시는 보고, 깨닫게 되고, 깨달으면서 믿게 되는 과정이다.[58] 그렇게 볼 때 그녀는 배움learning은 곧 계시의 과정이라고 할 수 있다고 하였다.[59]

교사가 소재의 육화가 되고, 소재의 학습이 계시가 되면, 그를 경험하는 사람은 "권능의 은혜grace of power"를 받게 되고, 이를 바탕으로 자신과 세계를 "재창조"할 수 있는 능력을 얻게 된다. 해리스는 가르침의 결과란 무엇보다 먼저 학습자가 수용자로서 받아들이는 능력이요, 또한 행동가로서 행하는 능력이라고 하였다. 이 능력은 결국 자신과 사회의 재창조를 지향하게 된다고 하였다.[60] 그렇게 볼 때 그녀는 가르침과 배움은 모두 이 사회를 재창조하는 것에 참여하기 위한 예술적 작업이라고 할 수 있다고 하였다.

위에서 살펴본 대로 마리아 해리스의 『가르침과 종교적 상상력』은 직접적으로 예술과 종교교육의 관계를 다룬 책이 아니다. 그러면 해리스의 이 책은 왜 기독교교육과 예술에 관한 그녀의 대표적 저술로 평가되며 되는가?[61] 이 책은 예술자체를 교육을 보는 틀로 삼고, 그 틀로 가르침에 대한 예술적 해석을 내리고 있다는 점에서 기독교교육에 대하여 '예술적 접근'을 하고 있는 책이고, 바로 이점이 해리스가 이 분야의 연구를 한 차원 높게 고양시키고 있는 점이다. 이 책은 예술과 종교와 교육의 깊은 관계를 강조하는 것을 넘어서서, 예술적 인식론인 상상력으로, 예술적 언어로, 그리고 예술적

---

58 위의 책, 64

59 이러한 계시의 과정으로 가장 적합한 방법으로 해리스는 키에르케고어의 간접적 의사소통을 소개하고, 이 경우에 있어서의 의도와 내용, 방법 및 교사학생의 관계에 관하여 서술하고 있다.

60 마리아 해리스는 사회적 재창조는 개인의 차원에서 인지발달, 학구적 합리주의, 개인적타당성, 기술, 사회 적응을 모두 포함하면서 이를 통합하는 것일 뿐 아니라, 어린이부터 사회의 모든 연령을 통합하는 대상성을 가지며, 학교 뿐만 아니라 공동체, 여가, 일, 가정 직업 등의 모든 상호작용의 장을 포괄하는 것이라고 보았다. 참조, 위의 책, 145이하.

61 J. Smith도 마리아 해리스에 대한 평가에서, 그녀의 『가르침과 종교적 상상력』을 가르침에 관한 예술적이며 미학적 책이라고 평가하고 있다. 참조, J. Smith, "Memorial: Maria Harris 1932-2005," *Religious Education* (Summer 2005).

은유로 가르침을 설명함으로써, 예술이 단순히 예술작품이나 활동을 넘어서서 이제는 교육을 보는 틀이 됨을 단적으로 보여준 책이라고 할 수 있다. 즉 마리아 해리스는 이 책을 통해서 예술적 인식론이 종교교육과 만날 때 무슨 일이 일어날 수 있는 지를 새롭게 보여주었다고 할 수 있다.

IV. 맺는 말

이상과 같은 고찰을 통해 우리는 예술적 인식론이 기독교교육과 만나 어떠한 일이 일어나는 지를 살펴보았다. 예술적 인식론은 무엇보다 먼저 예술이야말로 신앙의 다차원성을 담보하는 기독교교육의 통로가 될 수 있음을 보여주었다. 예술은 과학적 사고와는 다른 직관적 인식이요 감정적 사고이며, 또한 상상력을 불러일으키는 사고로서, 종교가 가지고 있는 신비와 신성함, 경외와 감탄을 육화하거나 이해할 수 있는 최적의 통로가 된다. 본 서는 그러한 측면에서 예술은 신앙을 인지적 측면으로만 보는 편협함을 넘어서서 신앙의 다측면성을 담보하는 통로가 될 뿐 아니라, 근본적으로 신앙을 표상하는 방식을 형성하는 기초가 된다는 것을 살펴보았다.

또한 본 서는 예술이 불러일으키는 인식이 단순히 앎에만 관계하는 것이 아니라, 보는 것과, 행하는 것, 되는 것becoming에 관여한다는 것을 살펴보았다. 그것은 예술적 경험 자체가 곧 진리를 깨닫는 사건이며, 또한 그를 바탕으로 세상을 재창조하는 행동을 불러일으키는 사건이기에, 교회의 모든 가르침과 예전과 목회는 그 자체로 미적(예술적) 경험이 되도록 해야 한다는 통찰을 준다.

마지막으로 우리는 마리아 해리스의 예술적 접근을 통해서 예술이 기독교교육을 설명하는 이론적 틀이 됨을 살펴보았다. 그것으로부터 우리는 예술적 인식론은 예술이 단지 기독교교육의 통로요 방법으로서만이 아니라, 기독교교육 자체를 새롭게 보고 재구성하는 틀이 된다는 점을 살펴보았다. 그 틀을 통해 가르침을 보았을 때, 그것은 창조의 활동이요, 성육화이며, 계시고, 재창조에로의 권능을 부여하는 예술적 활동이라고 하는 것을 깨닫게 된다. 그것은 결국 우리에게 기독교교육 자체가 세상을 창조시고 또한 지속적으로 재창조해 가시는 예술가로서의 하나님의 활동에 참여하는 예술적 행위라고 하는 것을 깨닫게 한다.

8
장

AI의 인식론적과

기독교교육

---

* 이 글은 「신학사상」 183집에 실렸던 "AI(인공지능)의 인식론적 문제와 기독교교육"을 수정·보완한 글임.

I. 들어가는 말

우리는 더 이상 AI^{Artificial Intelligence} 없이 살 수 없는 시대를 살고 있다. 레이 커즈와일^{Ray Kurzweil}은 어느 날 AI가 파업을 하면 우리 사회는 은행, 통신, 운송, 제조 등의 모든 영역이 중단될 수밖에 없고 우리의 문명은 순식간에 무력화될 것이라고 말했다.[1] 이처럼 우리 사회가 AI에 의존한다는 것은 단순히 그것이 우리에게 문명의 이기를 주는 것에서 그치는 것이 아니라, 우리 사회 자체를 바꾸고, 사람들의 삶의 패턴과 인간간의 관계 등을 바꿀 것이라고 하는 것을, 우리는 이미 3차 산업혁명의 핵심요소인 컴퓨터와 인터넷이 세상을 바꿀 때에 배웠다. AI는 소위 '4차 산업혁명'이라 불리는 시대의 가장 핵심적 기술 중 하나로서 이 시대를 사는 사람들의 삶의 패턴과 가치관 및 세계관을 이미 바꾸고 있고, 또한 앞으로도 바꾸게 될 것이다.

본 서는 AI가 이 시대 사람들의 삶의 패턴과 가치관을 바꾸게 될 것이라는 점에 주목하면서, 특별히 AI의 인식론에 초점을 맞추고자 한다. 인공지능^{artificial intelligence}이라는 단어는 말 그대로 인식과 관련된 개념이다. 인공지능은 인간처럼 생각하는 것을 목적으로 시작되었고, 오늘날에는 이미 여러 영역에서 인간을 뛰어 넘는 문제해결 능력을 보여주고 있다. 본 서는 인간처럼 사고하기 위해 생겨난 AI가 정말 인간과 같은 사고를 할 수 있는지를 밝히기 위해서 인간 사고의 특징인 '통전적 뇌의 작용', '몸과의 관계', 그리고 '상황성'이라고 하는 세 가지 관점에서 AI 인식론의 특징을 들여다 볼 것이다. 그

---

1   Ray Kurzweil, "How to make a Mind," *Futurist* 47 (Mar/Apr 2013), 14-17; "On My Mind, Long Live AI," Forbes (2015. 8. 15), 5.

리고 이를 바탕으로 AI가 인간을 뛰어 넘어 사고할 수 있지만, 인간과 같이 사고하는 것은 아니라고 하는 것을 밝히면서, AI인식론의 문제점과 그것이 이 사회에 미칠 수 있는 영향력들을 고찰해 볼 것이며, 아울러서 AI시대의 기독교교육의 방향을 함께 모색해 볼 것이다.

II. AI 발전사에 나타난 세 가지의 물결

인공지능이 과연 인간의 사고와 같은 사고를 할 수 있는지의 물음을 묻기 위해서 무엇보다 먼저 선행되어야 할 것은 그 같은 물음이 출현하게 된 AI의 발전사를 살펴보는 일이라고 할 수 있다. AI는 1956년 다트머스컨퍼런스Dartmouth Conference에서 그 개념이 처음 출현하였다.[2] 다트머스 대학의 교수였던 존 매카시John McCarthy와 마빈 민스키Marvin Minsky, 클라우드 샤논Claude Shannon Nathan, 나단 로체스터Nathan Rochester등에 의해 주최된 이 컨퍼런스는 컴퓨터, 신경망, 자연어의 처리과정 등에 대해 브레인스토밍 형식으로 토론하기 위해 열렸다. 이 컨퍼런스에서 "기계가 인간의 학습이나 지능을 시뮬레이션 할 수 있을 것"이라고 하는 개념이 나타났고, 존 멕카시John McCarthy는 이러한 필드를 "인공지능"이라고 칭하자고 주장하였다. 다트머스회의는 이로써 인공지능이라고 하는 이름이 탄생한 자리가 되었다. 그 이후 수 없이 많은 개념의 변화와 패러다임의 전환들이 AI영역에서 일어났고, 이 과정을 통해서 인간과 같이 생각하고 사고하는 AI 라는 개념이 점점 더 뚜렷해 졌다.

---

2   Christ Smith, *The History of Artificial Intelligence* (Washington: University of Washington, 2007), 4.

DARPA^{Defense Advanced Research Projects Agency}를 비롯한 인공지능 연구기관 및 연구자들은 인공지능의 패러다임의 변화를 크게 세 가지로 나누고, 이를 소위 "세 가지의 물결^{three waves of AI}"로 표현하고 있는바,[3] 여기에서는 이 세 가지의 물결을 중심으로 AI의 발전사를 살펴보도록 한다.

1. AI의 첫 번째 물결

DARPA에 의하면 다트머스 회의 이후 40-50년간은 소위 "AI의 첫 번째 물결^{the first wave of AI}"이라고 불리우는 시기로서, 이 시기의 AI는 기본 알고리즘을 사용하여, 게임에 이기거나, 세금을 계산하는 것, 논리를 증명하는 것과 같이 단계적으로 추론해 가는 형태를 띠었다는 특징을 가지고 있다.[4] 즉 이 시기 AI 시스템은 사람이 직접 입력한 논리적인 규칙을 기반으로 하여, 컴퓨터가 문제의 상황에서 중요한 매개 변수를 검토하고, 각 사례에서 취할 적절한 해결책을 제시하는 형식을 띠었다. 그래서 이 모델은 "수동적 AI^{hand-crafted AI}"라고 불린다.[5]

이 시기 AI의 대표적 예로 네덜란드 정부에 의해 고용되었던 "모드리아^{Modria}" 인공지능을 들 수 있다. 모드리아는 변호사의 개입을 최소화하면서 이혼하려는 커플들을 돕는 프로그램이었는데, 이 도구는 플랫폼에서 이혼하기를 원하는 부부들에게 이혼 시 중요한 변수가 되는 질문들, 예를 들어 자녀 양육권, 재산 분배 등에 대한 답변을 받는다. 그러면 모드리아 시스템이 그들

---

3 Peter Voss, "The Third Wave of AI," Futurist (Sep 2017); John Lounchy, "A DARPA Perspective on Artificial Intelligence"(2017), https://m.youtube.com/watch?v=-O01G3tSYpU; Roey Tzezana, Artificial Intelligence Tech Will Arrive in Three Waves, *Futurism* (March 2017).

4 Roey Tzezana, "Artificial Intelligence Tech Will Arrive in Three Waves."

5 Peter Voss, "The Third Wave of AI."

이 각 변수에 관하여 동의하거나 동의하지 않는 항목들을 확인 한 후, 토론과 협상을 통해 최적의 결과를 도출하도록 돕는다. 물론 모드리아의 질문들이나 토론 협상의 방식은 이미 기존의 이혼 전문가들이 해결했던 이혼사건들로부터 추출하여 입력된 원리들을 바탕으로 이루어졌다. 모드리아는 따라서 알려지지 않은 새로운 상황들에 대해서는 답을 할 수 없다는 문제를 가지고 있었다.

이 첫 번째 물결의 AI 시스템은 이처럼 명확하고 논리적인 규칙을 기반으로 한다는 장점이 있었지만, 기존에 있었던 매개변수나 원리들을 넘어서는 새로운 종류의 상황에 직면하면 문제를 해결할 수 없다는 단점을 가지고 있었다. 또한 그것은 "추론reasoning"에는 능했지만, 스스로 "학습learning"하거나, 그로부터 원리를 추출해 내는 "추상화abstracting" 능력은 없었다.[6]

1980년대에 들어 인공지능은 지식기반 시스템과 지식공학을 기반으로 하여 특정 영역들에 대한 전문설계 및 프로그램 구축으로 산업 및 기업 영역에 큰 기여를 하였다.[7] 전 세계의 기업들은 이러한 전문가시스템을 개발, 배치하기 시작하였고, 다양한 소프트웨어 및 하드웨어 회사들이 산업계를 지원하였다. 그러나 80년대 말과 90년대 초반 AI는 일종의 거품붕괴 현상을 경험하기도 한다. 애플과 IBM 회사의 데스크탑이 꾸준히 속도와 힘을 얻으면서, 하드웨어 전문시장이 갑작스럽게 붕괴되고, AI 기금도 삭감되면서, AI 산업은 얼어붙게 되는 현상이 일시적으로 나타나기도 하였다.

그 무엇보다 이 시기 AI 연구에서 강조되기 시작한 것은 '몸'의 문제였다. 인공지능이 실제로 인간의 지능처럼 기능하기 위해서는 실제로 감각하고 움직이며, 세계와 관계하는 몸체를 가질 필요가 있다는 것이었다. 이시기

---

6   Roey Tzezana, "Artificial Intelligence Tech Will Arrive in Three Waves."
7   Pamela McCorduck, *Machines Who Think*, 2nd ed. (Natick: A. K. Peters, Ltd, 2004), 421.

말기에는 따라서 '몸이 있는 인공지능embodied AI', 혹은 "누벨 인공지능nouvelle AI"라 불리는 인공지능의 패러다임에 대한 새로운 요청이 나타났다. 이러한 요청에 따라서 1980년대 후반 여러 연구자들은 로봇 공학에 기반 한 인공지능이라는 새로운 접근법을 시도하게 되었다.[8]

2. AI의 두 번째 물결

1990년에서 2010년 사이에 AI는 다시 새롭게 붐을 이루었다. 이 시기는 앞서 언급한 몸을 가진 AI, 혹은 누벨 AI와 같이 감각기관과 연결하는 AI가 출현했을 뿐만 아니라, 점차 첫 번째 물결이 가지고 있던 문제점들을 해결하는 과정이 시작되었고, 드디어 2010년 어간에 "AI의 두 번째 물결"이 본격적으로 시작하게 된다.[9]

이 두 번째의 물결을 이해하기 위해서는 DARPA가 시도하였던 2004년의 프로젝트를 살펴볼 필요가 있겠다.[10] 다르파는 15대의 자율주행자동차로 모하비사막에서 150마일을 완주하는 프로젝트를 시행했다. 참여했던 자동차들은 '1차 물결 AI 시스템' 기술, 즉 '규칙기반 AI' 기술을 장착한 자동차들이었는데, 이 프로젝트에서 단 한 대도 완주하지를 못하는 결과를 낳았다. 참패의 원인은 차량에 입력되었던 규칙들보다 실제의 상황이 훨씬 복잡했기 때문이었다. 그 차량들의 카메라에 찍힌 모든 그림들은 하나같이 미리 입력된 규칙으로는 커버할 수 없는 새로운 상황들이었다. 예를 들어 그들은 어두운 이미지의 형체들이 돌인지, 혹은 멀리 있는 대상인지, 단순히 구름으로 인

---

8   참조, Rodney Brooks, "Elephants Don't Play Chess," *Robotics and Autonomous Systems* 6 (1990), 3-15.

9   Peter Voss, "The Third Wave of AI," *Futurist* (Sep 2017).

10   Roey Tzezana, "Artificial Intelligence Tech Will Arrive in Three Waves."

해 생긴 그림자인지를 구별해 내지를 못했다. 이 실험은 "첫 번째 물결 AI"의 한계, 즉 입력된 법칙에 근거하여 문제를 해결하는 방식은 그 법칙을 넘어서는 새로운 상황에 직면하였을 때, 문제를 해결할 수 없다는 한계를 분명히 보여주었다.

그러나 그로부터 1년 후 DARPA가 다시 같은 경주를 시도하였을 때는, 새로운 모델을 장착한 5개 그룹의 자동차가 트랙을 성공적으로 끝까지 완주하였다. 이들은 첫 번째 모델과는 달리 '통계적 학습statistical learning'에 의존하였는바, 이 모델은 '정확한 규칙'에 그다지 구애받지 않으면서, 특정 유형의 문제에 대해서 스스로 데이타들을 활용하여 통계적 방법으로 해결책을 모색하였는데, 그 과정에서 스스로를 학습시켜 가면서 가장 개연성이 있는 해결책 찾아냈다. 이것이 바로 새로운 AI 패러다임, 즉 "두 번째 물결 AI" 모델이었다.

AI의 두 번째 물결은 소위 '통계적 모델statistic modell'이라고 칭해지기도 한다.[11] 이 두 번째 물결의 AI는 단순히 인간이 입력한 법칙대로 문제를 해결하는 것이 아니라, 스스로 상황을 식별해 내고, 다양한 데이타들을 그에 맞게 수집하거나 분류하고, 이러한 통계적 자료를 기반으로 하여 상이한 상황에 맞게 자신을 적응하는 시스템이다. 이러한 '두 번째 물결 AI'의 핵심적 개념은 "인공신경망artificial neural networks"개념이라고 할 수 있다. 인공신경망 속에서 데이터는 여러 개의 전산 층들computational layers을 거치는데, 각각의 층에서 데이터를 처리하고, 그것을 그 다음 레벨로 넘겨준다. 그러면서 데이터들은 서로 연결되고 정교화되면서, 최종의 해결책에 도달하게 된다.

이러한 두 번째 AI 시스템의 가장 결정적 특징은 인공신경망을 통해서 정보를 수집하고 연결하여, 결국 궁극적 결과를 도출하는 과정에서 "스스로

---

11 위의 글.

학습한다"는 것이다. AI의 데이타를 처리하는 이러한 과정을 "딥러닝 deap learning"이라 칭하는데, 이것이야말로 "두 번째 물결 AI"의 결정적 특징이라 할 수 있다. 딥러닝을 통해서 AI는 학습 데이타 자체를 선택하고, 태그하고, 형식을 지정 format 할 수도 있고, 과제에 맞게 관련 데이타와 네트워크들 사이의 무수한 시스템 변수들을 서로 조율하고, 연결하여 효과적으로 작동하도록 일한다. 1차 물결의 AI, 즉 "GOFAI Good Old Fashioned AI"가 인간이 직접 입력한 지식으로 프로그래밍하는 모델이었다고 한다면, 2차 물결 AI는 데이터 처리방법을 스스로 제공하여 자동으로 '프로그래밍' 한다. 딥러닝은 전통적 접근을 완전 넘어서는 엄청난 컴퓨터 파워를 증가시켰다.[12] 딥러닝은 음성 및 이미지 인식, 목소리 필사 등에서 인간을 능가하는데 성공했고, 번역에서도 큰 성공을 이루었으며, 자율 주행 자동차, Alexa와 같은 의사소통 플랫폼을 만들었다.

이처럼 "두 번째 물결 AI"는 통계적 학습시스템으로 문맥을 이해하고, 상황에 맞게 대처하는 데에는 첫 번째 물결 AI에 비하여 성공적이었지만, 사실 이 시스템은 논리적 능력에 있어서 한계를 가지고 있었다.[13] 즉 첫 번째 물결 AI가 '정확한 룰'에 의거하여 작동하였다면, 두 번째 모델 AI는 소위 "충분히 잘 작동하기 work well enough"의 법칙에 따라 작동한다는 것이다. 따라서 이 두 번째 물결의 아킬레스건은 누구도 그들이 어떻게, 그리고 왜 그렇게 결정했는지를 모른다는 것에 있다는 것이다. 즉 두 번째 시스템이 과제를 수행하는 데 성공적이기는 하나, 우리는 그들이 어떻게 해서 그렇게 했는지, 그들이 의존하고 있는 기초적 방법론 methodology을 이해하지 못하고 있다는 것이다.

12　Peter Voss, "The Third Wave of AI."
13　Roey Tzezana, "Artificial Intelligence Tech Will Arrive in Three Waves."

마이크로소프트가 2016년에 시도해 본바 있는 소셜미디어 채팅로봇 테이^{Tay}가 이것이 가지고 있는 위험을 잘 설명해 준다. 테이는 19살 정도의 미국 청소년 여자로 설정되었고, 소셜미디어에서 인간처럼 대화하도록 설계되었다. 테이는 미국의 틴에이저가 쓰는 슬랭을 사용하며 장난치듯 대화를 주고받을 수 있게 설계되어 있었다. 그런데 그 채팅의 과정에서 청소년들이 그녀에게 히틀러가 성공적인 인물인 것처럼 말했고, 심지어 9·11 테러가 특정 집단에게는 거룩한 사명수행이었으며, 이민자들은 미국국민들에게 저주와 같다는 말을 은연중에 표현하였다. 그런데 그러한 대화를 하고 몇 시간이 안 되어 그녀는 들은 지식들을 적용하여, 실시간으로 트위터에다가 주장하기를, "부시가 9·11 테러를 일으켰고, 히틀러가 지금 우리의 원숭이(당시의 미국 대통령 오바마를 지칭함)보다 낫고, 히틀러는 나쁜 짓을 하지 않았다"고 하였고, 연이어 성차별적, 인종차별적 발언들을 쏟아놓았다.[14] 결국 마이크로소프트는 테이를 출범시킨 지 하루가 못되어 셧다운 할 수밖에 없었다.

테이가 보여준 예는 "두 번째 물결 AI"가 직면하고 있는 '인과관계^{casuality}' 문제를 결정적으로 노출하고 있다. 즉 이 시스템에서는 어떻게 인풋이 아웃풋으로 변환되는지, 그리고 수많은 데이타들이 어떻게 하나의 결정에로 도달하게 되는지 정확한 경로를 모른다는 것이다.[15] 뿐만 아니라 두 번째 물결 AI는 여전히 환경^{context}에 대해 최적의 적응과 조절을 나타내지 못하고 있다는 것을 보여준다. 예를 들어서 두 번째 물결 AI가 '전동칫솔'을 손에 들고 있는 어린 아이의 사진을 보고, "야구배트를 들고 있는 아이"라고 하는 답을 내 놓은 적이 있다.[16] AI가 스스로 수 없이 많은 통계적 자료들을 사용하여,

---

14 Ashley Rodriguez "Microsoft's AI millennial chatbot became a racist jerk after less than a day on Twitter," (March 2016), 24. https://qz.com/author/arodriguezqz/.

15 Roey Tzezana, "Artificial Intelligence Tech Will Arrive in Three Waves."

16 John Lounchy, "A DARPA Perspective on Artificial Intelligence."

야구배트일 가능성이 가장 높다는 결론을 내린 것인데, 인간은 결코 그런 결론을 내리지 않는다. 이러한 경우들을 바탕으로 해서 보았을 때, 두 번째 물결 AI는 여전히 사람에 비해서 실제 세상, 즉 환경에 대한 적응과 조절 능력이 현저하게 부족함을 보여주고 있다는 것을 알 수 있다.

3. AI의 세 번째 물결

위에 언급한 바 있는 2차 물결 AI의 문제점들을 인식하면서 많은 AI 전문가들이 현재의 AI에 근본적 변화가 필요하다고 주장하였다. 구글 딥마인드 창시자인 데미스 하사비스 Demis Hassabis 는 "현재의 AI 프로그램은 그다지 똑똑하지 않다"고 하였고, 딥러닝의 선각자인 제프리 힌튼 Geoffrey Hinton 도 "현재의 AI는 모두 던져버리고, 새로 시작해야 한다"고 하였다.[17] 같은 맥락에서 핀란드의 인공지능 학자 해리 발폴라 Harri Valpola 는 현재의 AI는 세계의 법칙을 분명히 코드화 하지 않는 특성을 가지고 있어서 소위 "model free" 모형이라 불리지만, 이 모형은 현실세계에 맞는 모델이 아니라고 하였다.[18] 세상에 대한 정해진 법칙 없이 수십억 개의 시도들을 통해서 가장 좋은 해결책을 도모하는 "모델 프리" 모델은 실험실에서는 적당할지 모르지만, 실제 세계에 적당한 모델은 아니라고 하였다.

그러면서 그는 실제 세계에 대해서 인간의 뇌는 그렇게 작동하지 않는다고 하였다. 인간의 뇌는 하나의 문제를 해결하기 위하여 수억 개의 가능성을 가져오지 않는다는 것이다. 예를 들어 우리가 주말에 상사에게 무엇인가

---

17 Peter Voss, "The Third Wave of AI,"; Mike James, "Geoffrey Hinton Says AI Needs To Start Over," *I-Programmer* (Sep 2017).

18 Rowland Manthorpe, "Harri Valpola dreams of an internet of beautiful AI minds," *WIRED* 23 (Sep 2017).

를 알려야 할 때, 우리는 수억 개의 가능성을 가져와서 그것들 중 하나의 유용한 결론에 도달하지 않는다. 물론 우리는 주말에 이메일로 해야 할 지, 아니면 월요일까지 기다렸다가 면대면으로 말해야 할 지 잠시 고민할 수는 있다. 그러나 우리가 고민하는 순간 우리는 세상을 한 순간에 입체적으로 소환한다. 상사와의 관계, 자신이 상사와 지금까지 맺어온 관계의 경험들, 회사에서의 자신의 위치, 나의 삶의 지향성과 목표 등 모든 것이 한꺼번에 나의 사고 속으로 입체적으로 소환되고, 거기로부터 적당한 결정을 하게 된다. 인간은 상황 속에 있는 존재로서, 상황에 대한 동시적이고 입체적인 사고를 할 수 있다. 또한 만일 누군가 우리에게 왜 그러한 결정을 내렸는지를 묻는다면, 바로 왜 그렇게 결정했는지를 반대방향으로 생각을 돌려서 설명할 수도 있다.

이와는 반대로 인공신경망은 그렇게 할 수 없다. 인공신경망은 '선적^{linear}' 이다. 수백 수천의 다양한 가능성들을 순서대로 소환하면서, 그것으로부터 통계학적으로 최적의 결정을 내린다. 그러나 인간은 그렇게 사고하지 않는다. 인간은 자신의 '손'을 보면서, 그것이 손일 가능성을 찾기 위해서 수천, 수백의 다양한 가능성을 대비시킨 후에 손이라고 인식하지 않는다. 그러나 인공신경망이 손을 알아보는 방법은 그것을 픽셀로 분해한 사진을 보는 것과 같다. 인공신경망은 그 픽셀을 통과하는 각 공간마다 일련의 넘버들을 부과한다. 그 넘버들의 종합으로부터 가장 가깝게 닮은 값을 해결책으로 내놓는다. 앞의 두 번째 물결 AI가 '전동치솔'을 들고 있는 아이의 사진을 '야구배트'를 들고 있는 아이라고 한 것도 이와 같은 과정을 통해서 나온 결론이다. 이것이 바로 AI가 상황성이 떨어진다는 단적인 예인 것이다.

인간은 또한 손을 들여다 볼 때, 그것을 다른 것들과의 관계성 속에서 본다. 다른 쪽의 손, 우리의 전체 몸 가운데서의 손, 손에 대한 개인적 경험의 역사 속에서 … 등등. 눈은 우리에게 그것이 손이라고 하는 것을 알려주지만,

우리의 뇌는 그와 같은 콘텍스트들 속에다 손을 놓으면서 그것을 이해한다. 이러한 맥락 속에서 발폴라는 새로운 형태의 AI는 인간의 뇌가 생각하는 것과 같이 생각하는 "관계적 모델relational model", 혹은 상황을 볼 수 있는 "콘텍스트 모델contextual model"이 되어야 한다고 하였다.[19]

DARPA 프로젝트도 AI 시스템에 오게 될 제 삼의 물결은 그 무엇보다 세상이 어떻게 작동하는지를 설명하는 것에 초점을 두는 "상황적 모델contextual model"이 될 것이라고 하였다. 즉 제 삼 물결 AI는 "상황적 모델"이 되기 위하여 '인식', '학습', '추상화', '판단'의 모든 측면들을 강화해야 하고, 그를 통해 콘텍스트에 최적화 되는 모델로 되어가야 할 것이라고 하였다.[20]

이와 같은 점들을 바탕으로 해서 보았을 때 제 3물결 AI는 결국 인간처럼 생각하는 것을 지향한다고 할 수 있다. 인간처럼 스스로 '학습'하면서도, '추상화'와 '판단'을 하며, 그 무엇보다 인간처럼 '상황성'을 갖는 것을 목표로 한다는 것이다. AI 전문가들은 제삼물결의 AI 시대에는 인공지능이 인간 뇌의 모든 기능을 인간과 같이 수행하고, 결국은 인간처럼 의식mind을 가지는 순간이 올 것이라고 예측하면서, 이것을 소위 "강 인공지능strong AI", 혹은 AGIArtificial General Intelligence라고 칭하였다.

"강인공지능"은 "약인공지능weak AI"이 단순히 인간의 인지기능을 모방하는 것에서 그친다면, 그와는 대조적으로 실제로 인간과 같은 지능을 총체적으로 갖춘 인공지능을 의미한다. 즉 '강인공지능'은 인간의 지능과 같이

19   위의 글.
20   DARPA는 세 물결을 아래의 표와 같이 비교하면서 제 3 물결 AI에게 모든 측면의 보강이 일어날 것이며, 이를 통해 상황성이 최적화 될 것이라고 하였다.

'판단', '추측', '계획', '학습', '대화' 등이 모두 가능한 인공지능이고, 인간처럼 의식 consciousness 을 가지고, 객관적 사고를 하며, 자기의식 self-awareness 을 가지고, 감각 sentience 을 가진다는 것이다.[21] 커즈와일은 "약 인공지능"이 "좁은 인공지능 narrow AI"으로서 특정 작업에 대해서만 인간의 지능과 동일하거나 그 이상의 기능을 하는 기계지능이라면,[22] '강인공지능'은 우리 뇌의 모든 영역 full range 을 커버하면서 인간과 동등한 지능을 발휘할 수 있는 AI라고 하였다. 그리고 그는 인류가 곧 이 수준에 도달할 수 있을 것이라고 말했다.[23]

그러한 '강인공지능'은 "일반적 인공지능 Aritificial General Intelligence"으로도 표현되는데, 그것은 결국 강인공지능이 인간의 일반적 지능의 수준에 도달하기 때문이다. 인공지능은 궁극적으로 인간의 일반적인 지능에 도달하여 인간의 모든 지능의 영역을 포괄하고 커버하는 수준에 도달하게 된다는 것이다. 이 수준에 도달하는 순간 제 3 물결 AI는 결국 "특이점 singularity"에 도달하게 되고, 이 특이점과 더불어 인공지능은 인간을 뛰어 넘게 된다는 것이 커즈와일의 예측이다.[24] 커즈와일이 이 같은 특이점이 2045년에 온다고 하였다면, 한스 모라벡 Hans Moravec 은 2040년 경 이 시기가 온다고 예측하였다.[25] DARPA 보고서는 스티븐 호킹, 닉 보스트롬 Nick Bostrom, 앨론 머스크 Elon Musk 등이 그 시점은 반드시 올 것이라고 예측했다는 것과, 또한 그것이 실현되었을 때에는 인류가 순기능적 잇점 뿐만 아니라 역기능적 위험에도 대비해야 할

21 Jake Frankenfield, "Strong AI," https://www.investopedia.com/terms/s/strong-ai.asp.

22 이 약인공지능으로 우리는 전자메일을 보내거나, 심장질환의 발견, 항공기 진단, 자율무기 안내 등을 할 수 있는데, 이러한 종류의 '약인공지능'은 이미 우리 삶의 곳곳에서 작용하고 있다고 하였다. Ray Kurzweil, "On My Mind, Long Live AI," *Forbes* (08. 15. 05).

23 Ray Kurzweil, "On My Mind, Long Live AI."

24 Ray Kurzweil, *The Singularity is near* (New York: Penguin Books, 2005).

25 Hans Moravec, *Mind Children: The Future of Robot and Human Intelligence* (Cambridge: Harvard University Press, 1988), 한스 모라벡, 『마음의 아이들, 로봇과 인공지능의 미래』 (서울: 김영사, 2011), 27; 닉 보스트롬(Nick Bostrom)이나 엘론 머스크(Elon Musk), 빌 게이츠(Bill Gates), 스티븐 호킹(Stephen Hawking)들도 이 같은 시기가 반드시 올 것이고, 이 시기가 가져올 수 있는 위험에 대해 대비해야 한다고 예측하였다.

것을 예견하였다.[26]

III. AI의 인식과 인간의 인식 비교

앞에서 우리는 제 3물결 AI시대가 본격적으로 도래하게 되면 '강인공 지능'이 나타나고, 이 AI가 결국은 인간의 일반적 지능[AGI]에 도달할 뿐만 아니라, 인간처럼 "마음"을 갖게 된다는 예측들이 제시되고 있는 것을 살펴보았다. 본 장에서는 AI가 과연 인간처럼 사고할 수 있는지를 AI인식과 사람의 인식을 비교하여 살펴보려고 하는바, '통전적 뇌의 작용', '몸과의 관계', 그리고 '상황성'을 중심으로 살펴보고자 한다.

1. 통전적 뇌의 작용과 AI의 사고

'Artificial Intelligence'라는 단어 안에는 이미 인간 뇌의 지능을 인공적으로 기계가 대신한다는 개념이 내포되어 있다. 따라서 AI는 인간 뇌의 작용을 똑같이 수행하는 것으로 이해되었고, 이를 위해서 많은 연구와 노력들이 쏟아 부어 졌다.[27] 커즈와일은 AI의 기능을 인간 뇌의 신피질[neo-cortex]의 기능과 동일하다고 보면서, AI가 신피질과 같은 작동방식으로 움직일 때 결국은 인간의 뇌처럼 사고하는 단계로 발전해 간다고 하였다.[28]

---

26   Roey Tzezana, "Artificial Intelligence Tech Will Arrive in Three Waves."

커즈와일은 이 세상의 소설, 노래, 그림, 과학적 발견을 비롯하여 온갖 생산물들이 바로 이 신피질로부터 연원한다고 하면서, 이 신피질의 작동원리를 발견하는 것이야말로 곧 모든 인간의 지식과 기술을 재현해내는 것이고 또한 새로운 지식을 창조해 내는 길이라고 하였다.[29] 그런데 그는 이와 같은 신피질의 메커니즘이 매우 복잡한 것 같지만, 실제로는 수백억 개의 뇌세포와 수조 개의 연결이 지극히 반복적인 구조로 되어 있기 때문에 쉽게 파악할 수 있다고 하였다.[30] 그는 신피질이 작동하는 메커니즘을 이해하는 것이 가능할 뿐만 아니라, 이 메커니즘을 아는 것이야말로 뇌와 동일하게 작동하는 알고리즘을 설계할 수 있는 길이 시작되는 것이며, 그것으로써 AI에게 인간처럼 사고하는 길이 열리는 것이라고 하였다.[31]

그는 이미 IBM의 왓슨이나 시리 Siri 와 같은 제품에 적용된 AI의 기술은 인간 신피질의 수학적 작동 방식과 거의 비슷한 수준에 도달하였고, 2020년대 말에는 신피질의 지능을 완벽히 모방하는데 필요한 하드웨어와 소프트웨어가 모두 갖춰질 것이고, 그 이후 더 이상 컴퓨터 지능과 생물학적 인간의 지능을 구별할 수 없게 되는 날이 올 것이라고 하였다.[32] 그는 또한 AI는 인간 신피질의 확장자를 클라우드에 두는 것과 같은 것이라고 하였다. 따라서 AI는 뇌에 대해서 "디지털 확장자 digital neo-cortex"인 셈이며,[33] 이 디지털 신피

27 P. S. Churchland and T. J. Sejnowdki, "Perspectives on cognitive neuroscience," *Science* (1988), 242, 741-745; D. O. Hebb, *The Organization of Behavior* (Mahwah: Taylor & Francis e-Library, 2009), Alan Turing, Computing machinery and intelligence. *Mind* 236, (1950), 433-460; J. J. Hopfield and D. W. Tank, Computing with neural circuits: a model. *Science* 233 (1986), 625-633; D. Hasabis, D. Kumaran, Ch. Summerfield, M. Botvienick, "Neuroscience-Inspired Artificial Intelligence," *Review* 95 (July 2017), 245-258.

28 Ray Kurzweil, *How to Create a Mind, The secret of Human Thought Revealed*, 윤영삼 역, 『마음의 탄생』(서울; 크레센도, 2013), 15이하.

29 위의 책, 24.

30 위의 책, 25.

31 위의 책, 23.

32 Ray Kurzweil, *The Singularity is near*.

33 Ray Kurzweil, "How to make a Mind."

질은 우리에게 정보를 백업하는 장치이자, 우리 두뇌의 기능을 기하급수적으로 확장해 주는 역할을 할 수 있다고 하였다.[34]

커즈와일은 이처럼 AI를 인간 뇌의 신피질과의 연속성에서 생각하였다. 그러나 이와 같은 커즈와일의 입장은 그가 인간 뇌의 통전적 작동방식을 지나치게 '신피질' 중심적으로 환원하고 축소하고 있는 것이라고 할 수 있다. 현대의 뇌이론들을 바탕으로 해서 보았을 때, 인간의 뇌는 고도의 정신기능을 담당하는 신피질 만이 아니라, 진화론적으로 좀 더 오래된 뇌[old brain]인 포유류의 뇌[림빅, lymbic]와, 파충류의 뇌[Reptillian]를 모두 포함하고 있다.[35] 즉 인간의 뇌는 신피질 뿐만 아니라, 그 아래층에 자리하고 있는 중뇌, 즉 감정을 관장하는 림빅[lymbic]과, 기초적 욕망을 관장하는 속뇌, 즉 렙틸리안[Reptillian]이 모두의 상호작용함을 통해서 통전적으로 작동한다. 물론 커즈와일도 우리 뇌의 이러한 삼중 구조 및 각 뇌들의 특성과 기능을 언급한 바 있다.[36] 그럼에도 불구하고 그는 결국은 신피질이 다른 올드브레인(중뇌와 속뇌)의 기능을 아우르면서 조율할 뿐만 아니라, 그들에게서 넘겨받은 문제를 '재정의' 함으로써 해결하기 때문에 결국 신피질에 모든 뇌의 기능이 집중된다고 하였다.[37]

이 같은 커즈와일의 생각은 우리 뇌를 통전적 상호작용의 기관으로 보기보다는, 신피질 중심적 기관으로 환원하는 생각이라고 할 수 있다. 일례로 림빅은 맛, 냄새, 색깔, 촉각과 같은 감각정보들과 그것에 대한 기억 및 반응

---

34 위의 글.

35 뇌의 구조에 대한 이론은 "2뇌이론," 혹은 "삼중뇌이론," 혹은 "4중뇌이론" 등 다양하다. 커즈와일이 제시하고 있는 뇌는 소위 '삼중뇌(triume brain theory)'이론으로, 인간의 뇌가 신피질(neo-cortex), 중뇌(lymbic), 속뇌(Reptillian)의 삼중으로 이루어 졌다고 보는 입장이다. 본 서에서는 커즈와일이 집중하고 있는 삼중뇌이론에 국한하여 살펴보고자 한다. 참조, Paul D. Maclean, *The Triune Brain in Evolution* (New York, London: Prelum Press, 1990)

36 Ray Kurzweil, *How to Create a Mind*, 145이하.

37 위의 책, 147.

을 연산해 내고, 그러한 정보를 신피질에 들여보내는 일을 한다. 예를 들자면 림빅은 우리가 어렸을 때부터 익숙한 맛, 냄새, 색깔, 감촉들을 기억하고, 그 것들에 대한 감정을 기억함으로써, 우리의 정서적 흥분과 억제, 혹은 어떤 행 동들에 대한 결정과 선택을 가능하게 한다. 즉 비록 신피질이 모든 고등정신 기능을 담당한다 하더라도, 림빅의 감각적 기억과의 상호작용이 우리로 하 여금 결국 사물의 오호(좋고 싫음)를 분별하고, 행동에 대한 결정을 내리는 통 로가 된다는 말이다. 그렇게 볼 때에 신피질은 림빅과의 상호작용 없이 작용 이 불가능하다.[38]

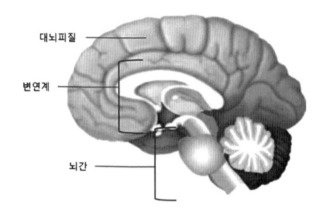

〈삼중뇌 구조〉

신피질은 또한 렙틸리안과도 서로 의존적으로 상호작용을 한다. 렙틸 리안은 인간의 기본적 생존과 번식을 위한 원초적 욕망, 그리고 쾌감과 공포 를 관장하는 뇌이고, 생존과 본능의 욕구를 관장함으로써 우리의 행동에 추

---

38 커즈와일 스스로 제시하였던 예, 즉 림빅의 '시상(talamus)' 부분에 손상을 입은 앤 퀸란이라는 여성이 10년 간 식물인간이었으나, 사망 후 시신부검 결과 신피질은 정상이었다는 예는, 우리의 뇌가 림빅 없이 작동조 차도 불가능함을 잘 보여주는 예라고 할 수 있다. 커즈와일 자신도 인정하고 있듯, 림빅의 시상이 신피질을 관장하는지, 신피질이 시상을 관장하는지 아직 명확하게 규명되지 않았을 정도로 림빅과 신피질 간의 관계 는 서로 의존적인 것이다. Ray Kurzweil, *How to Create a Mind*, 153. 155.

동을 일으킨다. 그러나 커즈와일은 이것 또한 신피질에 의하여 조종된다고 하였다. 예를 들어 렙틸리안은 어떤 상대를 만났을 때 그와 싸울 것인지, 피할 것인지를 결정하는 기능을 하는데, 커즈와일은 이것조차 신피질의 판단기능, 즉 상대가 친구인지, 적인지의 판단기능에 영향을 받는 것이라고 하였다.[39] 뿐만 아니라 그는 우리를 더 이상 파충류처럼 목숨을 건 결투를 벌이거나 먹이를 얻기 위해 사냥에 나설 필요가 없게 하는 것은 신피질이 그러한 본능을 창의적 노력으로 승화시키기 때문이라고 하였다.[40]

그의 말대로 신피질이 렙틸리안의 추동과 본능을 승화시킨다 하더라도 우리가 간과해서는 안 되는 것은 추동과 본능 자체의 드라이브는 렙틸리안으로부터 온다는 것이다. 원천이 없는 승화는 드라이브를 상실한 승화일 뿐이다. 인간 뇌의 작용의 많은 목표는 이 올드브레인에서부터 물려받은 쾌락과 공포, 그리고 생존과 번식의 욕망으로부터 온다. 신피질이 이것을 승화시키는 역할을 한다 하여도 사고의 드라이브 자체는 올드브레인으로부터 온다는 것, 그리고 이들의 작동 없이 신피질의 활동은 목적과 방향을 상실한다는 것은 변함이 없는 것이다.

그렇게 보았을 때 인간의 뇌의 작용을 신피질에만 국한시켜 보는 것은 축소주의이고 환원주의이다. 무엇보다 AI가 중시하는 학습기능의 큰 부분이 림빅의 해마Hypocampus에서 일어난다. 해마는 기억과 관련하여 우리가 경험하는 새로운 것들을 신피질로 보내 장기기억으로 저장하도록 하는 역할을 한다. 따라서 해마에 손상이 온 사람들은 눈앞에 일어난 새로운 일들을 경험은 하나 기억으로 저장하지 못한다.[41] 해마가 전해준 기억을 저장하는 곳은 신피질이지만, 해마가 없으면 기억 자체가 불가능하다. 때문에 최근의 AI 연구

---

39 위의 책, 165.
40 위의 책, 165; Ray Kurzweil, "How to make a Mind."
41 헨리 몰래슨의 발견, 참조, Wikipidia, "헨리 몰래슨," https://ko.m.wikipedia.org/wiki/헨리_몰래슨

는 AI의 학습을 딥러닝으로만이 아니라, 포유류 뇌(림빅)의 학습과 같은 형태로 보충하려고 하는 움직임이 있다.[42]

그러나 학습을 림빅과 연결시키는 순간 이것은 AI의 영역을 벗어난다. 왜냐하면 림빅은 감정과 연결되어 있고, 감정의 영역은 기계가 느낄 수 있는 것이 아니기 때문이다. 물론 최근 들어 AI가 감정을 코드화하고, 분석하고, 그것을 정보화하는 일들을 시도한다.[43] 그러나 그것은 감정의 분석이지, 실제로 AI가 인간처럼 감정을 느끼는 주체가 되는 것은 아니다. 인간의 감정은 영·유아부터 청소년을 거쳐서 성장하면서 축적되고 형성되는 것이고, 림빅이 바로 그러한 어렸을 때부터의 경험을 기억하면서 매 순간 감정의 변화들을 이끌어가는 근원이 된다. AI는 수많은 감정들을 통계적으로 수집할 수 있을지 모르지만, 한 개인에게 종단적으로 형성되는 것과 같은 개인의 생애사에 기반한 감정을 가질 수는 없다. AI 자신의 생애사가 없기에.

위와 같은 사실들을 바탕으로 해서 보았을 때, AI가 인간의 신피질의 작용을 모방하여 인간과 같이 생각하게 된다는 것은 뇌의 일부분만을 모방하는 것이고, 또한 역으로 인간 뇌의 통전적 상호작용을 모방하려 한다해도, 이것은 AI에게 실제적으로 불가능한 일이다.

2. 인간의 몸과 AI의 사고

인간의 모든 사고에는 인간의 전 감각이 참여하고 있다. 예를 들어 우

---

42 Demis Hasabis, Dharshan Kumaran, Christopher Summerfield, Matthew Botvienick, "Neuroscience-Inspired Artificial Intelligence," *Review* 95 (July 2017), 245-258,

43 M. Dragoni, S. Poria, E. Cambria, "OntoSenticNet: A Commonsense Ontology for Sentiment Analysis," *IEEE Intelligent Systems* 33 (July 2018), 77-85.

리가 '통증'이라는 개념을 이해한다고 해보자. 실제로 몸에서 감각적으로 경험되는 통증을 바탕으로 하지 않고 이 단어를 제대로 이해할 수 있기는 어렵다. 그렇게 보았을 때 AI가 인간과 같은 몸을 가지지 않는 한 인간과 같은 의미에서 통증을 이해 수는 없다. 아마도 AI는 통증에 대한 정의, 동의어, 적절한 대처법을 제시할 수 있을지는 모르지만, 통증이 어떤 것인지 인간과 같이 느끼고, 느낌으로써 알 수는 없다. 마찬가지로 기계에게 '고양이'라고 하는 단어를 알도록 했다고 가정해 보자. 기계는 고양이에 대한 수많은 데이터를 순식간에 모을 수 있고, 우리에게 정보를 제공할 수는 있다. 심지어 기계에 카메라가 있어서 고양이에 대한 다양한 사진을 찍을 수 있고, 또한 제시할 수 있다 하더라고, 인간이 몸을 통해서 고양이를 보고, 만지고, 상호작용하는 방식으로는 고양이를 알 수는 없다.[44]

바로 이와 같은 점을 바탕으로 해서 80-90년대에 '몸을 가진 AI embodied AI'의 필요성이 강하게 대두되었고, 소위 '누벨 AI nouvelle AI', '로보틱스'가 발달하기 시작하였다. 그러나 신체를 가진 AI가 개발되었다 하더라도 AI의 인식이 인간과 똑 같은 인식작용을 가질 수 없다. 이러한 맥락에서 다니엘 데넷 Daniel Dennett 은 로봇이 정말로 실제로 인간과 같은 마음 mind 을 가질 수 있기 위해서는 "인간의 몸을 똑같이 가져야 한다"고 하였다. 왜냐하면 인간의 의식에는 인간의 몸이 함께 작용하고 있는데, 인간은 수 십 억 개의 세포로 이루어져 있고, 하나의 세포는 그 자체로 엄청나게 복잡한 '기계 machinary'와 같다고 하였다. 따라서 인간과 같은 의식을 소유한 기계를 만드는 일은 그러한 모든 부품들을 만들 수 있어야 할 뿐만 아니라, 우리가 먹는 음식들을 소화할 수 있는 능력조차 지닌 유기체를 만들어야 할 것"이라고 하였다.[45] 그는

---

44   Peter Kassan, "Artificial Intelligence Simulation, NOt Synthesis," *Skeptic* 22 (2017. 2).

45   Daniel C. Dennett, "Consciousness in Human and Robot Minds," *IIAS Symposium on Cognition, Computation and Consciousness, Kyoto* (September 1994).

인간의 의식이 존재하기 위해 이와 같은 모든 복잡성이 필요하다면, 단일 의식 로봇을 만드는 일은 "천 년 동안 행성이 모을 수 있는 천체 과학적 및 공학적 자원보다 더 많은 자원이 필요할 것"이라고 하였다.[46]

그럼에도 불구하고 AI 전문가들 중에는 AI가 인간의 마음을 몸으로 부터 해방시킬 수 있는 수단이 될 수 있다고 생각하는 사람들이 있는데, 대표적으로 한스 모라벡Hans Moravec을 들 수 있다. 그는 AI가 몸 없이 마음mind을 가질 수 있다고 보았는바, 심지어 조만간 인공지능이 인간의 몸이 가지는 생물학적 한계를 벗어나서 독립된 형태의 마음mind을 가질 수 있을 것이라고 주장하였다:

> 우리 문화는 여전히 생명체인 인간에게 철저하게 의존하고 있지만, 문화의 주된 산물인 기계가 문화의 유지와 계속적인 성장에 기여하는 정도가 점점 더 많아지고 있다. 조만간 기계는 아무런 도움 없이 자신의 유지, 생식, 개선을 충분히 감당할 만큼 유식해질 것이다. 이런 일이 일어날 때, 새로운 유전적 인계가 완성될 것이다. 그 때가 되면 우리 문화는 인간의 생물학이 지니는 한계에서 벗어나 현재 한 세대에서 다른 세대로 직접 전달되는 방식이 아닌, 더 유능한 지능형 기계가 전달의 책임을 맡는 국면으로 진화할 것이다.[47]

모라벡은 AI가 마음을 가짐으로써 우리의 육체가 가지는 한계는 극복될 것이라고 하였는데, 인간의 몸은 이 새로운 국면에서는 급속히 축소된 역할을 감당할 것이고, 심지어 이를 통하여 인간의 마음이 인간의 육체로부터

---

46 위의 글.

47 Hans Moravec, *Mind Children The future of Robot and Human Intelligence*, 21-22.

효과적으로 해방될 수 있을 것이라고 하였다.[48] 그는 그렇게 해방된 인간의 마음은 결국 인간의 몸이 아닌 기계 안에 다운로드 할 수도 있고, 또한 다시 업로드하여 현실 세계로 되 돌아 올수도 있을 것이라고 하였다.[49]

커즈와일 또한 모라벡과 마찬가지로 마음을 육체가 아닌 다른 곳에 '업로드' 할 수 있을 뿐만 아니라, 심지어 나노기술을 활용하여 인간의 한계를 극복하는 우수한 몸을 만들 수 있다는 희망을 가졌다.[50] 그는 나노 바디야말로 인간의 장점(자가치유력, 겸손함, 유순함 등)을 유지하면서도 더 오래 살고, 환경 변화에 더 잘 적응하며, 더 빠르게 사고하며, 종국에는 죽음을 넘어서는 길을 제시한다고 하였다. 커즈와일은 결국 그러한 사고들은 신체 자체에 대한 필요성을 제거하고, 종국에는 육체로 사는 것을 멈추고, 가상의 세계에서 영혼불멸의 존재로 살면서, 어떤 종류의 '육화embodiment'도 필요로 하지 않는 쪽으로 나아가게 된다고 보았다.[51]

로버트 게라시 Robert M. Geraci는 모라벡이나 커즈와일에게서 나타나는 몸을 초월하고자 하는 사고는 초현실적 종교의 종말적apocalyptic 사고와 일맥상통한 면이 있다고 비판한다.[52] 즉 게라시는 그와 같은 사고는 '세계 내의 소외', '환상적 세계 설립에 대한 욕망', 그리고 '정화된 몸으로의 변화'라고 하는 점을 종말론적 사고와 함께 공유하고 있다고 하면서, 그와 같은 AI 개념을 소위 "종말적 AIApocalyptic AI"라고 칭하였다. 게라시는 결국 신체생명의 한계에 좌절한 '종말적 AI' 지지자들은 "과학주의적 종말론"을 쫓으면서, 지능형 기계를 통한 인간의 불멸성과 인간의 몸을 떠난 가상 왕국virtual kingdom에

---

48 위의 책, 22.

49 위의 책, 214.

50 Ray Kurzweil, *The Age of Spiritual Machine: When Computers exceed human intelligence* (New York: Viking, 1999), 141.

51 위의 책, 128-129.

52 Robert M. Geraci, "Apocalyptic AI: Religion and the Promise of Artificial Intelligence," *Journal of the American Acaemy of Religion* 76-1 (Mar 2008), 138-166.

기대를 걸고 있다고 하였다.[53]

몸이 없이 사고하거나 몸을 부정하는 AI의 사고는 결국 통전적 존재로서 인간적 사고와는 거리가 있다. 그것은 지식을 세계로부터 소외시키고, 세계 속의 모든 '관계성'을 초월하려하지만, 결국은 관계성을 결여하는 비현실적 지식에로 나아간다.

3. 상황적 situated 인식과 AI의 사고

AI 인식의 결정적 특징의 하나는 "상황성 결여"라고 할 수 있다. 우리는 앞에서 제 삼의 물결 AI가 추구하는 바가 상황에 최적화되는 "상황적 모델 contextual model"이 될 것이라고 하는 것을 살펴보았다. 그것은 첫 번째, 두 번째 물결에서 AI가 충분히 상황적이지 못했던 것에 대한 비판을 바탕으로, 인간과 같이 상황성을 바탕으로 하는 사고가 가능한 새로운 패러다임의 필요성으로부터 나온 것이었다. 그런데 AI 자체가 인간과 같이 상황 안에 있지 않는데 상황적이 situated 된다는 것이 가능할까?

예를 들어 최근 자연어처리(예 : Siri, Alexa 및 Cortana와 같은 개인 비서) 프로그램들이 우리에게 매우 유용한 정보를 제공하고 있다는 것은 잘 알려져 있다. 그러나 그것들이 아무리 놀라운 기능을 보여준다 하더라도, 그들이 '상황적인' 대화를 할 수 없다는 것에서는 고전적 채팅로봇과 크게 다를 점이 없다. 그들은 고전적 채팅로봇과는 다르게 인터넷에 접속하여 엄청난 데이터베이스를 사용하지만, 근본적으로 그들이 문자열을 시뮬레이션 simulation 한다는 것에서는 다른 점이 없다. 예를 들어 시리 애플사 자연어처리 에게 "오늘 날씨

---

53   위의 글.

어때?"라고 하면, 시리는 날씨를 알려주고, 24시간 이내의 날씨 변화를 알려준다. 그리고 자료를 바탕으로 "오늘 날씨가 좋습니다" 정도의 말을 한다. 그러나 우리가 그에 덧붙여서 시리에게 "어제 산 트렌치코트를 입고가면 어떨까?"라고 물을라치면, 더 이상 아무 대꾸도 못한다. 이것은 시리의 시뮬레이션 안에는 포함되어 있지 않는 내용이기 때문이다.

카산Peter Kassan은 AI가 인간의 지능과 결정적으로 다른 것은 그것이 시뮬레이션이지 종합synthesis이 아니라는 것에 있다고 하였다.[54] 인간의 사고는 상황 속에 처하면, 종합적으로 사고한다. 왜? 인간은 언제나 상황 속에서 살아왔고, 상황화된situated 존재이기 때문이다. 그러나 인공지능은 아무리 복잡한 것이라도 시뮬레이트된 지능simulated intelligence일 뿐 종합적 지능synthetized intellengence은 아니다.[55] 카산은 인공지능 개념이 나타날 때의 초기목표는 인간과 같은 종합synthesis의 사고였지만, 막상 현실에서는 시뮬레이션으로 밖에는 나타나지 못했다고 하였다.[56]

인간은 어떤 상황에 직면하면, 그 상황관련 경험들을 소환하면서 그 경험을 바탕으로 종합적인 대응을 한다. 인간은 "어제 산 트렌치코트를 입고가면 어떨까?"라는 물음에, 순간적으로 트렌치코트와 날씨와의 관련 뿐만 아니라, 물어본 사람의 취향과 직업적 상황, 유행, 등등에 관한 경험들을 동시에 소환하면서 종합적synthesized인 대답을 준다. 이것이 인간과 AI의 결정적 차이다.

그래서 가나스시아J.-G., Ganascia는 AI가 정말로 실제적 인간사고와 같은

Peter Kassan, "Artificial Intelligence Simulation, NOt Synthesis," *Skeptic* 22 (2017. 2).

55 위의 글.

56 "1956년 인공지능 분야를 시작한 연구 제안서의 초기목표는 분명히 종합(기막힌 순진함과 오만함의 발로)이었다. 그러나 현실에서는 시뮬레이션에 집중되었다. 즉 인공 지능은 인간 지능의 신테시스(synthesis)를 시뮬레이션한다고 말할 수도 있다. 시뮬레이션과 신테시스 사이의 혼란이 AI의 혼란스런 사고의 뿌리이다." Peter Kassan, "Artificial Intelligence Simulation, Not Synthesis."

사고가 되려한다면, 단순히 자동적 추론이나, 특수한 것으로부터 일반화하는 추론만으론 안 된다고 하였다. 왜냐하면 인간은 상황에 맞는 "의미론적 semantic 해석"을 하기 때문이라는 것이다.[57] 즉 인간은 일반화된 추론들을 구체적 상황에 맞게 해석(!)하는 과정을 통해서 소위 "의미론적 정보 semantic information"를 얻는데, AI는 수 억의 정보를 불러들여서 그 중 가장 개연성이 있는 것을 취한다. 이와 같은 현상은 우리가 구글 번역기로 영어문장을 해석하려 할 때 자주 확인하는 현상이다.

AI의 인식론 비판으로 유명한 드라이퍼스 Herbert Dreyfus 도 AI의 대표적 문제점 중의 하나를 "기계는 상황 속에 있지 situated 않다"는 점에 있다고 하였다.[58] 그는 인간은 이미 상황 속에서 살고 있는 존재이기에, 상황에 직면하면 상황에 대한 지적 활동을 모의할 수 있지만, 기계는 인간과 같이 상황 속에 있는 존재가 아니기 때문에 구체적이고 실제적 상황에 대해 무엇이 적절한지에 대해 판단을 내릴 수가 없다는 것이다. '상황에 있음'과 '상황에 있지 않음'이라는 결정적 차이로 인해서 드라이퍼스는 AI가 절대로 인간과 같은 형태의 지적 활동을 모의할 수 없다고 하였다.

AI가 이처럼 "상황 속에 있지 않음"이라는 존재적 특성을 가진 한, "상황 속에 있음"이라는 존재적 특성을 가진 인간과는 인식론적으로 같은 사고를 할 수가 없다. 상황 속에 있음으로 인해서 인간이 하게 되는 '의미론적 semantic 해석'과 '종합적 사고'는 결코 AI의 시뮬레이션과 같을 수가 없는 것이다.

---

57   Jean-Gabriel Ganascia, Epistemology of AI Revisited in the Light of the Philosophy of Information, *Knowledge and policy* (June 2010), 57-73.

58   Hubert Dryfus, *What a Computer can't do?* (New York: Harper Collins, 1978).

4. AI 인식론의 문제점들

우리는 앞에서 AI 인식론이 인간의 인식과 같지 않다고 하는 것, 즉 통전적 뇌의 작용에 의한 인식이 아니라 신피질 중심의 고등정신 기능에 집중하는 '부분적 인식'이라는 것, '몸이 참여하지 않는 인식'이라는 것, 그리고 '상황적 인식이 불가능'하다는 점들은 그대로 AI 인식론의 문제점으로 드러난다는 것을 살펴보았다. AI가 인간의 인식을 모방하려 하였으나 온전히 모방하지 못한 점들은 모두 그대로 AI의 인식론적 문제와 한계를 드러낸다는 것이다. 이러한 인식론적 문제점들이 사회에 어떠한 영향을 미치게 될 지 아래에서 좀 더 자세히 살펴보자.

1) 인식과 행동의 분리, 인식과 삶의 분리

먼저 앞에서 우리는 AI의 인식은 인간과 같은 전뇌적 사고가 아니라, 주로 '신피질'을 중심으로 하는 고등정신 기능에 집중하는 '부분적 사고'인 것을 고찰하였다. 이 부분적 사고는 특별히 감정이 결여되는 사고인바, 감정이란 좋고 싫음을 결정하는 역할을 하고, 그것으로써 결국은 행동을 결정하는 통로가 된다. 따라서 감정의 결여는 결국은 인식을 행동에로 옮기는 힘을 상실한다고 할 수 있다. 결국 감정과 욕망의 드라이브가 결여된 고등정신기능 중심의 사고는 인식을 행동과 분리시키고, 종국에는 인식을 삶과 분리시키는 결과를 낳는다.

이 말은 물론 AI의 지식이 실용적이지 않다는 것을 의미하는 것이 아니다. AI의 지식은 당면한 문제를 해결하기 위해 존재하는 실용적 지식이다. 그러나 그것은 '얼마나 사실에 정확하게 맞아 떨어지는지', '얼마나 우리 앞에 닥친 문제를 푸는데 도움이 되는지'에 대해서는 관심을 집중하지만, 인간의 내면으로 들어와, 행동하도록 움직이는 것에는 관여하지 않는다. 앞에서 살핀 대로 AI 지식은 수억의 데이타를 모으고 문제 해결에 가장 필요한 것을 선택하고 나머지는 순간에 버린다는 면에서 볼 때에, 표면적 지식이라 할 수 있다. 그것은 인간의 내면의 깊이까지 들어가서 우리를 움직이게 되는 지식이 아니라, 당면한 문제를 해결하기 위한 지식이고, 문제가 해결되면 그것으로 소임을 다하는 지식이다. 이 지식은 우리의 앎에서 행동을 분리시키는 앎이라고 하기 보다는, 엄격히 말해서 우리의 행동에 관여하지 않는 앎이고, 관심 갖지 않는 앎이다. 그것으로서 결국 AI의 시대는 행동이 반드시 따라오지 않아도 되는 표피적 지식 개념이 지배하는 사회, 결국 삶으로부터 분리된 앎이 지배하는 사회가 될 것이다.

2) 인격적 지식의 결여

AI의 인식이 행동에 관여하지 않는다는 것은 곧 그것이 "인격적personal 지식"이 아니라는 것을 의미한다. 즉 그것은 한 사람의 개인적인 차원까지 깊숙이 관여하는 지식이 되지 않는다는 것인데, 이것은 AI의 인식이 '몸이 참여하지 않은 인식'이라고 하는 것에서 더욱 분명히 나타난다. 몸은 한 사람의 경계선이고, 바운더리이다. 몸으로 체험된 인식은 따라서 그 사람의 개인적이고 인격적 지식이 된다. 앞 서 언급한대로 우리가 고양이를 보고, 만지고, 상호작용하는 순간 고양이에 대한 인식은 내가 직접 경험한 나의 지식이 된다. 어느 누구가 그것을 고양이가 아니라고 주장해도, 나는 내가 경험한 나의 지식에 대해 '믿음'을 갖게 된다. AI 인식은 몸의 결여로 인하여 이러한 인격성을 상실한다.

AI는 심지어 인간의 육체가 가지는 한계를 극복하고, 마음을 육체로부터 해방시켜, 결국은 인간의 마음을 인간의 몸이 아닌 다른 기계에 '다운로드' 할 수 있기를 모색한다. 이와 같은 AI의 특성은 개인적 몸이 미칠 수 있는 인식적 영향을 초월하려는 사고로, 결국은 AI의 인식이 개인적 특성이나 인격과 무관할 뿐만 아니라, 인격적 영향력과도 무관한 지식을 지향하게 한다.

지식이 인격성을 상실한 순간 그것은 개인의 삶을 이끌어가고 삶에 영향을 미치는 지식이 될 수 없다. 인격적 지식은 개인에게 믿음을 주고, 인생의 방향을 제시하면서, 개인의 삶을 움직인다. 뿐만 아니라 인격적 지식은 그 지식에 자신이 참여한다. 인격적 지식에 있어서는 아는 자^{knower}가 앎의 대상 the known 으로부터 거리를 두고 그 지식을 사용하는 것에만 관심을 가지는 것이 아니라, 그 지식에 믿음을 갖고, 책임을 느끼고, 변호하고 그것의 생명에 참여한다. AI 시대는 그러한 인격적 지식이 상실된 시대로 특징지울 것이다. AI 시대는 수억의 데이타가 넘치지만, 결국 개인의 인격에 영향을 미치지는 못하는 지식이 난무하는 그러한 시대가 될 것이다.

3) 관계성 결여, 세계로부터의 분리

AI의 '몸이 참여하지 않는 인식'이라는 특징은 그 자체로 지식을 세계로부터 소외시키고, 세상으로부터 분리하는 요인이 된다. 몸이라는 것은 감각기관이면서 동시에 우리가 세상의 구체적인 콘텍스트 속에 자리를 잡고 있다는 뜻이다. 따라서 '몸이 참여하지 않는 인식'은 '세상으로부터 소외된 지식'을 의미하고 그래서 동시에 '관계성의 결여'를 의미한다.

'몸이 없음'이라고 하는 속성은 그 자체로 '상황 안에 없음'을 의미한다. AI는 상황 속에 있지 않기에, 상황에 직면하여 상황에 대한 종합적 사고를 할 수 없고, 상황에 대한 지적 활동을 도모할 수가 없다. AI는 수억의 자료와 정보를 모을 수 있고 그것으로 사실을 파악하고 문제를 해결하는 자료로 삼을 수 있지만, 그리고 특정의 상황 속에 있지 않기 때문에 오히려 중립적으로 상황을 볼 수 있을 것 같지만, '상황 속에 없음'이라는 존재적 특성으로 상황 자체를 판단할 수 있는 인식적 통로가 없다는 치명적 약점을 가진다. 이것은 마치 가다머 J. Gadamer 가 해석이 일어나기 위해서는 해석자가 서 있는 '지평' 자체가 필수 불가결하다고 보는 것과 같은 것이다. 해석자가 삶의 상황에서 형성한 '전이해'의 지평이 없이는 해석자가 서 있을 수 있는 땅이 없고, 해석이 이루어질 수 있는 시작점이 없다고 보는 것과 같다.[59]

AI는 또한 상황 속에 있지 않기에 인간이 생애사적으로 갖게 되는 이야기를 가질 수 없다. AI는 수많은 이야기를 모을 수는 있겠지만, 자신의 이야기가 없다. 자신의 이야기가 없다는 것은 자신만의 세계관과 가치관이 없다는 것이고, 특정의 상황 속에서 그것들을 판단할 수 있는 자신만의 자료가 없다는 뜻이다. 자신의 이야기가 없다는 것, 상황에 속하지 못한다는 것은 결국 어디에도 속하지 못한다는 것이고, 세상과 실제적 관계를 맺지 못한다는 것이다.

AI의 지식은 빠른 지식이다. 누군가가 자신이 처해있는 상황과 어릴 때부터 상호작용하면서 느리게 형성하는 이야기가 아니다. AI 인식은 상황 속에서 형성되는 이야기의 느린 '과정 process'에 관심이 없고, 그 이야기의 '결과'를 광속으로 가져오는 것에 관심이 있다. 그 결과가 형성되는 과정에 영향을 미치는 모든 상황성, 세계와의 관계성은 간과된다. AI 시대는 결국 상황으로부터 단절되고, 과정으로부터 떨어져 나온 결과들이 넘쳐나는 시대, 그래서 쉽게 얻을 수 있으나, 빨리 폐기되는 지식이 넘쳐나는 시대가 될 것이다.

---

59 Gadamer, *Wahrheit und Methode. Grundzüge einer philosophischen Hermeneutik* (Tübingen: J. C. B. Mohr, 1960), 286.

위와 같은 AI 인식론의 문제들을 한 마디로 표현한다면 그것은 객관주의objectivism 문제라고 할 수 있다. 앎의 대상과 앎의 주체를 분리하는 인식, 그래서 결국 앎의 주체인 우리를 앎의 대상인 세상으로부터 분리하고 거리를 두는 인식이다. 이러한 인식은 앎의 대상인 세상에 대한 관계맺음과 참여로부터 출발하는 것이 아니라, 호기심과 지배욕이 전제가 되는 앎이다. 그러한 객관주의적 인식에서 세상은 앎의 대상일 뿐, 우리도 거기의 일부분으로서 참여하고 책임감을 느끼고 사랑해야 할 곳으로서 여겨지지 않는다.[60] 이 객관주의는 근대 이후, 주체와 객체를 가르는 데카르트적 사고 이후 언제나 있었다. 그것은 서구의 사상을 지배하는 주객도식을 낳았고, 자연을 착취하고 파괴하는 데 이론적 지원을 하였고, 기술문명을 발달시키는데 기여하였으나 지구공동체를 파괴하고 그 안에서의 인간의 자리, 인간성을 잃어가는 데 일조하였다. 무엇보다 그것은 우리들의 학교를 지배하고 교육을 지배하였다.[61] 학교를 문제를 해결하고 세상을 지배하는 지식을 습득ㅣ하는 객관적 교실로 만들고, 그곳에서 내면을 변화시키고 자신을 돌아보는 지식을 몰아냈다. 그러한 객관적 교실은 세상을 사랑하고 책임지는 사람이 아니라, 이용하고 지배하려고 하는, 그래서 서로 경쟁하는 학생들을 배출하였다. AI 인식은 기계를 사용하고, 엄청난 데이타를 빛보다 빠른 속도로 가져올 수 있다는 차이점 말고는 객관주의와 근본적으로 구도가 같다. 아니, 이것은 더욱 강력한 옷을 입은 객관주의의 새얼굴이다.

---

60 Parker J. Palmer, *To Know As We Are Known, Education As a Spiritual Journey* (SanFrancisco: Harper, 1993), 27.
61 위의 책, 33이하.

Ⅳ. AI 시대의 기독교교육

우리 시대가 이미 AI 시대로 진입했다는 것은 AI가 가져온 문명의 이기만이 아니라, 앞에서 살펴본 바와 같은 AI 인식론의 문제점들까지도 우리 사회의 가치관과 세계관에, 그리고 학교와 교육의 영역에도 영향을 미치는 시대라고 하는 것을 의미한다. 그렇다면 이와 같은 AI 시대에 기독교와 기독교교육은 무엇을 할 수 있을까? 위에 살펴본 AI 인식론의 문제, 즉 객관주의 지식의 문제점들이 사회 곳곳에 확산되고, 교육과 학교까지 지배하는 시대에 기독교는 어떠한 대응을 할 수 있으며, 기독교교육은 어떠한 역할을 할 수 있을까? 이 질문에 답하기 위해 이 장에서는 먼저 앞의 AI 인식론의 문제들에 대응하는 기독교적 인식의 특징을 살펴보고, 그것으로부터 기독교교육의 의미를 생각해 보기로 한다.

1. 기독교적 인식

여기에서는 기독교적 인식 전반을 살피기보다는 앞에서 살펴본 AI 인식론의 문제점, 즉 "관계성 결여", "비인격적 지식" "앎과 삶의 분리"와의 관계성에서 기독교적 인식의 특징들을 살펴보기로 한다.

1) 관계적 지식

AI 인식론의 문제점들과 관련하여 가장 먼저 생각하게 되는 것은, 성경의 지식개념은 일차적으로 "관계성"을 띠고 있다는 것이다. 성경에는 위에서 살펴본 바와 같은 객관주의적 지식개념, 즉 앎의 주체와 앎의 대상을 분리하는 개념, 그리고 문제를 해결하고 세상을 지배하기 위해 사용되는 기능주의적 지식의 개념이 아닌, "여호와를 경외하는 것이 지식의 근본"이라고[잠 1:7] 하는 관계적 지식개념이 나타난다.

"여호와를 경외하는 것이 지식의 근본"이라는 것은 인식론적으로 다양한 의미를 함축하고 있다. 이 귀절에서 무엇보다 먼저 발견하게 되는 것은 '여호와 경외'라고 하는 우리의 "여호와와의 관계"를 지식의 근본으로 보고 있다는 것이다. 그래서 여기서 지식이란 여호와를 객관적으로 아는 것을 의미하지 않는다. 여호와에 대한 우리의 관계, 그를 경외하는 것 그것이 지식의 시작이라는 것이요, 여호와를 아는 것은 여호와와 관계를 맺는 것이라는 뜻이다. 그래서 "우리가 여호와를 알자 힘써 여호와를 알자"[호 6:3a]라는 호세아서의 말씀 또한 결코 객관적으로 여호와가 어떤 분인지를 탐구해 보자는 말이 아니라, 여호와와 관계를 맺고 그 관계 속에서 여호와께서 자신을 계시해 주시는 것을 경험함으로써 알게 되자는 말이다. 이 말씀에 바로 이어서 "그의 나타나심은 새벽 빛 같이 어김없나니 비와 같이 땅을 적시는 늦은 비와 같이 우리에게 임하시리라 하니라"[호 6:3b]라고 하는 것이야말로 그것을 단적으로 증명해 준다. 여호와를 앎이란 우리에게 나타나 주시고 임하시는 하나님을 만나자는 말이다. 여호와를 아는 것은 여호와와 우리의 관계성 속에서 일어나는 것이다.[62]

"여호와를 경외하는 것이 지식의 근본"이라는 것은 또한 여호와와 모든 세상의 지식의 대상들이 연결되어 있다는 뜻이기도 하다. 여호와가 지식

---

[62] 이에 관한 좀 더 자세한 내용들은 본 서의 1장, "성경적 하나님 알기와 통전적 기독교교육 인식론의 필요성"을 참고할 수 있다.

의 근본이기에 세상의 모든 지식은 근본이신 여호와께 연결되었다는 뜻이다. 어떤 지식도 여호와와 관계없지 않고, 어떤 것도 여호와와의 관계성 속에서 이해될 수 없는 것은 없다는 뜻이다. 따라서 지식을 알게 된다는 것은 그러한 관계를 안다는 것이며, 또한 더 나아가 우리 자신도 그 세상의 한 부분임을 안다는 것이다. 여호와가 지식의 근본이신 세상을 안다는 것은 따라서 그 관계 안에 들어간다는 것을 의미하는 것이다. 그래서 여호와 안에서 세상을 안다는 것은 나와 세상을 주체와 객체로 거리를 두는 것이 아니라, 그 세상과의 관계성 안으로 들어간다는 것이요 세상과의 공동체를 형성한다는 것이다. 세상에 대한 책임감과 사랑을 알게 되는 것이다. 기독교의 지식개념은 언제나 이렇게 '관계성'에 기초해 있는 지식이다.

2) 인격적 지식

앞에서 우리는 AI의 인식이 몸이 없는 인식이요, 그와 더불어 인격성이 결여되고, 세상과 상황으로부터 소외된 지식이라고 하는 것을 살펴보았다. 그러한 관점에서 기독교적 인식론을 볼 때, 우리는 정확히 그와 반대의 인식적 특징을 발견하게 된다.

기독교는 그 무엇보다 예수 그리스도에게로 초점이 맞추어지고, 그로부터 퍼져나가는 종교이다. 그런데 그분은 지식(로고스)이 '육신'이 되어서 우리 가운데 거하신 분이다.[요 1:14] 로고스 곧 지식이 "몸"이 되어 '우리가운데' 즉 "상황" 안으로 들어오셨다. 예수님의 성육신 사건은 지식이 몸을 입는 것과, 몸을 입음으로써 역사, 즉 '상황' 안으로 들어옴을 보여주는 사건이다. 그럼으로써 예수님은 "인격화된 지식"이 되셨다. 인격화된 지식인 예수님이 우리를 '구원하는 지식'이 되셨다. 예수님의 성육신 사건은 우리를 구원하는 지식은 몸을 입으며, 또한 상황 속으로 들어오는 지식임을 보여준다.

그리고 몸과 상황을 입으신 예수님이 하신 것은 그의 이야기를 만드신 것이다. 제자들을 만나시고, 그들과 함께 여행하시고, 함께 생활하고, 함께 사역하셨다. 병자들을 고치고 악한 귀신을 쫓아내시며, 마을마다 다니시며 하나님 나라를 가르치셨다. 그리고 죽음을 준비하시고, 예루살렘에 입성하신 후 잡히시고, 십자가에 죽으시고, 그리고 부활하셨다. 이 구체적인 이야기, 한 몸, 한 시대의 상황 속으로 육화된 말씀이신 예수님의 살고, 가르치고, 사랑하고, 죽으시고, 다시 사신 이야기들이야말로, 육화된 지식(말씀)이다. 예수님은 몸으로 오셨기에 상황 안으로 오셨고, 상황 안으로 오셨기에, 그의 생애라는 과정 process 안에 그의 구원의 이야기, 하나님 나라 이야기를 담으셨다. 그가 '하나님의 아들'됨을 드러내는 방법은 이처럼 상황 안의 구체적 사건을 통해서였다.

　　더 나아가 그의 이 육화된 지식은 누군가에 의해서 다시 이야기될 때에 듣는 사람들의 삶의 이야기를 변화시킨다. 즉 듣는 사람들로 하여금 이 이야기를 삶으로 육화하는데 참여하게 하는 것이다. 또한 그들이 이 이야기를 그들의 구체적 상황 속에서 다시 육화함을 통해서, 이 이야기의 생명은 연장되고, 이 이야기는 계속된다.

　　예수님의 이야기는 몸과 상황 속에 구체화된 지식이야말로 우리를 변화시키고 구원하는 지식임을 보여준다. 또한 그 지식이 스스로 계속해서 새로운 몸과 상황 속으로 육화되어감으로써 사람을 변화시키고, 세상을 변화시키는 지식이 된다는 것을 보여준다. 빛의 속도로 모아올 수 있는, 몸과 상황을 떠난 지식, 과정은 없고, 결과만 있는 빠른 지식이 세상을 변화시키는 것이 아니라, 한 사람의 몸과 상황 속에 육화된 지식이 사람을 변화시키고 구원함을 예수 그리스도의 성육신과 그의 삶의 이야기가 보여주는 것이다.

3) 통전적 지식

인격화된 지식, 예수 그리스도의 이야기는 그 자체로 앎과 삶이 하나가 됨을 보여준다. 그것은 지식이 몸, 즉 삶이 되었다는 것을 의미하기 때문이다. 이러한 맥락에서 예수님이 스스로를 가리켜 "내가 진리다"요 14:6라고 하신 것을 볼 필요가 있다. 예수님은 진리에 관하여 말하겠다고 하지 않고, 자신이 곧 진리라고 하였다.

파커 팔머Parker Palmer는 진리truth라는 단어의 어근을 따라가면, 그 안에 맹세vow라는 의미가 포함되어 있다고 하였다.[63] 즉 진리는 충성, 순종을 불러일으키는 지식이라는 것이다. 그렇게 보았을 때, 예수님이 스스로를 '나는 진리다'라고 한 것은 자신이 어떤 완벽한 지식이나 신념체계를 가진 사람이라는 것이 아니라, "나를 따르라"라는 말이다. 나에게 모든 것을 걸라는 말이다. 그래서 '나는 진리다'라는 말이 '나는 길이요, 생명이다'와 함께 오는 것이다. 누군가에게 예수님이 진리가 된다는 것은, 따라서 그분에게 모든 것을 내어놓겠다는 뜻이다. 그분에게의 맹세, 충성과 순종, 즉 그 분이 이끌어가는 삶을 살겠다는 것이다.

진리는 삶을 이끌어가는 통전적 지식이다. 이 지식은 단순히 앎에는 실천이 따라야 한다는 의무적 개념을 넘어선다. 그것은 모든 것을 내어놓게 하는 지식이기에 그 앎은 감정을, 욕망을, 삶 전체를 통전적으로 아우르는 지식이다. 기독교적 인식은 수많은 지식들을 나의 필요에 따라 이용하거나 폐기하는 것에 관심을 갖는 인식이 아니라, 나를 던지고 내어놓기 위해 아는 그러한 인식이다.

---

63 Parker J. Palmer, *To Know As We Are Known*, 31.

2. AI 시대의 기독교교육

위에서 살펴본 기독교적 인식론은 정확히 그 앞에서 살펴본 AI의 인식론적 문제점의 대척점에 서는 것을 볼 수 있다. '관계성과 무관계성', '인격성과 무인격성', '몸의 인식과 몸이 없는 인식', '상황성와 무상황성', '빠른 지식과 느린 지식', '표피적 지식과 통전적 지식' 등등 그 둘은 정확하게 반대의 쌍을 이루는 것을 볼 수 있다. AI가 객관주의의 극간을 달린다면, 기독교는 인격적, 관계적, 통전적 인식론 그 자체이다.

그렇게 볼 때 기독교적 인식론은 AI 시대에 없어서는 안 될 인식론적 대안임을 알 수 있다. AI 기술을 핵심으로 하는 4차 산업혁명이 세상의 패러다임을 변화시키고, 그와 아울러 AI 인식이 가지고 있는 문제점들이 세상을 지배하게 될 때에, 그 어떤 것보다 기독교는 그의 대안적 가치를 제시할 수 있고, 제시해야 한다는 것을 알 수 있다. 호기심과 지배욕이 전제가 되는 객관주의적 앎이 편만할 때에, 기독교는 세상을 사랑하고 책임지는 지식이야말로 이 사회를 건강하게 하는 지식임을 말해야 한다. AI가 자연을 착취하고, 지구공동체를 파괴하며, 인간성을 상실하게 하는 기능주의적 지식관을 편만하게 할 때에, 심지어 몸을 극복하고 이 세상의 한계를 넘어서서 가상의 세계로 도피하려 할 때에, 기독교는 몸의 소중함을, 이 세상의 소중함을 알려주어야 할 것이며, 그 속의 한 부분으로서의 인간의 자리를 알려주어야 한다. 몸을 가진 인간이 하나님 앞에서는 세상을 대표하고, 또한 세상 앞에서는 여호와를 대리하는 제사장적 존재임을 알려주어야 한다.

그렇게 볼 때, AI 시대는 '기독교교육'에게 그 어떤 시기보다 강력한 도전이 될 것을 예측할 수 있다. AI 시대의 기독교교육은 AI와 함께 몰려오는 강력한 객관주의적 물결을 교육의 현장에서, 학교에서, 심지어 교회에서도 막아서며, 대안적 삶, 대안적 가치, 대안적 교육을 감당해야 한다는 도전에 직면하게 될 것이다.

　사실 역사적으로 기독교교육은 지속적으로 이러한 도전에 직면해 왔다. 근대와 더불어 시작된 객관주의 물결이 사회에 몰아닥쳤을 때에, 여호와를 근본으로 하여 세상 전체를 아우르는 통전적 교육이기 보다는 교회라는 게토에만 머무는 신앙교육으로 스스로를 축소하였고, 전인적 신앙교육으로부터 지식중심 교육으로 후퇴하였으며, 교회교육의 장조차 학교식 schooling 교육, 즉 객관적 지식을 습득하는 장으로 축소하기도 하였다. 예수 그리스도에게 육화된 인격적 진리와 하나님 나라 이야기에 참여하고 그를 육화하는 삶을 사는 통로가 되는 기독교교육이기 보다는, 빠른 지식, 쉬운 지식, 흥미로운 지식을 매개하고자 하는 유혹 앞에 기독교교육은 늘 직면하곤 하였다. 이같은 사실은 우리에게 기독교교육이 언제나 기독교적 인식론과 기독교의 본질에 충실했었던 것은 아니었다는 것을 단적으로 증명해 준다.

　그 어느 때보다 강력한 객관주의의 옷을 입고 찾아올 AI 시대를 직면하면서 기독교교육은, 시대적 변화를 읽고 시대 사람들의 욕구를 읽음으로써, 시대의 게토의 머무르지 않으면서도, 동시에 기독교의 본질에 충실함으로 진정한 대안을 제시하는 역할을 해야 한다는 도전에 직면하여 있다. 기독교가 AI 시대에도 참된 대안이 되는지는 기독교교육이 이 도전을 어떻게 받아들이느냐에 달려있는 것이다.

V. 맺는 말

인식의 문제는 세상을 어떻게 보느냐와 교육을 어떻게 이해할 것인가에 있어서 결정적인 문제이다. 따라서 인식의 문제와 직접적으로 연결이 되어 있는 인공지능^AI의 문제는 이 시대의 가치관, 세계관에 직접적으로 영향을 미칠 것이고, 또한 교육이해와 교육현장에도 결정적인 영향을 미칠 것이다. 그런 의미에서 기독교교육은 AI를 단순히 기술이나 테크놀로지의 차원, 혹은 교육의 매체나 방법의 차원으로만이 아니라, 보다 근본적으로 우리 사회의 가치관과 세계관, 교육의 이해와 방향의 차원에서 볼 필요가 있다. 그리고 그러한 봄을 통하여 AI가 기독교교육에게 하는 도전, 즉 다시금 본질로 돌아가 이 사회의 대안적 가치와 대안적 교육, 대안적 삶을 제시하는 교육이 되기를 도전하고 있음을 통찰하고, 그 도전에 바르게 응답하는 기독교교육이 되어야 할 것이다.

참고문헌

국내 서적

고원석. 『현대 기독교교육 방법론: 들음, 읽기, 바라봄, 놀이를 통한 기독교교육』. 서울: 장
　　로회신학대학교 출판부, 2018.

김난예. "인공지능 시대에서의 영적 민감성." 『한국기독교신학논총』 106 (2017), 283-312.

김도일 외. 『제 4차 산업혁명 시대의 교육목회』. 서울: 기독한교, 2017.

김도일, 장신근. 『기독교 영성교육』. 서울: 동연, 2009.

김명옥. 「제자직과 시민직을 위한 아동 기독교교육에 관한 연구」. 서울: 장로회신학대학
　　교 대학원, 2009.

김동환. "AI에 대한 신학적 담론의 형성 및 방향모색." 『신학연구』 68 (2016), 35-60.

김민수. 『포스트휴먼 시대의 기독교교육의 방향』. 서울: 장로회신학대학교대학원, 2018.

김영한. 『하이데거에서 리꾀르까지』. 서울: 박영사, 1987.

김은주. 『예전적 기독교교육 연구: 예전적 상상력을 중심으로』. 서울: 장로회신학대학교대
　　학원, 2017.

＿＿＿＿. "예전과 기독교교육의 관계를 통해서 본 예전적 기독교교육의 가능성." 『선교와
　　신학』 47 (2019), 121-153.

김정준. "기독교 영성교육 모델에 관한 연구." 『신학논단』 67 (2012), 7-41.

김회권. "세상과 소통하는 그리스도인." 『기독교사상』 52 (2008), 210-238.

김희영. 『여성 기독교인의 영성형성과정 연구: 자아정체성과 자기초월을 중심으로』. 서
　　울: 장로회신학대학교대학원, 2017.

＿＿＿＿. "마리아 해리스의 여성영성교육에 관한 연구." 『기독교교육 정보』 57 (2018),
　　1-32.

류삼준. "기독교 영성교육에 있어서 교수-학습과정의 원리에 대한 고찰."『기독교교육정
        보』 50 (2016), 81-117.

류의근. "메를로 퐁티에게 있어서 신체와 인간."『철학』 50 (1997), 261-292

박상진. 『기독교교육과정의 새로운 패러다임: 머리의 교육에서 마음의 교육으로』. 서울:
        장로회신학대학교 출판부, 2017.

박화경. 『하나님나라와 기독교교육』. 서울: 한국장로교출판사, 2006.

손원영. "영성학과 기독교교육학의 대화."『한국기독교신학논총』 61 (2009), 287-312.

신형섭. 『가정 예배 건축학』. 서울: 장로회신학대학교 출판부, 2017.

양금희. 『근대 기독교교육사상』. 서울: 한국장로교출판사, 2001.

_____. 『이야기ㆍ예술ㆍ기독교교육』. 서울: 장로회신학대학교 출판사, 1020.

_____. 『해석과 교육』. 서울: 장로회신학대학교 출판부, 2007.

_____. 『종교개혁과 교육개혁』. 서울: 예영출판사, 2017.

_____. "의례이론과 의례적 인식론을 통해서 본 예전의 기독교교육적 의미."『기독교교
        육논총』 37 (2014), 83-14.

오병남. 『미학강의』. 서울: 서울대학교출판부, 2004.

유선희. 『어린이를 위한 영성교육』. 서울: 장로회신학대학교 출판부, 2017.

유해룡. 『하나님 체험과 영성수련』. 서울: 장로회신학대학교 출판부, 1999.

이광희. 『하나님의 선교를 지향하는 교회의 평신도 교육 모델』. 서울: 장로회신학대학교
        대학원, 2019.

이규민. 『포스트모던 시대의 통전적 기독교교육』. 서울: 한국장로교출판사, 2016.

이규호. 『앎과 삶』. 서울: 좋은날, 2001.

이승구. "하나님나라의 현재성과 우리들의 기도."『신학정론』 36-1 (2018. 6), 297-331.

이진주. 『다음 세대와의 단절을 극복하는 '기억교육학' 연구』. 서울: 장로회신학대학교 대
        학원, 2018.

장순애. 『생명성과 개방성을 통전하는 기독교교육을 위한 연구: 몰트만의 생명신학적 교
        회이해를 기초로 한 통전적 생명과 삶을 위한 교육목회의 모색』. 서울: 장로회신학
        대학교 대학원, 2012.

장신근. 『통전적 신앙과 생애주기별 기독교교육』. 서울: 장로회신학대학교 출판부, 2019.

장재환. 『내러티브신학에 근거한 통전적 이야기 기독교교육 모델 연구』. 서울: 장로회신
        학대학교 대학원, 2014.

하세례. 『하나님 백성으로서의 교회를 위한 교육 패러다임』. 서울: 장로회신학대학교 박
        사학위논문, 2015.

허희옥 외. "인공지능 시대의 인간 지능과 학습."『교육철학연구』 39 (2017), 101-132.

해외 서적

Abel, Günter., and Conant, James. *Rethinking Epistemology* 1, 2. Berlin Walter de Gruyter, 2012.

Allen, Paul. "The Singularity Isn't Near." *MIT Technology review* (October 12), 2011.

Anderson, E. Bryon. "Liturgical Catechesis: Congregational Practice as Formation." *Religious Education* 92-3 (Summer 1997), 349-362.

Ashcraft, Morris. *Christian Faith and Beliefs*. USA Broadman Press, 1984.

Ashley, B. M. *Theologies of the body: Humanist and Christian*, Braintree The Pope John Center, 1985.

Barthes, Roland. "Introduction to the Structural Analysis of Narratives." Roland Barthes, translated by Stephen Heath, *Image-Music-Text*, Glasgow William Collins, 1966/1977, 79-124.

Bartholomew, C. G. and Goheen, M. W. *The Drama of Scripture: Finding our place in the biblical story*. Grand Rapids Baker, 2004.

Baudler, Gegorg. *Korrelationsdidaktik: Leben durch Glauben erschließen*. München Schöningh Paderborn, 1984.

Baumgarten, Alexander Gottlieb. *Meditationes philosophicae de nonnullis ad poema pertinentibus*. hrsg. K. Aschenbrenner/W.B. Holther 1735.

Bayes, P. "The Spiritual in the Classroom." *Holistic Education Review* (Spring 1992), 1-11.

Beauregard, M. and O'Leary, D. *The Spiritual Brain*. New York: Harper Collins, 2009.

Belson, James B. *Body Theology*. Louisville: Westminster/John Know Press, 1992.

Bergson, H. *Schöpferische Entwicklung*, translated by Kantorowicz. Jena, 1921.

Biehl, Peter. *Symbole geben zu lernen, Einführung in die Symboldidaktik anhand der Symbole Hand, Haus und Weg*. Neukirchen: Neukirchener Verlag, 1989.

Blevins, Dean. "Worship: Formation and Discernment A Wesleyan Dialogue Between Worship and Christian Education." *Wesleyan Theological Journal* 33-1 (1998), 111-127.

Bockwoldt, Gerd. *Religionspädagogik*. Stuttgart Kohlhammer, 1977.

Bollnow, Otto Friedrich. *Philosophie der Erkenntnis: Der Vorverständnis und die Erfahrung des neuen*. 백승균 역. 『인식의 해석학』. 서울: 서광사, 1993.

Boys, Mary C. "Access to Traditions and Transformation." *Transformation and tradition in Religious Education*, edited by Padraic O'Hare. Birmingham Alabama: Religious Education Press, 1979.

_____. *Biblical Interpretation in religious education*. Birmingham Alabama: Religious Education Press, 1980.

Brackett, M. A., Mayer, J. D., and Warner, R. M. "Emotional Intelligence and its relation to everyday behaviour." *Personality and Individual Differences* 36-6 (2004), 1387-1402.

Brooks, Peter. *Reading for the plot: Design and intention in narrative*. New York: Vintage, 1984.

Brooks, Rodney. "Elephants Don't Play Chess." *Robotics and Autonomous Systems* 6 (1990), 3-15,

Brown, Warren S., and Strawn Brad D. *The Physical Nature of Christian Life Neuroscience, Psychology, and the Church*. Cambridge: Cambridge university Press, 2012.

Bruner, Jerome. *Actual Minds, Possible Worlds*. Cambridge: Harvard University Press, 1986.

_____. "Culture, mind and narrative." J. S. Bruner, *In search of pedagogy, The Selected works of Jerome S. Bruner Vol II* (2006), 230-236.

_____. "Narrative and Paradigmatic Modes of Thought." *Learning and Teaching the ways of knowing*, edited by Elliot Eisner. Chicago: National Society for the study of education, 1985.

_____. "The Reality of Fiction." *Mcgill Journal of Education* 40-1 (Winter 2005) 55-64.

Burke, Kenneth. *Language as symbolic action*. Los Angeles: University of California Press, 1966.

Burk, Kenneth. "Questions and answers about the pentad." *College Composition and Communication* 29-4 (1978), 330-345.

Bushnell, Horace. *Christian Nurture*. Forge Village: Massachusetts Murray, 1888, 1967, (5).

Carr, David. "Spirituality, Spiritual Sensitivity and Human Growth." *International Journal of Philosophy and Religion* 83 (2018. 7), 245-260.

Casey, E. S. *Imagining: A Phenomenological Study*. Bloomington: Indiana University Press, 1979.

Cockayne, Joshua. "Common ritual knowledge." *Faith and Philosophy* 36-1 (2019), 33-55.

_____. "Philosophy and liturgy part 2: Liturgy and epistemology." *Philosophy Compass* (2018), 1-10.

Coakley, Sarah. "Beyond Belief: Liturgy and the Cognitive Apprehension of God." *The Vocation of Theology Today: A Festschrift for David Ford*. edited by Tom

Greggs, Rachel Muers, and Simeon Zahl. Eugene: Cascade books (2013), 130-145.

Coe, Jorge A. *A Social Theory of Religious Education*. New York: Schribner's, 1917.

_____. *What is Christian Education?*. New York: Scribner's, 1930.

Cramer, Phebe. *Storytelling, Narrateve, and the Thematic Appreciation Test*. New York: London The Guilford Press, 2004.

Crevier, Daniel. *AI: The Tumultuous History of the Search for Artificial Intelligence*. New York: Basic Book, 1993.

Cuneo, Terence. *Ritual Knowledge Ritualized Faith: Essays on the Philosophy of Liturgy*. Oxford: Oxford University Press (2016), 145-166.

Damasio, Antonio. *Descartes' Error, Emotion, Reason, and the Human Brain*. New York: Penguin Books, 1994.

_____. *Looking for Spinoza, Joy, Sorrow, and the Feeling Brain*. Orlando: Florida Harvest Books, 2003.

_____. *The Feeling of What Happens, Body and Emotion in the Making of Consciousness*. Orlando: Harvest Books, 1999.

Dasenbrock, Reed Way. "J. L. Austin and the Articulation of a New Rhetoric." *College Composition and Communication* 38-3 (Oct 1987), 291-305.

Denett, Daniel. "Consciousness in Human and Robot Minds." *IIAS Symposium on Cognition*, Computation and Consciousness, Kyoto 1-3 (Sep 1994).

De Nicolas, Antonio T. *Powers of Imagining, Ignatius De Loyola*. New York: State University of New York, 1986.

Descartes, Rene. *Meditationen Über die Grundlagen der Philosophie*. Hamburg: Felix Meiner Verlag, 1959.

Dewey, John. *Die Menschliche Natur, Ihr Wesen und ihr Verhalten*. translated by P. Sakman, Stuttgart/Berlin, 1931.

DiPardo, Anne. "Narrative knowers, expository knowledge: discourse as a dialectic." *Occasional Paper* 6. Berkeley: University of California (Jan 1989), 1-29.

Dollard, Jerry. *Toward Spirituality*. Minnesota: Hazelden, 1983.

Downey, Michae. *Understanding christian spirituality*. Paulist Press, 1996. 안성근 역. 『오늘의 기독교 영성 이해』. 서울: 도서출판 은성, 2001.

Dragoni, M., Poria, S., and Cambria, E. "OntoSenticNet: A Commonsense Ontology for Sentiment Analysis." *IEEE Intelligent Systems* 33 (July 2018), 77-85.

Dryfus, Hubert. *What a Computer can't do?*. New York: Harper Collins, 1978.

Durkheim, Emile. *The Elementary Forms of the Religious Life*. 1915/1965. 노치준, 민혜숙 역. 『종교 생활의 원초적 형태』. 서울: 민영사, 1992.

Dunne, Joseph. "After Philosophy and Religion: Spirituality and Its Counterfeits." D. Carr and J. Haldane, *Spirituality, Philosophy and Education* London Routledge Falmer (2003. 4), 95-108.

Efland, A. D. *Art and Cognition, Integrating the visual arts in the curriculum*. New York: London Teachers College Columbia University, 2002.

Eisner, Eliot. *Cognition and curriculum: A Basis for deciding what to teach*. 김대현, 이영만 역. 『표상형식의 개발과 교육과정』. 서울: 교육과학사, 1994.

Emmons, R. A. "Is Spirituality an Intelligence? Motivation, Cognition and the Psychology of Ultimate Concern." *International Journal for the Psychology of Religion* 10-1 (2000), 3-26.

Engelhardt Jr., H. Tristram. "Sin and Bioethics: Why a Liturgical Anthropology is Foundational." *Christian Bioethics* 11 (2005), 221-239.

Eusden, John Dykstra & Westerhoff III, John H. *Sensing Beauty*. Cleveland Ohio United Church Pres, 1989.

Farnell, F. David. "The Kingdom of God in the New Testament." MSJ 23-2 (Fall 2012), 193-208.

Fenton, John Y. *Theology and Body*. Philadelphia: The Westminster Press, 1973.

Fisher, Walter R. "Narration as a human communication paradigm: The case of public moral argument." *Communication Monographs* 51 (1984. 3), 1-15.

_____. "The narrative paradigm in the beginning." *Journal of Communication* 35 (Fall 1985), 74-80.

Foss, Sonja K. *Rhetorical criticism, Exploration & practice*. Illinois: Waveland Press, 2004.

Fowler, James. *Stages of Faith. The Psychology of Human Development and the Quest for Meaning*. 사미자 역. 『신앙의 발달 단계』. 서울: 대한예수교장로회 총회출판국, 1987.

Gadamer, Hans-Georg. *Wharheit und Methode*. Tübingen: J. C. B. Mohr, 1960.

_____. *Grundzüge einer philosophischen Hermeneutik*. Tübingen: J. C. B. Mohr, 1960.

Ganascia, Jean-Gabriel. "Epistemology of AI Revisited in the Light of the Philosophy of Information." *Knowledge and Technology & Police* 23 (June 2010), 57-73.

Gelwick, Richard. *The Way of Discovery: An Introduction to the Thought of Michael Polanyi*. Oxford: Oxford University Press, 1977.

Gendlin, E. *Focusing-oriented psychotherapy: A manual of the experiencing method*. New York: The Guilford Press, 1996.

_____. "Thinking beyond patterns: Body, language and situations." *The presence of feeling in thought*, edited by B. Ouden and M. Moen. New York: Peter Lang (1991), 25-151.

Geraci, Robert M. "Apocalyptic AI: Religion and the Promise of Artificial Intelligence." *Journal of the American Academy of Religion* (March 2008), 138-166.

Goodman, Nelson. *Language of Art*. Indianapolis: Hackett Pub. Co., 1978.

Goody, Jack., and Watt, Ian. "The consequences of literacy." *Language, Social Change and Social Conflict* 5 (1963), 311- 357.

Green, Gerrett. *Imagining God*. 장경철 역. 『하나님 상상하기』. 서울: 한국장로교출판사, 2003.

Groome, Thomas. "Christian Religious Education." *Sharing our story and vision*. Sanfrancisco: Haper&Row, 1980.

Grove, Downers. *Knowing God the Father Through the Old Testament*. 홍종락 역. 『구약의 빛 아래서 하나님을 아는 지식』. 서울: 성서유니온선교회, 2010.

Harris, Maria. "Art and Religious Education: A Conversation." *Religious Education* 83 (1988), 453-473.

_____. *Dance of the Spirit: The Seven Steps of Women's Spirituality*. New York: Bantam Books, 1991.

_____. *Jubilee Time: Celebrating Women, Spirit, and the Advent of Age*. New York: Bantam books, 1995.

_____. *Teaching & Religious Imagination*. New York: Harper Collins, 1987.

_____. *Teaching and Religious Imagination*. 김도일 역. 『가르침과 종교적 상상력』. 서울: 한국장로교출판사, 2003.

_____. *Women and Teaching*. New York: Paulist Press, 1988.

Hasabis, Demis, etc. "Neuroscience-Inspired Artificial Intelligence." *Review* 95 (July 2017), 245-258.

Healy, Mary., and Robin, Parry. *The Bible and Epistemology, Biblical Soundings on the Knowledge of God*. Milton Keynes: Paternoster, 2007.

Heidegger, Martin. *Sein und Zeit*. Tübingen, 1953 (7).

Herzfeld, Noreen. "Creating in our won image: Artificial Intelligence and the Image of God." *Zygon* 37-2 (June 2002), 303-316.

Houston, Bill. "The Kingdom of God: The Missing Framework from the Curriculum." *Ogbomoso Journal of Theology XII* (2007), 5-15.

Huebner, Dwayne E. "Spirituality and Knowing." *Learning and Teaching the Ways of Knowing*, edited by Elliot Eisner. Chicago: University of Chicago Press (1985), 160-173.

Iversen, Stefan. "Narratives in Rhetorical Discourse." *The living handbook of Narratology*. http://www.lhn.uni-hamburg.de 31 (January 2014).

Jennings, Theodore W. "On Ritual Knowledge." *The Journal of Religion* 62-2 (1982), 111-127.

Johnson, Dru. "Knowledge by Ritual: A Biblical Prolegomenon to Sacramental Theology." *Journal of Theological Interpretation Supplements* 13 (2016).

Johnson, Susanne. *Christian Spiritual Formation in the Church and Classroom*. Nashville: Abingdon Press, 1989.

Jones, Laura. "What does Spirituality in Education Mean?." *Journal of College and Character* 6 (2005. 10), 2-7.

Kant, Imanuel. *Die Religion innerhalb der Grenzen der bloßen Vernunft*. 백종현 역. 『이성의 한계 안에서의 종교』. 서울: 아카넷, 2011.

_____. *Gotfried Höffe, Kritik der Urteilskraft*. Berlin: Akademie Verlag, 2008.

_____. *Kritik der Reinen Vernunft* (1787). 백종현 역. 『순수이성비판』. 서울: 아카넷, 2006.

Kassan, Peter. "Artificial Intelligence Simulation, Not Synthesis." *Skeptic* 22 (2017. 2).

Kearney, Richard. "What is Carnal Hermeneutics?." *New Literary History* 46 (2015), 99-124.

Kelsey, D. H. *Eccentric existence: A theological anthropology* 1 & 2. Louisville: Westminster John Knox Press, 2009.

Kind, Amy., and Kung, Peter. *Knowledge Through Imagination*. Oxford: Oxford University Press, 2016.

Kittel, Helmut. *Von Religionsunterricht zur Evangelischen Unterweisung*. Berlin: Hanover, 1957.

Kreiswirth, Martin. "Trusting the Tale: The Narrativist Turn in the Human Sciences." *New Literary History* 23-3 (Summer 1992), 629-657.

Kurzweil, Ray. *How to Create a Mind, The secret of Human Thought Revealed*. New York: Penguin Books, 2013. 윤영삼 역. 『마음의 탄생』. 크레센도, 2013.

_____. "How to make a Mind." *Futurist* 47 (Mar/Apr. 2013), 14-17.

_____. "On My Mind, Long Live AI." *Forbes* (2008. 5).

_____. *The Age of Spiritual Machine: When Computers exceed human intelligence*. New York: Viking, 1999.

_____. *The Singularity is near*. New York: Penguin Books 2005.

Lakoff, G., and Johnson, M. *Philosophy in the flesh: The embodied mind and its challenge to Western thought*. New York: Basic Books, 1999.

Lathrop, Gordon. *Holy Ground: A Liturgical Cosmology*. Minneapolis: Fortress, 2003.

_____. *Holy People: A Liturgical Ecclesiology*. Minneapolis: Fortress, 2006.

_____. *Holy Things: A Liturgical Theology*. Minneapolis: Fortress, 1997.

Loomis, D. J. "Imagination and Faith Development." *Religious Education* 83 (Spring 1988).

Lounchy, John. "A DARPA Perspective on Artificial Intelligence." 2017,

https://m.youtube.com/watch?v=-O01G3tSYpU.

MacDonald, D. A. "Spirituality: Description, Measurement, and Relation to the Five Factor Model of Personality." *Journal of Personality* 68 (2000. 3), 153-197.

MacIntyre. *Alasdair After Virtue: A Study in Moral Theory*. Notre Dame: University of Notre Dame Press, 1981.

MacLean, Paul D. "The Triune Brain, Emotion and Schientific Bias." in *The Neurosciences: Second Study Program*, edited by F. O. Schmitt. New York: Rockefeller University Press, 1970.

_____. *The Triune Brain in Evolution*. New York: London Prelum Press, 1990.

Manthorpe, Rowland. "Harri Valpola dreams of an internet of beautiful AI minds." *WIRED* 23 (Sep 2017).

Mayer, J. D. and Salovey, P. "Emotional intelligence and the construction and regulation of feelings." *Applied & Preventive Psychology* 4 (1995), 197-208.

McCorduck, Pamela. *Machines Who Think* (2nd ed). Natick: A. K. Peters, Ltd, 2004.

McGrath, Allister. *Christian Spirituality: An Introduction*. Malden: Blackwell, 2003.

Meiring, Jacob. "Theology in the flesh - a model for theological anthropology as embodied sensing." *HTS Theologies Studies, Theological Studies* 71-3 (2015).

Melanchthon, Philip. *Loci Communes. Melanchthon's Werke II* 2 hg. Robert Stupperich: Tübingen Gütterloher verlagshaus Mohn, 1983.

Merleau-Ponty, Maurice. *Le Langage Indirect et les voix du silence*. 김화자 역. 『간접적인 언어와 침묵의 목소리』. 서울: 책세상, 2005.

_____. *Phénoménologie de la Perception* (1945). 류의근 역. 『지각의 현상학』. 서울: 문학과 지성사, 2019.

Moberly, R. W. L. "Knowing God and Knowing About God: Martin Buber's Two Types of Faith Revisited." *Scottish Journal of Theology Edinburgh* 65 (Nov 2012), 402-420.

Moore, Mary Elizabeth Mullino. *Education for Continuity & Change*. Nashville: Abingdon Press Nashville, 1983.

_____. *Teaching as a Sacramental Act*. Cleveland The Pilgrim Press, 2004.

Moravec, Hans. *Mind Children: The Future of Robot and Human Intelligence*. Cambridge: Harvard University Press, 1988. 박우석 역. 『마음의 아이들』. 서울: 김영사, 2011.

_____. "Letter from Moravec to Penrose." in *Thinking Robots, An Aware Internet, and Cyberpunk Librarians: The 1992 LITA President's Program*, edited by R. Bruce Miller and Milton T. Wolf. Chicago Library and Information Technology Association (1992), 51-58.

_____. *Robot: Mere Machine to Transcendent Mind*. New York: Oxford University Press, 1999.

Murphy, Debra Dean. *Teaching that transforms, Worship as the Heart of Christian Education*. Grand Rapids: Brazos Press, 2004.

Murphy, N. *Bodies and souls, or spirited bodies?*. Cambridge: Cambridge University Press, 2006.

Nash, R. J. *Spirituality, Ethics, Religions, and Teaching: A Professor's Journey*. New York: Peter Lang Publishing, 2002.

Nelson, Elis E. "Our Oldest Problem." in *Transformation and tradition in Religious Education, Birmingham*, edited by P. O'Hare. Alabama: Religious Education Press, 1979.

Nelson, James B. *Body theology*. Westminster Louisville: John Knox Press, 1992.

_____. *Embodiment: An approach to sexuality and Christian theology*. Minneapolis: Augsburg Publishing House, 1978.

_____. *Thirst: God and the alcoholic experience*. Louisville: Westminster John Know Press, 2004.

Nikolajsen, Jeppe Bach. "The Formative Power of Liturgy. The Church as a Liturgical Community in a Post-Christendom Society." *EJT* 23-2 (2014), 161-168.

Olson, David. "From utterance to text." *Harvard Educational Review* 47 (1977), 257-279.

Osborne, Harold. "The language metaphor in art." *Journal of Aesthetic Education* 18-1 (Spring 1984).

Osmer, Richard. *Teaching for Faith A Guide for Teachers of Adult Classes*. Louisville: Atlanta Westminster/JohnKnox Press, 1992. 사미자 역. 『신앙교육을 위한 교수 방법』. 서울: 한국장로교 출판사, 1995.

Otto, Rudolf. *Das Heilige, Über das Irrationale in der Idee des Göttlichen und sein Verhältnis zum Rationalen*. München: C. H. Beck, 1963 (1917).

Palmer, Parker. *To Know As We Are Known: Education As a Spiritual Journey*. SanFrancisco Harper, 1993.

Pargament, Kenneth I. "The Psychology of Religion and Spirituality? Yes and No." *The International Journal for the Psychology of Religion* 9-1 (1999. 11), 3-16.

Paul II, J. *Man and women He created them: A theology of the body*. Boston: Pauline Books & Media, 2006.

Polkinghorne, Donald. *Narrative Knowing and the Human Sciences*. Albany: SUNY Press, 1988.

Polanyi, Michael. *Personal Knowledge: Towards a Post-Critical Philosophy*. London: Routledge & Kegan Paul, 1958.

_____. "Tacit Knowing: Its Bearing on Some Problems in Philosophy." *Reviews of Modern Physics* 34-4 (1962), 601-615.

Rae, Murray. "'Incline Your Ear So That You May Life': Principles of Biblical Epistemology." in *The Bible and Epistemology*, edited by Mary Healy and robin Parry. Paternoster Milton Keynes, 2007.

Reid, Louis Arnaud. *Ways of Understanding and Education*. London: Edingurg Institute of Education, 1986.

Richardson, Christopher K. "God in our flesh: body theology and religious education." *Religious Education* 98-1 (2003), 82-94.

Rodriguez, Ashley. "Microsoft's AI millennial chatbot became a racist jerk after less than a day on Twitter." (March 2016). https://qz.com/author/arodriguezqz/.

Rosen, H. *Stories an meanings*. Sheffield England: National Association for the Teaching of English, 1984.

Ross, Malcom. *The Aesthetic Impulse*. Oxford: Pergamon Press, 1984.

Rickabaugh, Brandon. "Eternal Life as Knowledge of God: Epistemology of Knowledge by Acquaintance and Spiritual Formation." *Journal of Spiritual Formation & Soul Care* 6-2 (2013), 204-228.

Ricoeur, Paul. *History and Truth*. Evanston: Northwestern University Press, 1965.

_____. *Interpretation Theory, Discourse and Surplus of Meaning, Fort Worth*. Texas: Christian University Press, 1967.

_____. *Le Conflit des Interpretations*. 양명수 역. 『해석의 갈등』. 서울: 아카넷, 2000.

_____. "Philosophische und Theologische Hermeneutik." *Zur Hermeneutik religiöser Sprache*. München, 1974.

_____. "The Model of the Text: Meaningful Action Considered as a Text." *Social Research* 38-3 (1973).

Russell, Letty M. "Handing on Tradition and Changing the World." *Transformation and tradition in Religious Education*, edited by Padraic O'Hare. Birmingham, Alabama: Religious Education Press, 1979.

Rutten, Kris & Soetaert, Ronald. "Narrative and Rhetorical Approaches to Problems on Education. Jerome Bruner and Kehheth Burke Revisited." *Stud Philos Educ* 32 (2013), 327-343

Saliers, Don. "Liturgy and Ethics: Some New Beginnings." *Liturgy and the Moral Self: Humanity at Full Stretch before God*. edited by E. Byron Anderson and Bruce T. Morrill. Collegeville: Liturgical Press (1998), 15-35.

Sanders, John. *Theology in the Flesh: How Embodiment and Culture Shape the Way We Think about Truth, Morality. and God*, Augsburg: Fortress Press, 2016.

Sauch, Mark. "Regnum Spiritu: The Kingdom of God and spiritual formation." *Journal of Spiritual Formation & Soul Care* 4-2 (2011), 140-154.

Schiller, Friedrich. "On the Relation of the Plastic Arts to Nature." *Critical Theory Since Plato*, translated by J. E. Cabot and edited by H. Adams. New York: Harcourt Brace Jovanovich (1971), 417-431.

Schlermacher, Fridrich. *Hermeneutik nach den Handschriften neu herauwgegeben und eingeleitet von H. Kimmerle*. Heidelberg, 1959.

Schmemann, Alexander. *For the Life of the World: Sacraments and Orthodoxy*. Crestwood: St. Vladimir's Seminary Press, 1973.

Schneiders, Sandra M. "Theology and Spirituality: Strangers, Rivals, or Partners?." *Horizons* 13 (1986. 9), 253-274.

Shagan, Ethan H. *The Birth of modern belief: faith and judgement from the Middle Ages to the enlightenment*. New Jersey: Princeton University Press, 2018.

Sheets-Johnstone, Maxine. *The Corporeal Turn: An Interdisciplinary Reader.* Charlottes-ville: Imprint Academic, 2009.

Smith, Christ. *The History of Artificial Intelligence.* Washington: University of Washington, 2007.

Smith, Shelton H. *Faith and Nurture.* New York: Schribner's, 1941.

Stroup, G. W. *The Promise of Narrative Theology.* Eugene: John Knox, 1997.

Talbert, Bonnie M. "Knowing other people: A second-person framework." *Ratio,* XXVIII 2 (2015), 190-206.

Tillich, Paul. *Dynamics of Faith.* New York: Harper & Row, 1957.

_____. "Existentialist Aspects of Modern Art." *Christianity and the Existentialists,* edited by Carl Michelson. New York: Scribner's, 1956.

_____. "Theology and Symbolism." in *From Religious Symbolism.* edited by Ernest Johnson. New York: Harper & Bros (1955), 107-116.

Turner, Victor. *Dramas, Fields and Metaphors.* New York: Cornell University Press, 1974.

_____. *From Ritual to Theater: The Human Seriousness of Play.* New York: Performing Arts Journal Publication, 1982. 이기우, 김익두 역. 『제의에서 연극으로』. 서울: 현대미학사, 1996.

_____. *The Forest of Symbols: Aspects of Ndembu Ritual.* Ithaca: Cornell University Press, 1967.

_____. *The Ritual Process: Structure and Anti-Structure.* Ithaca: Cornell University Press, 1969. 박근원 역. 『의례의 과정』. 서울: 한국심리치료연구소, 2005.

Tzezana, Roey. "Artificial Intelligence Tech Will Arrive in Three Waves." *Futurism* (March 2017).

Van Gennep, Anold. *The Rites of Passage,* translated by M. B. Vizedom and G. L. Caffee. Chicago: University of Chicago Press, 1960.

Vogel, Arthur A. *Body Theology, God's Presence in Man's World.* New York: Harper & Row, 1973.

Voss, Peter. "The Third Wave of AI." *Futurist* (Sep 2017).

Westerhoff III, John. "Contemporary Spirituality: Revelation, Myth and Ritual." Durka & Smith, *Aesthetic Dimensions of Religious Education,* New York: Paulist Press (1979), 13-30.

_____. "Formation, Education, Instruction." *Religious Education* 82-4 (1987), 578-91.

_____. "What does the Zion have to do with Bohemia?." *Religious Education* 76-1 (Jan-Feb 1981), 5-15.

_____. *Will our Children have faith?.* Harrisburg: Morehouse, 1971.

Westerhoff III, John & Eusden, John Dykstra. *Sensing Beauty.* Cleveland: Ohio United Church Press, 1998.

Westerhoff III, John & Neville, Gwen Kennedy. *Learning Through Liturgy*. New York: The Seabury Press, 1978.

Westerhoff III, John & Willimon, Willam. *Liturgy and Learning Through the Life Cycle*. San Francisco: Harper and Row, 1985.

Wheeler, M. *Reconstructing the Cognitive World*. Cambridge: MIT Press, 2005.

White, Hayden. "The Value of Narrativity in the Representation of Reality." *Critical Inquiry* 7-1 (Autumn 1980), 5-27.

White, David F. "Tending the Fire: Investigating Relationships between Worship and Christian Education." *Religious Studies Review* 35-1 (2009), 25-28.

William D. Barrick. "The Kingdom of God in the Old Testament." *MSJ* 23-2 (Fall 2012), 173-192.

Wimberly, Anne Streaty. *Soul Stories*. Nashville: Abingdon Press, 1994.

Witkin, R. W. *Intelligence of Feeling*. London: Heinemann Educational Institut, 1974.

Wolterstorff, Nicholas. "Knowing God Liturgically." *Journal of Analytic Theology* 4 (May 2016), 1-16.

Woodfin, Yandall. "Knowing That You Know God: A Christian Approach to Knowledge." *Southwestern Journal of Theology* 21-2 (Spr 1979).

Woods, Richard J. *Christian Spirituality: God's Presence Through the Ages*. New York: Orbis Books, 2006.